# 기술교육의 기초

| 이상봉 지음 |

Foundation of
Technology Education

학지사

머리말

## 이 책을 펴내는 이유

지난 1970년 우리나라 중·고등학교에서 일반교육으로서의 기술교육이
처음 실시된 이후 오늘에 이르기까지 많은 오르내림이 있었다. 40여 년이 지
났음에도 불구하고 일반교육으로서 기술교육의 현실은 독립된 교과는커녕
독립된 과목으로도 존재하지 못하고 '기술·가정' 과목의 반쪽 부분으로 존
재하고 있는 어려운 실정이다. 이러한 기술교육의 현실을 가져온 원인으로
'기술'과 '기술교육'에 대한 올바른 이해의 부족과 취약한 기술교육의 학문적
기초를 꼽을 수 있다.

이에 지은이는 기술교육의 학문적 바탕이 되는 기술교육 교수학(pedagogy
of technology education), 즉 기술교육에서의 교육과정, 수업 방법, 평가, 시설
등과 같은 분야의 터 닦기가 매우 중요하다고 여기고 이를 위하여 기술교육
교수학의 여러 분야의 책을 총서로 펴내려고 마음먹게 되었다.

'기술교육의 기초'는 기술교육 교수학을 정립하려고 쓰는 낙술재 총서의
첫 번째 책으로서 기술교육 입문서에 해당한다. 그동안 수업 자료집으로 쓰
던 내용을 다시 고치고 더해서 펴내다 보니 많은 아쉬움이 남는다. 그러나 많

은 후학과 제자의 요청과 아울러 기술교육의 출발점이 되는 교육과정, 수업 설계와 방법, 총평(assessment), 시설(facility) 등과 같은 기술교육 교수학 분야의 터 닦기가 매우 중요하다고 느낀 나 자신의 필요에 의해 출판을 감행하게 되었다. 입말로 했을 때와는 달리 글말로 하면 제 뜻이 제대로 배달되지 못하기는 하지만, 글말로 써짐의 장점 또한 적지 않음에 기술교육 교수학 총서를 계속해서 펴내야 한다는 용기를 얻었다.

## 이 책의 내용

이 책은 기술교육을 전공하는 예비 교사와 현직 교사나 기술교육에 관심 있는 모든 이에게 기술교육에 대한 기본적인 이해를 돕기 위해 쓴 것으로 크게 두 가름으로 이루어져 있다.

첫째 가름은 '기술교육이란 무엇인가?'라는 물음에 대한 답으로 기술교육의 뜻과 종류, 기술교육의 성격과 목적, 기술교육에 대한 다양한 접근에 대한 설명을 담고 있다. 둘째 가름은 '기술교육, 어떻게 바뀌어 왔는가?'에 대한 답으로 우리나라와 영국과 미국 기술교육의 변천, 우리나라 기술교육의 현황과 개선 방향에 대한 내용을 담고 있다.

## 새로 보태고 고치는 노력

막상 이 책을 펴내려고 마음먹은 뒤에 잘 써야겠다는 욕심과 아울러 바쁘다는 핑계로 오늘내일 책 쓰기를 미루면서 오랜 시간을 보내다가 느지막이 시간에 쫓겨 펴내게 되었다. 따라서 이 책에는 부족한 점이 많이 있으리라고 생각한다. 부족하나마 이 책을 통하여 많은 사람이 기술과 기술교육에 대한 이해의 폭을 넓히고 깊이를 더하여 기술과 기술교육에 대해 올바로 이해하는 계기

가 되기를 바란다. 아울러 이 책의 모자란 점에 대한 읽는 이들의 지적과 조언
을 바탕으로 이 책을 더욱 개선하여 다시 펴낼 수 있도록 노력하고자 한다.

## 감사의 말씀

이 책이 나오기까지 많은 사람의 도움이 있었다. '기술교육의 발전을 통한
대한민국 교육의 발전을 위해' 함께 고민하고 연구했던 한빛기술교육연구회
모람들의 성원이 있었기에 많은 어려움을 이겨 낼 수 있었다. 이에 모람 모두
에게 마음 깊은 고마움을 전한다. 마지막으로, 학교 일 때문에 집안에 마음
쓰지 못해도 원망하지 아니하고 묵묵히 뒷받침해 준 아내 이선숙에게 가장
큰 고마움을 전하며, 두 아들 겨레와 가람뫼에게 많은 시간을 함께하지 못해
미안한 아비의 마음을 전한다.

2021년 8월
낙술재에서 이상봉

차례

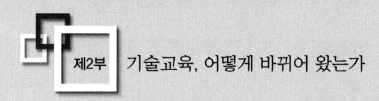

### 제2부  기술교육, 어떻게 바뀌어 왔는가

제1부

# 기술교육이란 무엇인가

이 가름에서는 '기술교육이란 무엇인가?'라는 물음에 대한 답으로 교육에서의 기술에 대한 두 가지 접근 방법, 기술교육의 개념, 기술교육의 당위성, 기술교육에 대한 접근에 대해 살펴보기로 한다.

제**1**장

# 교육에서의 기술에 대한 두 가지 접근 방법

이 장에서는 교육기술과 기술교육의 정의와 특징, 유사점과 차이점 등에 대해 논의하기로 한다.

오늘날 기술은 가정뿐만 아니라 산업현장에 이르기까지 사회생활의 모든 부분에 많은 영향을 끼치고 있다. 최근에는 교육시설과 장비 그리고 이것을 사용하는 교수법을 도입한 교육의 여러 부분이 기술의 발전에 의해서 영향을 받고 있기 때문에 기술은 교육 분야에서 점차 관심의 대상으로 부각되었다. 앞으로 이러한 기술의 변화와 새로운 기술의 도입은 더욱 빨라질 것이다. 또한 이러한 기술의 변화와 도입은 교육 및 학습 환경의 본질을 변화시켜 나갈 것으로 예상된다. 기술의 발전과 혁신은 기술교육(technology education)과 교육기술(educational technology) 두 분야의 성장에 대단히 중요한 영향을 미치고 있다. 여기서 교육기술을 최근에는 '수업기술(instructional technology)' 또는 '학습기술(dearning technology)'이라고도 부른다.

일반적으로 기술교육과 교육기술은 많은 사람에 의해서 혼동되고 있으며, 때로는 교육전문가조차도 이 두 용어의 개념을 혼용하는 경우가 있다. 이 장에서는 교육기술과 기술교육에 대한 정의와 특징 그리고 이 두 분야의 유사점과 차이점 등에 대하여 논의하고자 한다.

## 1. 교육기술

교육기술(educational technology)은 종래에는 시청각교육(視聽覺敎育, audio-visual education)이라고 불리던 분야로 학교 교육현장을 개선하고 교육의 효과를 높이기 위한 방법을 설계, 개발 및 평가하는 교육학의 한 분야이다. 우리나라에서는 'educational technology'를 '교육공학'이라고 번역하여

---

\* 이 장은 '이상봉(1998). Two approaches to technology in education: Technology education vs educational technology, 교육과학연구 2권, 한국교원대학교 교육과학연구소. pp. 109-123'를 옮기고 편집한 것임.

혼용하는 경우가 많다.

　교육기술(educational technology)은 또한 '수업기술(instructional technology)'
이라고도 한다. 교육기술보다는 수업기술이라고 부르기를 주장하는 학자들
은 대체로 다음과 같은 두 가지 이유를 내세우고 있다(Seels & Richey, 1994,
pp. 3-4).

　첫째, '교육적(educational)'보다는 '수업적(instructional)'이라는 용어가 기술
의 기능(function)을 설명하는 데 더욱 적합하다. 둘째, 일반적으로 교육기술
은 학교 또는 교육적 환경이나 배경을 뜻하기 때문에 수업이 더욱 알맞은 말
이다.

　'교육'이란 말은 유치원에서부터 고등학교까지의 교육적 환경이나 배경뿐
아니라 훈련의 상황까지 편입시킨다. 이러한 맥락에서 Knirk & Gustafson
(1986)은 이 두 용어에 대해, '교육적'은 교육의 모든 양상을 포함하는 너무 광
범위한 영역을 나타내는 반면, '수업적'은 주로 교수 및 학습 문제와 관련이
있는 것으로 국한하는 것이라고 구별하고 교육기술보다는 수업기술을 사용
하는 것을 지지하였다.

　교육기술 사용하기를 주장하는 학자들 역시 '교육적'은 가정, 학교, 일터를
비롯한 여러 환경에서의 학습을 설명하는 말이며, '수업적'이란 단지 학교 환
경에서의 현상만을 나타낼 수 있는 제한된 용어라고 생각한다. 그러나 이들
은 오히려 많은 사람이 '수업(instruction)'을 교육의 일부라고 생각하기 때문
에 보다 광범위한 개념을 담고 있는 용어인 '교육(education)'을 사용하는 것
이 이 분야의 영역을 광범위하게 유지하는 데 도움이 된다고 주장한다(Seels
& Richey, 1994, p. 4).

　사실상 이들 두 용어, 교육기술과 수업기술은 지난 30년 동안 서로 바뀌
어 사용되어 왔다. 지역적으로 교육기술이란 용어는 주로 영국과 캐나다 등
지에서 선호되는 반면, 수업기술은 미국 등지에서 폭넓게 쓰이는 용어이다
(Gagne, 1987; Seels & Richey, 1994). 최근에는 이러한 교육기술 또는 수업기술

을 영국과 미국을 중심으로 학문의 관심 분야를 더욱 좁혀서 학생들의 경험, 즉 학습에 초점을 두어 학습기술(learning technology)이라고 부르고 있다.

우리나라의 경우는 'educational technology'를 '교육공학' 또는 '교육기술' 이라고 부르고 있다. 교육공학은 'technology'를 '공학'이라고 잘못 번역한 데서 기인한 것으로, '공학'에 해당하는 영어 'engineering'이 따로 있으므로 'educational technology'는 '교육기술'로 부르는 것이 타당할 것이다. 마찬가지 이유로 '수업공학'보다는 '수업기술'로 부르는 것이 합리적이다.

이러한 교육기술 또는 수업기술의 주요 목적은 수업의 능률(efficiency)과 효과(effectiveness)를 증진시키는 것이다. 교육기술에서는 교과목을 가르치는 데 도움이 되도록 컴퓨터, 시청각 장비 그리고 대량 매체(mass media) 등과 같은 기술의 개발에 의한 물리적 요소, 즉 기술 제품을 수반한다. 이러한 교육기술에서는 기술과 함께 수업을 강화하는 데 관심을 둔다.

교육기술은 교수-학습 문제를 푸는 데 도움이 되기 위해서 하드웨어, 교수-학습 이론 그리고 체계적인 발달 과정(systematic development process) 등을 이용함에 바탕을 두고 있다. 이때 교수-학습 문제에 대한 해결책은 교사, 매체(media) 또는 수업 자료 등을 포함할 수도 있고 그렇지 않을 수도 있다. 즉, 그 해결책이 정말로 도움이 되느냐가 요건이 된다(Knirk & Gustafson, 1986, p. 10). 바꾸어 말해서 교육기술은 교사교육 프로그램의 중요한 부분이 되어야 한다는 것이다. 수업기술 분야는 짧은 역사를 갖고 있음에도 비교적 많은 변화를 겪었다. 1950년대 이래 다음과 같은 세 가지 주요 사상적 흐름이 수업기술 분야의 기초를 다지는 데 공헌하였다(Knirk & Gustafson, 1986, p. 10; Gagne, 1987, pp. 20-27).

- 교사들이 그들의 발표에 사용할 시청각 자료를 설계하기보다는 바로 학생들을 위해 수업을 설계한다는 개념
- 스키너(Skinner)와 프레시(Pressey) 그리고 크로더(Crowder) 등에 의해서

이루어진 기표(bench mark)적 학습 이론의 개발

- 제2차 세계대전 이후에 이루어진 급속한 하드웨어 기술의 발전에 의한 영향. 이 하드웨어 기술의 급속한 발전은 신속한 작업 분석 절차, 효과적인 훈련 그리고 새로운 통신기술 등을 필요로 하였으며, 종종 체제 접근(systems approach)이라고 불렸다.

여러 교육이론의 발전과 함께 교육기술 또는 수업기술에 대한 많은 새로운 정의가 이루어져 왔으나(AECT, 1977; 1994) 이들 가운데 이 분야의 전문가 사이에서 합의를 이룬 정의가 없는 실정이다(Reiser, 1987). 따라서 수업기술 또는 교육기술은 다양한 사람에 의해서 여러 가지 다른 의미로 인식되고 있다. 예컨대, 수업기술과 관련된 여러 가지 다양한 명칭이 교육미디어, 수업미디어, 교육미디어와 기술, 교육통신과 교육기술과 같은 용어의 형태로 이 분야에서 사용되고 있다.

일반적으로 수업기술은 두 가지 방법으로 정의된다. 한 가지 형태가 수업매체, 종종 시청각장비로 언급되는 일련의 특별한 수업미디어 세트에 대한 언급이다. 다른 한 가지는 과정(process)으로 표현되는 수업기술, 종종 체제접근공정(systems approach process)이라고 명명되는 것이다(Reiser, 1987; Commission on Instructional Technology, 1970).

수업기술을 정의하기 위한 많은 노력이 1963년 이래로 AECT(Association for Education Communication and Technology)에 의해서 이루어졌다. 수업기술에 대한 AECT의 1977년 정의는(이 당시에는 '교육기술'이라고 불렸다.) 수업기술 분야에서 폭넓게 받아들여졌다. 그 내용은 다음과 같다.

교육기술은 문제를 분석하기 위한 사람, 과정, 아이디어, 장비 그리고 조직과 인간학습의 모든 면이 포함된 이러한 문제들에 대한 해법을 고안하고, 실행·평가·관리하는 것을 포함하는 복잡하고 통합적인 과정이다(p. 1).

이 정의는 이론으로서 교육기술/수업기술의 정체성을 확보하기 위한 시도였다. 또한 이 정의는 수업기술, 교육기술, '교육에서의 기술(technology in education)'과 같이 유사한 용어에 대한 구별을 포함하고 있다. 여기서 '교육에서의 기술'은 다음과 같이 정의되었다.

　　이것은 교육사업을 뒷받침하는 기관을 운영하는 데 포함된 과정에 대한 기술의 이용이다. 교육에서의 기술은 식품, 건강, 재정, 시간표 작성하기, 채점 그리고 교육기관 내에서 교육을 지원하는 다른 과정에 대한 기술 이용을 포함한다. 엄밀하게 말해서 교육에서의 기술은 교육기술과 같지 않다 (p. 2). 수업기술은 수업이 교육의 하위 요소를 구성하는 개념이라는 바탕 하에서 볼 때 교육기술의 하위 요소다(p. 3).

　　최근에 AECT는 수업기술을 학습을 위한 계획, 발전, 활용, 관리 그리고 공정과 자원에 대한 평가의 이론과 실재로서 정의하였다(Seel & Richey, 1994, p. 1). 이러한 정의는 공정, 자원 그리고 체제적인 수단을 계획, 발전, 활용, 관리 그리고 평가의 영역으로서 해석한 것이다(p. 21).

　　교육기술과 수업기술 문헌에 대한 논평은 수업기술 분야의 사람들이 다음과 같은 여러 가지 주제 분야에 관심을 갖고 있다는 사실을 유도하고 있다 (Lowther, 1994; Seel & Richey, 1994; Sullivan et al. 1993; Thomas & Kobayashi, 1987).

- 수업기술과 학습 이론과의 관계
- 수업계획
- 컴퓨터와 미디어
- 개별화 수업
- 학교 개혁과 구조 조정

다른 분야와 마찬가지로 교육계에서 기술의 개념이 다양하게 인식되어 왔음에도 불구하고, 기술에 대한 여러 가지 인식 가운데에서 공통적인 요소가 존재한다. 많은 교육기술 및 기술교육 분야 학자의 다양한 기술의 정의 속에 포함된 공통분모 중 하나는 대부분의 교육자가 기술을 기법 또는 컴퓨터와 같은 단순한 것으로 인식하는 미시적 접근 방법을 취하기보다는, 오히려 기술을 과정이나 체제로 보려는 거시적인 접근 자세를 취하고 있다는 것이다. 사실상 기술을 체제로서 인식한 것은 지난 20여 년 동안 기술교육 또는 교육기술 분야에서 대다수 사람이 갖고 있던 공통적인 인식이었다.

## 2. 기술교육

　　기술교육은 기술적 소양(technological literacy)을 성취하기 위한 목적으로 초등 및 중등 단계에서 일반교육(general education)의 중요한 부분으로서 기술(technology)을 가르치는 교과이다. 기술교육의 교육과정 내용은 기술적 측면에서의 발전, 상호 관계, 체제 예측(system forecasting), 문제해결 또는 해결을 위한 계획 그리고 인간 및 사회에 대한 충격 및 그에 따른 결과 등을 포함한다. 전통적으로 기술교육은 산업과 관련을 맺어 왔으며 중등 수준의 남학생들에게 초점을 맞추어 왔다.

　　수작업에 익숙해지기 위한 훈련(manual training) 그리고 산업현장에서 필요한 기능의 습득을 위해서 실시된 교육(industrial arts) 분야에 종사하였던 기술교육의 선구자들은 기술교육의 역사적 배경을 잘 설명해 주는 적합한 예를 제시하고 있다고 생각한다. 역사적으로 기술교육은 직업교육(vocational education)의 분야에서 직업교육 프로그램의 하나였다. 비록 기술교육이 일반교육의 한 부분으로 간주되고 있었을지라도 종종 이 프로그램은 선택된 중등 단계 학생의 집단을 위해서 제한되거나 남성 편향된(gender-biased) 내용으로 구성되었다(Jenkins, 1994). 그러나 최근에는 기술교육의 목적이 모든 학생을 대상으로 나이와 성별에 관계없이 기술적 지식 태도, 기능의 적절한 수준을 성취할 수 있도록 하는 데 있다.

기술교육 분야에서 기술은 주로 인간의 필요와 욕망에 부응할 수 있는 결과물을 생산하는 데 사용될 자원에 대한 지식과 체계적인 이용의 총화로 인식되고 있다(Savage & Sterry, 1990, p. 7). 기술교육은 기술 그 자체뿐만 아니라 개인, 사회 그리고 문명에 대한 기술의 효과를 다루어 왔다. 즉, 이것은 인간이 기술을 사용한 결과로서 물질과 사회적 문제들의 형태를 변화시킴으로써 어떻게 사람들이 그들의 환경을 변화시켜 왔는지에 대한 것을 탐구할 수 있도록 하기 위한 목적으로 초등학교부터 중학교에 이르기까지 가르치도록 조직화된 프로그램으로 정의할 수 있다.

미국의 경우, 초기 기술교육의 목적은 입직 이전의 직업능력 탐색과 직업, 소비자주의 그리고 기능 개발과 관련이 있었다. 최근 기술교육의 목적은 일반교육적인 접근 속에서 산업과 기술, 비판적인 소비자주의 그리고 지적 과정과 대인기능(interpersonal skill)의 개발에 대한 학습을 강조하는 것에 두고 있다(Zuga, 1989, p. 35).

다음과 같은 이상봉(Yi, 1996)의 논의는 추구하고 있는 직업에 관계없이 거의 동등한 가치를 가지고 있는 일반교육 프로그램의 중요한 부분으로서 현행 기술교육의 제1차적인 특징을 보여 주고 있다.

진보되고 있는 세계에서 현행 기술의 사용은 교육 분야에서 기술의 역할을 변화시켰다. 사회와 개인의 삶에 대해서 기술을 적용함으로써 이것이 미치게 되는 영향이 증가하고 있기 때문에 지난 수년간 학교 교육과정 속에 기술교육을 포함시킨 것은 국제교육 분야에 있어 중요한 학교 교육과정의 발전이었다. 인간과 사회에 대한 기술의 중요성과 이것의 영향 증대는 일반교육자들에게 학생들의 기술에 대한 이해를 돕고, 현명하게 기술을 사용하도

록 하며, 아울러 인간의 삶과 사회의 질적 향상을 도모하기 위해서는 기술교
육이 학교 교육과정에 포함되어야 한다는 입장에서 압력을 행사하고 있다.
직업적인 측면으로 편향되었던 기술교육은 과거에 요구되었던 것이고, 현
재는 일반교육의 중요한 부분으로서 기술교육이 필요한 때다(pp. 3-4).

기술교육의 주요 목적은 기술적 지식 및 능력과 관련되어 있다. 이러한 목
적에 잘 부합하는 예가 제시된 것이 새비지(Savage)와 스테리(Sterry)의 보고
서다. 여기에는 다음과 같은 내용이 제시되어 있다. 기술교육 프로그램의 목
적은 기술적 소양을 갖춘 개인이 다음과 같은 능력을 갖도록 하는 데 있다.

- 문제해결 또는 인간의 필요와 욕망을 만족시킬 수 있는 기회를 만들 수
  있도록 기술을 활용하는 것
- 기술과 관련되어 있고, 기술에 의해서 발생할 수 있는 문제와 기회가 존
  재하고 있다는 것을 인식하는 것
- 인간의 목적을 위해서 창조된 기술 내에서 자원을 확인·선택·활용하
  는 것
- 인간의 욕망과 필요를 만족시키기 위해서 적절한 기술적 지식과 자원
  그리고 과정을 확인·선택하고 효과적으로 사용하는 것
- 기술적 모험을 긍정적이면서 부정적인, 계획적이면서 비계획적인, 그
  리고 즉각적이면서 지연적인 면에 대하여 중요성에 의해서 평가하는 것
  (p. 27)

기술교육의 교육과정 내용은 주로 통신, 제조, 수송, 건설 그리고 생명 관
련 기술 분야의 내용을 기반으로 구성된다. 일반적으로 수작업 활동, 문제
해결 능력 그리고 기술적 소양이 기술교육 프로그램에서 강조되고 있다. 특
별히 기술적 인지(awareness)는 초등학교 수준에서 강조되고 있으며, 탐색

(exploration)적이고 폭넓으면서 기초적이며, 또한 기술의 특성을 이해하는 것에 초점을 맞춘 것은 중학교 수준에서 강조되고 있다. 고등학교 수준에서는 다양한 기술적 체제에 대한 지식, 현명한 결정 내리기 그리고 문제해결 능력 등이 강조되고 있다(이상봉, 1996).

국제기술교육학회(International Technology Education Association)는 다음과 같은 내용을 기술교육 프로그램에서의 전형적 활동으로 정리하였다.

- 알루미늄 캔을 사용하여 태양열 집열기(solar collector) 만들기
- 기술 분야, 공구 그리고 기계의 발전 과정에 대해서 탐구하기
- 비디오테이프를 사용하여 텔레비전 광고 만들기
- 생산품을 생산하기 위한 계획을 작성하고 발전시키기
- 발사(balsa: 벽오동과의 나무로 가볍고 단단하여 구명용구, 모형비행기 등에 이용됨) 나무다리를 만들고, 이 다리가 붕괴되기 전에 얼마의 무게를 지탱할 수 있는지를 관찰하여 다리의 강도를 측정하기
- 자동차를 새로 만들기 위해서 CAD(Computer-Aided Design) 소프트웨어가 내장된 컴퓨터를 사용하기
- 소형 로봇 제작을 계획, 제작, 배선, 프로그램 작성하기 그리고 운전하기
- 레이저가 어떻게 작동하고, 이것의 제한 조건이 무엇인지 탐구하기

## 3. 결론 및 논의

수업기술과 기술교육 모두 새로운 학문 분야인 것은 틀림없다. 비록 두 분야가 각각 기술을 다른 방법으로 인식하더라도 수업기술과 기술교육의 공통분모는 기술이다. 제2차 세계대전 이후로 이 두 분야는 기술과 이것의 급속한 진보에 의해서 발전해 왔다. 기술의 진보와 사회와 교육에 대한 기술의 점

증적인 영향은 교육 분야에서 두 분야가 중요한 역할을 하도록 만들었다. 최근에 새로운 기술들은 수업기술과 기술교육 두 영역의 진보에 지속적으로 상당한 추진력을 제공하고 있다. 수업기술 또는 교육기술은 교사교육과 학교의 개혁 및 구조 조정에서 중요한 역할을 수행할 것으로 예측되며, 또한 기술교육은 초등학교부터 고등학교까지 직업교육뿐만 아니라 일반교육에서도 중요한 역할을 할 것으로 기대되고 있다.

교육기술학자(educational technologist)는 수업 및 교사교육 프로그램의 효과와 효율을 증가시키기 위해서 기술의 효과적인 사용을 강조하고 있다. 수업기술 분야에서 기술은 훌륭한 교사, 훌륭한 수업 또는 이 둘 모두를 위하여 사용하는 수단이다.

반면, 기술, 기술적 체제(technological system) 또는 이 둘은 기술교육의 목적 또는 목표로서 인식되고 있다. 바꾸어 말하면 기술교육의 교육과정 구성 내용은 기술, 기술적 체제를 대상으로, 기술과 인간 사이의 관계 및 인간과 사회에 관한 기술의 영향에 관심을 갖고 있는 기술교육자들에 의해서 추출되었다. 일반적으로 기술교육자들은 통신·제조 등과 같은 기술적 체제에 대한 지식, 산업, 기술적 발전과 인간과 사회에 대한 이것의 영향, 수작업이 동반된 활동 그리고 기술을 사용한 문제해결 능력을 강조하고 있다.

정보기술의 고도화와 인간과 사회에 대한 이것의 영향력 증대 결과로서 컴퓨터 소양(computer literacy)과 같은 기술적 지식 또는 교양이 기술교육과 수업기술 분야에서 강조되고 있다. 그러나 이 두 분야는 서로 다른 역사, 목적 그리고 인식을 갖고 있다. 하지만 이들은 모두 '기술'이라는 공통분모를 통하여 서로의 영역을 공유하고 보완할 수 있다. 이 두 분야가 조화롭게 발전한다면 기술교육자와 수업기술자(instructional technologist)는 교육적 문제를 함께 해결함으로써 전반적인 교육발전에 이바지할 수 있다. 왜냐하면 바람직한 교육의 실현을 위해서 이들은 상호 보완적이면서 때때로 상호 의존적인 특징을 지니고 있어야 하기 때문이다.

## 참고문헌

Association for Educational Communication and Technology. (1977). *The definition of education technology.* Washington, D. C.: Author.

Gagne, R. M. (Ed.). (1987). *Instructional technology: Foundations.* Hillsdale, NJ: Lawrence Erlbaum.

International Technology Education Association. (Undated). Technology education: Its opportunities. [Brochure]. Reston, VA: Author.

Jenkins, E. W. (1994). Editorial. *International journal of technology and design education, 4*(1), 1-3.

Knirk, F. G., & Gustafson, K. L. (1986). *Instructional technology: A system approach to education.* New York, NY: CBS college.

Lowther, D. L., & Sullivan, H. J. (1994). Teacher and technologists beliefs about educational technology. *Educational technology research and development, 42*(4), 73-87.

Reiser, R. A. (1987). Instructional technology: A history. In R. M. Gagne (Ed.), *Instructional technology: Foundations* (pp. 11-48). Hillsdale, NJ: Lawrence Erlbaum.

Savage, E., & Sterry, L. (Eds.). (1990). *A conceptual framework for technology education* (Research report). Reston, VA: International Technology Education Association.

Seels, B. B., & Richey, R. C. (1994). *Instructional technology: The definition and domains of the field.* Washington, DC: Association for Educational Communication and Technology.

Sullivan, H. J., Igoe, A. R., Klein, J. D., Jones, E. E., & Savanye, W. C. (1993). Perspectives on the future of educational technology. *Educational technology research and development, 41*(2), 97-110.

Thomas, R. M., & Kobayashi, V. N. (Eds.). (1987). *Educational technology: Its creation, development and cross-cultural transfer.* (Vol. 4). Oxford, U. K.:

Pergamon.

Yi, S. (1996). Problem solving in technology education at the secondary level as perceived by technology educators in the United Kingdom and the United States. Unpublished doctoral dissertation, The Ohio State University: Columbus, OH.

Zuga, K. F. (1989). Relating technology education objectives to curriculum planning. *Journal of technology education, 1*(1), 34-58.

제 **2** 장

기술교육의 개념

이 장에서는 기술교육의 정의, 기술교육의 종류, 기술교육 관련 용어 등에 대해 논의하기로 한다.

## 1. 기술교육의 정의

기술교육을 정의하기 위해서는 먼저 교육이라는 단어의 의미를 명확히 할 필요가 있다. 교육이라는 말의 의미는 시대와 장소에 따라 그리고 어디에 초점을 두느냐에 따라 다르게 정의되고 있다. 예전에는 성숙한 자가 미성숙한 자를 육성시키고 교도하는 의미에 가까웠으나, 오늘날에는 미성숙한 자가 가지고 있는 잠재력을 발견하여 계발시키는 과정에서의 조언이나 조력의 의미에 가깝다고 볼 수 있다.

동양에서의 교육이 최초로 기록된 것은 맹자(孟子)의 '진심편' 중에서 제시한 '군자삼락(君子三樂)'이다. 이는 군자에게 세 가지 즐거움이 있는데, 첫째가 부모와 형제가 무고한 것이고(父母俱存 兄弟無故 一樂也), 둘째는 하늘을 우러러 부끄럼이 없는 것이며(仰不愧於天 俯不怍於人 二樂也), 마지막이 영재를 얻어 교육하는 것(得天下英才 而教育之 三樂也)이라 하여 교육을 삼락(三樂)의 마지막으로 보고 중요시하였다.

반면, 서양에서는 교육을 뜻하는 말로 'pedagogy'와 'education'의 두 단어가 있다. 'pedagogy'의 어원은 그리스어 'paidos(어린이)'와 'agoge(이끌다)'의 합성어로서 미성숙한 어린이를 가치 있는 방향으로 이끈다는 뜻이며, 'education'의 어원은 라틴어 'educare'이며 이는 'e(밖으로)'와 'ducare(끌어내다)'의 합성어로서 미성숙한 자가 가지고 있는 가능성이나 잠재력을 밖으로 이끌어 낸다는 의미를 지니고 있다.

우리나라에서는 정범모가 정의한 '인간 행동의 계획적인 변화(1976)'가 널리 알려져 있는데, 이는 대상을 인간으로 하고 미리 계획해서 바뀐 행동이 밖으로 드러나게 한다는 의미이다. 그러나 이 정의에는 교육의 목적과 방향, 대상에 대해 논하지 않았다는 아쉬움이 있다. 즉, '누구'를 위하여 '무엇'을 하느냐가 빠져 있다.

뒤르켐(Durkheim)은 교육의 본질을 파악하기 위해 사회에서 이루어지고 있는 교육의 사회적 기능을 관찰함으로써, 교육을 "어린 세대를 대상으로 하는 체계적 사회화"라고 하며 다음과 같이 설명하였다.

> 교육은 아직 사회생활에 준비를 갖추지 못한 어린 세대들에 대한 성인 세대들의 영향력 행사이다. 그 목적은 전체 사회로서의 정치사회화와 그가 종사해야 할 특수 환경의 양편에서 요구되는 지적·도덕적·신체적 제 특성을 아동에게 육성·계발하는 데 있다(이종각 역, 1978, p. 72).

이러한 뒤르켐의 교육의 정의에는 '누구'를 대상으로 '무엇'을 하느냐가 나타나 있다. 하지만 교육의 목적을 개인보다 사회에 두어 국가주의 교육으로 흐를 수 있으며, 교육을 단순히 사회의 반영체로만 간주하였다는 아쉬움이 있다.

이재원은 교육은 인간이 살아가는 환경에 성공적으로 적응할 수 있는 지식과 능력과 사고력 그리고 태도와 판단력을 길러 주는 것으로서 넓은 의미에서 인간 개개인이 갖는 경험의 총화라고 하였다(이재원, 이정근, 이영휘, 1984, p. 23). 이 정의는 교육의 목적이 뚜렷하게 나타나 있으나 교육의 대상이 누구인지 명확하게 제시하지 못하였다.

이상봉은 앞의 학자들의 교육에 대한 정의를 보완 및 정리하여 교육이란 '기성세대가 다음 세대에게 그들이 살아가야 할 환경에 적응하는 데 필요한 능력(= 지식 + 태도 + 기능)을 갖추도록 도와주는 계획적인 상호작용'이라 정의하였다.

그러면 기술교육이란 무엇인가? 기술교육에 대한 정의는 여러 학자에 의해 정의되고 있으나 명확하게 제시되고 있지 않다. 이는 기술이 장구한 역사성과 그 목적, 대상, 수단의 다양성으로 인하여 보는 관점이 다양하기 때문이다.

스나이더와 헤일스(Snyder & Hales, 1981)의 『잭슨스 밀 공업과 교육과정 심포지엄 보고서』[1]에서는 기술교육에 대해 다음과 같이 정의하였다.

> 기술교과는 고유한 지식체계(body of knowledge)를 갖고 있으며, 기술적 지식(technological knowledge)을 제공하고 인간의 잠재력을 신장시켜 주는 학교교육의 한 교과이다. 기술과 공업에 관한 종합적 교육 프로그램으로서 기술 면에서는 기술의 발달, 기술의 이용 및 중요성 등을 다루며, 공업 면에서는 공업의 조직, 인사제도, 시스템, 기법, 자원, 생산품 등을 다룬다. 또한 이들 기술과 공업의 사회적·문화적 영향을 다룬다(pp. 1-2).

또한 1990년에 발간된 간행물 『기술교육을 위한 개념적 틀(A Conceptual Framework for Technology Education)』에서는 "기술교육은 기술에 대해서 공부하는 과목이고 개인, 사회 그리고 문명에 대한 효과"(Savage & Sterry, 1990, p. 20)라고 하여 기술교육에 대한 개념을 더욱 간단명료하게 정의하였다.

국제기술교육학회(International Technology Education Association: ITEA)는 『기술교육: 실행에 대한 전망(Technology Education: A Perspective On Implementation)』에서 기술교육을 다음과 같이 세 가지로 정의했다.

- 기술적 수단, 발전, 이용, 중요성과 관계된, 이해하는 행동에 기초한 교육적 프로그램
- 공업의 조직, 인원, 시스템, 기술, 자원 그리고 생산품에 연관된 교육적 프로그램
- 사회적·문화적 영향을 다루는 프로그램(1985, p. 25)

---

1) 이 보고서(『Jackson's Mill Industrial Arts Curriculum Theory』)는 Snyder, Hales 등 미국의 기술교과 교육전문가 21명이 1979년부터 1981년까지 3년 동안 여러 차례의 심포지엄을 거쳐 정리·발표한 합의서이다.

김진순(1990)은 기술교육을 "일상적인 생활과 산업계의 직업생활에 필요한 기술을 습득하려는 목적을 가진 교육"이라 정의하면서, 기술은 기술학이라는 고유한 지식체계에 근거한 교과라고 하였다.

이는 기술교육의 모(母) 학문을 기술학으로 오인한 데서 비롯되었다. 기술학이라는 용어는 김진순(1990)의 박사학위논문에서 거론된 것이 시초이며, 내용은 다음과 같다.

> 기술학은 인간이 오랜 역사 속에서 환경에 적응하고 생존하기 위하여 생산적 활동을 해 오는 과정에서 발전시켜 온 노동의 대상과 노동의 수단 그리고 이에 관련한 과학적 법칙성을 연구하는 학문이며, 또한 이들과 개인, 사회, 문명 과정과의 관련성을 연구하는 학문이다.

앞에서 언급한 기술학은 'study of technology'를 번역한 것으로 기술학이 아닌 기술로서 이해해야 할 것이다. 이는 모학문과 대상 학문의 개념을 잘못 이해한 것으로서 기술교육의 대상 학문은 기술이고, 모학문은 교육학으로서 '기술(技術)'이라는 용어에 '학(學)'을 굳이 붙이지 않아도 '기술' 자체로서 학문이라고 할 수 있다.

류창열(2000)은 기술교육을 다음과 같이 정의하였다.

> 기술과 교육(technology education)은 기술학의 지식체계에 기초한 보통교육으로 과학적 지식을 실생활에 적용해 보는 실천적 학습을 통하여 기술적 소양과 기술적 능력을 함양하여 현명한 생활인으로서의 자질을 기르고, 개인의 직업을 탐색할 수 있는 능력을 기르려는 교과교육이다(p. 37).

류창열의 정의는 '과학적 지식의 적용'이라는 점과 '기술과 교육'과 '기술교과교육'의 구별이 안 되었다는 측면에서 약점을 안고 있다.

이상에서 살펴본 바와 같이 기술교육에 대해 정리하면 '기성세대가 다음 세대에게 그들이 살아가야 할 환경에 적응하는 데 필요한 기술적 능력(지식+태도+기능)을 갖추도록 도와주는 계획적인 상호작용'이라 할 수 있다. 또한 기술교육은 기술학이 아닌 교육학을 모태로 발달한 학문으로서 기술에 대해 배우고 가르치는 학교 교과목의 하나라고 할 수 있다.

## 1) 기술교육의 정의

### (1) 기술의 정의

기술은 인류애(humanity)에 기초하여 인류가 살아가는 데 불편함을 해결하려는 인간의 욕구와 끊임없는 노력을 통하여 발전을 거듭해 왔다. 보다 엄밀하게 말하면, 기술이란 사회 환경 속에서 제한된 인간의 능력을 확장하기 위해서 무형의 재산(조직된 지식)과 유형의 재산(도구와 재료)을 수반하는 과정 또는 그 결과이다. 이를 분석하면 다음과 같다.

- 기술의 목적은 인간의 잠재적 능력의 확장이다.
- 기술은 무형의 재산, 즉 인간의 지식을 말한다.
- 기술은 유형의 재산, 즉 도구나 기법을 사용한다.
- 기술은 인간 행동의 과정 및 결과를 포함한다.

### (2) 교육의 정의

교육은 기성세대가 다음 세대에게 그들이 살아가야 할 환경에 적응하는 데 필요한 지식, 태도 및 기능을 갖추도록 도와주는 상호작용이다. 여기서 교육의 대상은 다음 세대를 살아가는 사람들이며, 교육의 목적은 환경에 적응하는 데 필요한 지식, 태도 및 기능의 함양이고, 교육의 활동은 상호작용이다.

### (3) 기술교육의 정의

기술의 정의와 교육의 정의를 바탕으로 기술교육에 대해 〈표 2-1〉과 같은 사항을 이끌어 낼 수 있다.

**표 2-1** 기술교육의 개념

| 구분 | 기술 | | 교육 |
|------|------|------|------|
| 대상 | 자연, 자원, 재료 또는 환경과 인간 | | 다음 세대 |
| 목적 | 인간 능력의 확장 | | 환경에 적응하는 데 필요한 지식, 태도 및 기능의 함양 |
| 활동 및 결과 | 무형의 재산: 조직된 지식 (시스템, 기법, 기술적 소양) | 이용 | 상호작용 |
| | 유형의 재산: 물리적 요소 (도구, 자원, 하드웨어) | | |

앞의 두 정의를 종합하여 기술교육을 정의하면 다음과 같다.

> 기술교육은 기성세대가 다음 세대에게 그들이 살아가야 할 환경에 적응하는 데 필요한 기술적 지식, 태도 및 기능을 갖추도록 도와주는 계획적인 상호작용이다. 여기서 기술적 지식, 태도 및 기능은 무형의 재산과 유형의 재산을 습득하는 과정 또는 결과에서 길러지는 인간의 능력을 말한다.

## 2. 기술교육의 종류

기술교육은 교육목적과 학습자의 수준에 따라 다음과 같이 분류할 수 있다.

## 1) 교육목적에 따른 종류

교육목적에 따라 기술교육을 분류하면 크게 일반교육으로서의 기술교육(general technology education)과 직업교육으로서의 기술교육(vocational technology education)으로 분류할 수 있다. 이를 자세히 나타내면 [그림 2-1]과 같다.

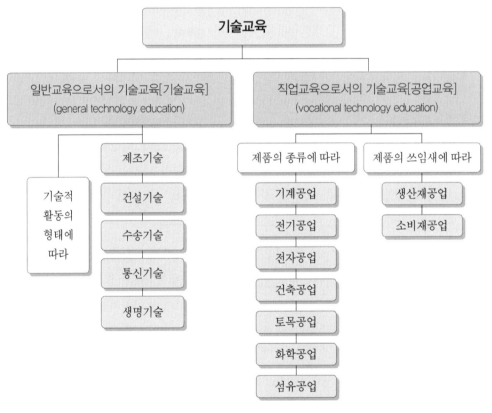

그림 2-1  교육목적에 따른 기술교육의 분류

### (1) 일반교육의 목적으로 이루어지는 기술교육

일반교육의 목적으로 이루어지는 기술교육은 인지발달이 이루어지기 시작하는 어린 시기부터 가정생활 및 사회생활에 필요한 기술에 대한 인식과 이해, 나아가 산업사회에 대한 적응력을 길러 주는 교육이다. 그러므로 일반교육으로서의 기술교육은 남녀노소를 포함한 국민 모두에게 현대 기술 문명 사회를 살아가는 데 필요한 기술적 소양(technological literacy)을 길러 주는 일반교육적 성격을 갖는다.

일반교육으로서의 기술교육은 기술의 활동 형태에 따라 제조기술, 건설기술, 수송기술, 통신기술, 생명기술 등으로 나누어 볼 수 있고, 학습하는 범위가 폭넓은 반면에 학습내용은 깊지 않다는 특성을 가지고 있다.

### (2) 직업교육의 목적으로 이루어지는 기술교육

직업(職業)이란 말은 직분을 의미하는 직(職)과 생업을 뜻하는 업(業)이 합쳐서 이루어진 것이다. 한자의 뜻을 풀어 보면 '맡은 일'인데, 이것에는 직업의 사회적 역할에 대한 의미가 담겨 있다. 왜냐하면 맡은 일이 생기기 위해서는 맡긴 자가 있어야 하는데 직업인에게 일을 맡긴 자가 누구인가를 거시적으로 따져 보면, 결국 그것은 국가 또는 사회라는 대답을 얻게 된다. 어떤 사회나 국가든지 항상 집단적으로 해결해야 할 공동의 과제를 갖기 마련이다. 이러한 문제들을 일할 능력을 가진 모든 국민이 각각 자기의 능력과 적성에 맞게 분담한 것이 직업인 것이다.

따라서 직업이란 생계유지, 사회봉사, 자아실현의 의미를 지니는 것으로 개인의 사회적 역할 분담과 생계유지를 위한 정신적·육체적 활동이며, 나아가 인간이 자신의 개성을 표현하고 자아를 실현할 수 있게 해 준다. 직업교육(vocational education)이란 특정 직업 또는 직업군을 추구하기 위한 교육을 말하는 것으로, 직업에서의 유용성을 높이려는 목적을 가진 교육이며 학생들이 일과 생활 기능을 준비할 수 있도록 설계된 교육 영역이라 할 수 있다.

한편, 직업기술교육(vocational technology education)은 장차 직업 세계에 종사하려 하거나 이미 종사하고 있는 사람에게 직무를 수행하는 데 필요한 능력을 계발시켜 주는 교육이다. 즉, 직업기술교육은 농업, 공업, 상업, 수산업 등 어느 산업 분야에 종사할 것인가, 그리고 예를 들어 공업 분야 중에서도 기계, 금속, 전기, 전자, 건설, 화공 등 어느 계열에 종사할 것인가에 따라 전공 영역이 구별되는 교육이다. 또한 직업교육을 받는 학생들의 수준에 따라 고등학교 수준, 전문대학 수준, 대학 수준으로 구분한다.

또한 직업기술교육은 제품의 종류에 따라 기계공업, 전기공업, 전자공업, 건축공업, 토목공업, 화학공업, 섬유공업 등으로 나누어 볼 수 있고, 제품의 쓰임새에 따라 생산재공업과 소비재공업으로 분류할 수 있다. 특징은 학습하는 범위는 좁으나 깊이가 깊다. 초기 우리나라 일반 기술교육의 출발은 제품의 종류에 따라 분류해 놓은 직업기술교육이었으나, 점차 기술적 활동에 의한 분류로 진행되어 갔다.

## 2) 학습자의 수준에 따른 종류

기술교육은 학습자의 수준에 따라 초등 기술교육(elementary technology education), 중등 기술교육(secondary technology education), 고등 기술교육(higher technology education)으로 나눌 수 있다. 초등 기술교육은 초등학교에서 이루어지는 기술교육으로 일반교육의 성격을 띠며 실과 과목이 여기에 해당된다. 중등 기술교육은 중학교와 일반계 고등학교에서 행해지는 일반교육으로서의 기술교육과 특성화 고등학교의 공업교육으로 나눌 수 있다. 고등 기술교육은 전문대학 이상의 직업교육으로 공학교육이 해당된다.

이를 그림으로 나타내면 [그림 2-2]와 같다.

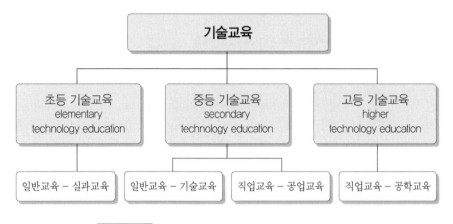

**그림 2-2** 학습자의 수준에 따른 기술교육의 종류

### (1) 초등 기술교육: 실과교육의 일부 영역으로 이루어짐

실과교육(practical arts education)이란 기술교육을 학습자 수준에 따라 나누었을 때 초등 기술교육에 해당되는 기술교육으로, 초등학교에서 이루어지고 있는 일반교육으로서의 기술교육을 말한다. 이는 실천적이고 탐구적인 문제해결의 경험을 통하여 실생활에 필요한 기초 능력을 기르는 기초 교양교과로서 학생의 다양성을 중시하고 교육방법의 개선을 통해 자율과 창의성을 신장하고, 자기주도적인 학습능력을 갖춘 인간의 형성을 목적으로 한다(교육과학기술부, 2008).

초등학교 저학년 수준에서의 기술교육은 학생들에게 도구와 자원, 과정, 기술적 체제를 소개해야 한다. 또한 학생들에게 인간의 욕구와 욕망, 대량생산, 통신 그리고 수송 등과 같은 기초적인 기술적 개념에 대해 가르쳐야 한다. 반면, 고학년의 경우는 사회와 환경, 문화 속에서의 기술의 역할을 인식할 수 있도록 가르쳐야 한다.

실과교육에 대하여, 미국직업교육협회(American Vocational Association, 1971)가 펴낸 『실업기술 용어집』에는 다음과 같이 정의되어 있다.

조작적 특성(manipulative nature)을 갖는 교육으로서, 모든 사람에게
가치 있는 비직업적인 면에서 여가 시간을 위한 흥미, 소비자적 지식, 창의
적 표현, 가정생활, 손 기능, 기술적 개발 그리고 이와 유사한 결과를 가져
오는 기능을 갖는 교육의 한 형태다(p. 52).

즉, 실과교육은 모든 학생이 일을 준비하고 다른 사람들과 조화롭게 행동
할 수 있도록 하려는 취지에서, 시민으로서 공통적으로 필요한 가치관, 태도,
이해력 및 기술 등을 가르치기 위한 일반교육이다.

실과교육의 특성을 살펴보면 다음과 같다.

- 실과교육은 광의의 개념과 협의의 개념으로 나눌 수 있다. 광의의 개념
으로는 초등학교 실과, 중학교의 기술, 가정, 실업 교과를 모두 포함하고
있으며, 협의의 개념으로는 초등학교 실과교육만을 의미한다.
- 광의의 실과교육에서 그 교육내용으로는 농업, 공업, 상업, 수산업, 가정
등에 관한 일반적인 지식, 기능, 태도를 다룬다. 그리고 여가 선용 기능,
소비자적 기능, 창의성 개발 기능, 가정생활 기능, 기술적 기능 등을 갖
는다.
- 협의의 실과교육, 즉 초등학교 실과교육의 특성은 보통교육적인 생활교
육, 노작 활동적인 기능교육, 생활 실천적인 종합교육 등이다.

초등교육 수준에서의 기술교육은 독립된 교과목으로 실시되어야 하지만,
현재 우리나라에서는 '즐거운 생활'과 '실과'의 일부 영역으로 초등학교에서
이루어지고 있는 실정이다.

## (2) 중등 기술교육: 기술교육, 공업교육

### ① 기술교육

중등 기술교육은 중·고등학교에서 이루어지는 기술교육을 말하는 것으로, 중학교 수준에서의 기술교육은 새로운 기술이 창조되는 방법, 기술적 체제가 상품과 서비스를 생산하기 위해 개발되는 방법, 기술적인 장치와 서비스를 사용하는 방법, 환경에서 기술의 영향과 평가 등에 관한 내용을 주로 가르친다. 반면, 고등학교 수준에서의 기술교육에서는 기술의 종류, 즉 생산기술, 수송기술, 통신기술별 개발, 생산, 소비, 평가의 네 가지 기술적인 활동에 대한 이해에 초점을 둔다.

기술의 하위 유형, 즉 생산기술, 수송기술, 통신기술에 대한 교육내용은 일반적으로 투입, 과정, 산출 등과 같은 시스템 단계에 관련된 것을 주로 다룬다. 중등 수준에서의 학습내용을 생산기술의 한 유형인 제조기술로 예를 들면 다음과 같다.

- 제조에서 문제해결을 위해서 장치를 개발하거나 절차를 작성하는 것
- 제품의 생산을 위해서 제조 시스템을 개발하고 수행하는 것
- 사용과 유지, 기술적인 시스템 또는 장치, 제품, 서비스를 자유롭게 이용하는 것
- 제조 시스템이 환경에서 새로운 조치의 결과에 대한 영향을 평가하는 것

따라서 기술교육은 학생들에게 다음과 같은 기술적 소양과 능력을 함양하는 데 도움을 줄 수 있다.

- 생산품의 적절한 선택과 개인과 집단의 욕구 충족
- 기술적인 방법의 이해력은 제품과 서비스를 생산하는 것에 이용

- 효과적으로 기술적인 정보와 생각들을 전함
- 사실에 바탕을 두고, 사회의 환경 발전에 대해 기술을 평가
- 문제해결력, 의사결정력, 창안, 기술적인 장치와 시스템의 혁신을 위해서 새로운 기술을 이용
- 효과적으로 기술적인 장치를 생산하기 위해서 도구, 자원, 기계를 사용
- 적절하게 기술적인 장치들을 선택, 운영, 유지, 배치
- 개인, 사회, 경제 그리고 기술 환경의 영향에 대한 평가
- 시민/유권자, 소비자, 노동자로서 기술적인 사회에 참여와 개인과 다른 사람들과의 관계에서 기술을 적절하게 사용

우리나라에서는 수차례의 교육과정 개편과 맞물려 교과목의 명칭이 변화되어 2015 개정 교육과정에서는 실과(기술 · 가정) 교과 내의 '기술 · 가정'과로 수정하여 국민공통기본과목의 하나로서 남녀 모두 배우고 있다.

### ② 공업교육

공업교육(Industrial Education)은 공업 분야의 직업에서 필요로 하는 지식, 기능, 태도 등을 습득시키는 교육이다(류창열, 1997; 이재원, 이정근, 이영휘, 1984). 이와 같이 공업 분야의 직업생활을 성공적으로 수행하는 데 필요한 내용에 관한 교육을 공업교육으로 정의하는 것이 일반적이지만, 이 정의의 의미는 사회의 흐름에 따라 다양한 의미로 사용되어 왔다.

공업교육은 공업 분야의 여러 직종에서의 직업적 유용성을 높이려는 목적에서 실시되는 교육이다. 공업 분야의 직업생활을 하는 데 필요한 교육이기 때문에 공업교육은 직업교육과 개념의 유사성이 있다. 또한 공업교육은 기술적인 내용을 강조하는 까닭에 기술교육과도 개념적으로 의미가 중복된다.

공업교육은 기술교육을 학습자 수준에 따라 분류할 때 중등 기술교육에 해당되며, 특성화 고등학교에서 이루어지는 직업교육으로서의 공업교육을 말한

다. 또한 공업교육은 기술교육을 목적에 따라 분류할 때 직업교육으로서의 기술교육을 의미하는 직업기술교육에 해당되며, 제품의 종류에 따라 기계공업, 전기공업, 전자공업, 건축공업, 토목공업, 화학공업 등으로 분류할 수 있다.

공업교육은 산업에서의 유용성과 직업적 목적에서 접하려는 경우 그리고 이 두 가지를 절충하여 접근하려는 경우로 구분할 수 있다. 첫째, 공업교육을 공업 분야의 직업적 유용성을 높이려는 교육으로 정의하는 경우이다. 이러한 정의는 명칭의 의미에 가장 가까운 것이지만, 이에 포함된 내용은 매우 넓으며 가장 포괄적인 표현이다. 둘째, 공업교육을 공업 분야의 어느 한 직업에서 취업과 발전을 더욱 유리하게 해 주는 교육으로 정의하는 경우가 있다.

### (3) 고등 기술교육: 공학교육

공학교육(工學敎育, engineering education)은 공학기사(engineer)를 양성하기 위한 교육을 말한다. 일반적으로 4년제 공과대학에서 이루어지는 교육을 뜻하지만 경우에 따라서는 공과계열 대학원 교육도 포함된다.

공학(engineering)이란 넓은 뜻에서 기술(technology)의 일부 영역이다. 공학은 기술의 가장 높은 수준의 문제해결 활동으로서 인간의 능력을 확장하고 보다 편리한 삶을 누리기 위하여 기술과 관련된 개인적 또는 사회적인 문제를 해결하기 위하여 수학이나 과학 등과 같은 다른 분야의 지식과 원리를 응용하는 활동이다.

미국공학교육협회의 초급공학기술협회(The Junior Engineering Technical Society: JETS)는 각각의 유사성과 차이점을 설명하기 위해 인적 자원의 한 범위로 과학자, 공학기사, 공학기술자 그리고 공학전문가를 비교하고, 그 내용을 [그림 2-3]과 같이 그래프로 나타냈다(pp. 73-75).

- 과학자(scientist)는 폭넓은 사람의 지식과 관련되며 그들의 분야는 연구이다.

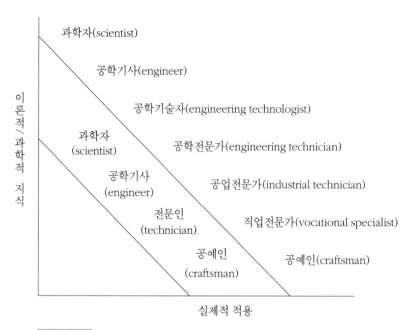

**그림 2-3**  이론적 지식과 실제적 적용을 고려한 공학 분야의 비교

출처: Martin, G. U. E. (Ed.). (1995). Foundations of Technolgy Education (43th yearbook).
Council of Technology Teacher Education(CTTE). New York, NY: Glencoe, McGraw-Hill. p. 75.

- 공학기사(engineer)는 완전한 전문적인 장치와 시스템을 계획, 설계, 건
설, 운영하고 유지하는 데 필요한 과학적인 지식을 적용하며 기술과 새
로운 제도를 개발한다.
- 공학기술자(engineering technologist)는 전문적인 문제를 해결하기 위하
여 공학지식을 적용하며 전문 공학 프로젝트의 설계, 건설, 운영, 유지와
관리에 유용한 일, 재료와 장비를 조직한다.
- 공학기술자는 프로젝트에 할당되는 사람, 재료와 기계를 조정하는 기사
와 밀접하게 일한다.
- 공학전문가(engineering technician)는 실제적인 일들에 있어 그들을 보조
하며 과학자, 기사 그리고 공학기술자와 함께 일하고 기능공의 기능과 교
과를 보완하며 일한다.

[그림 2-3]은 공학 관련 분야 사이의 관계를 단순화한 그래프로서 미국공학교육협회에서 제시한 것이다. 이 그래프는 지식과 실제의 관계에 의해 공학 관련 분야를 나타낸 것으로, 과학자나 공학자 등은 이론적 · 과학적 지식이 풍부하나 실제는 적고, 반면에 공예인은 이론적 · 과학적 지식은 적으나 실제 경험이 우수하다는 것을 나타내고 있다.

공학의 분야가 넓어지고 전문 분야의 기술이 발달되면서 공학도 세분화되어 정보통신, 유전, 고분자, 컴퓨터, 건축, 우주항공, 교통 및 도시, 해양, 핵, 생물의공, 석유, 환경 등 특수 분야의 공학들도 생겨났다. 그러나 전통적으로 공학에서 다루는 학문을 크게 나누면 화공, 토목, 전기, 기계, 금속, 산업 공학 등으로 분류된다.

공학은 인간의 당면 문제를 해결하기 위하여 과학적 지식과 기술적 수단을 응용하는 학문으로, 어떻게 응용하느냐에 따라 그 역할이 다르다. 그러므로 공학자는 같은 분야에서도 역할 면에서 서로 다른 종류의 직종—교육, 연구, 설계, 개발, 건설, 분석, 제어 및 시험, 조작, 판매, 상담, 경영, 정책입안 등—에 종사하게 된다.


# 3. 기술교육 관련 용어

## 1) 일반교육과 직업교육

### (1) 일반교육

일반교육(general education)은 지역, 나이, 성, 직업에 관계없이 모두에게 필요한 교육으로서 보통교육으로도 부른다. 일반적으로 일반교육은 다음의 두 가지 뜻을 가진다.

첫째로, 교육내용에 대한 보편성(普遍性, universality)을 가져야 한다. 즉, 일반교육의 교육내용은 어느 특정한 사람에게만 필요한 것이 아니고 모든 직업에 필요한 공통적인 것이어야 한다는 것이다.

둘째로, 교육대상에 대한 보편성을 지녀야 한다. 즉, 일부 계층에 국한하지 않고 모든 사람을 대상으로 하여야 한다는 것이다.

일반교육은 모든 국민을 대상으로 하고, 교육내용이 보편성을 지녀야 한다는 점은, 곧 국가가 교육기회의 평등성을 보장해야 한다는 것을 뜻한다. 교육대상의 측면에서는 모든 이에게 입학의 기회를 균등하게 부여하고, 교육내용의 측면에서는 모든 이에게 필요한 지식, 태도, 기능을 함양할 수 있도록 각자에게 알맞은 교육을 제공해야 하는 것이다.

한편, 일반교육과 유사한 말로 보통교육이 있다. 이 보통교육이라는 말은 두 가지 개념을 가지고 있다. 하나는 직업교육과 대조되는 개념으로 일반교육을 의미하며, 또 하나는 고등교육과 대조되는 개념으로 중등 이하의 교육, 즉 초 · 중등 교육을 의미한다.

권동택은 이러한 보통교육에 대하여 다음과 같이 설명하였다.

> 보통교육은 그 대상이 소수의 특권층이나 엘리트와 대비되는 다수의 일반인을 대상으로 특정 직업군을 전제하지 않는 모든 사람이 공유할 수 있는 공통적인 지식이나 경험을 제공하는 교육을 의미한다. 이러한 보통교육의 의미에는 공공성, 일반성, 민주성이라는 개념적 요소가 내포되어 있으며, 초등 보통교육은 의무교육제도를 근간으로 하는 제도적 측면과 기초교육의 내용적 측면과 밀접한 관련이 있다. 공공성의 관점에서 보통교육은 공적으로 인정되는 공공선과 공적 토대하의 공공복지 차원의 교육이 이루어지며, 공적 교육으로서의 보통교육과 공공복지의 문제는 밀접하게 연관되어 있다. 일반성의 관점에서 보통교육은 보편성의 성격으로 다양한 가치의 균형이 필요하며, 가치의 일관성 역시 요구된다. 그리고 보통교육은 공적 학교에 부여된 공공선으로서의 사회적 책무라는 관점에서 한 개인으로

하여금 민주 시민으로서의 공통된 자질을 구비하게 하여 삶과 앎에 있어서 기본적인 소양을 갖추게 하는 것이 보다 중요하다(2015, p. 1075).

일반교육으로서의 기술교육은 초·중·고교 시기부터 일상생활에 필요한 기술에 대한 이해, 나아가서 사회에 대한 적응력을 길러 주는 교육으로 남녀노소를 포함한 국민 모두에게 현대 기술 사회를 살아가는 데 필요한 기술적 소양을 가르쳐 준다.

### (2) 직업교육

직업교육(vocational education)은 특정한 직업을 추구하는 사람들을 위한 교육으로서 장차 직업 세계에 종사하려 하거나 이미 종사하고 있는 사람에게 직무를 수행하는 데 필요한 능력을 개발시켜 주는 교육이다. 따라서 직업교육으로서의 기술교육은 농업, 공업, 상업, 수산업 등 어느 산업 분야에 종사할 것인가와, 예를 들어 공업 분야 중에서도 기계, 금속, 전기, 전자, 건설, 화공 등 어느 계열에 종사할 것인가에 따라 전공 영역이 구별되는 기술교육이다. 또한 직업교육을 받는 학생들의 수준에 따라 고등학교 수준, 전문대학 수준, 대학 수준으로 구분된다.

역사적으로 직업교육에 대한 내용의 변천과정을 살펴보면, 초기의 직업에 대한 개념은 생계수단으로서 직업을 준비하는 교육(occupational education)의 의미가 강조되었으며, 이를 일본식으로 번역해 사용하던 용어가 '실업교육'이다. 이후 칼뱅(Jean Calvin), 루터(Martin Luther)에 의해 소명의식 및 사회봉사 기능이 강조된 직업교육으로 변천되었다가, 현대에는 자아실현의 의미가 강조된 직업교육으로 변천되었다.

최근에는 직업교육의 부정적인 이미지를 탈피하고자 이름을 진로와 전문교육(career and technical education)으로 바꾸었다. 다른 한편으로는 직업교육을 일힘교육(workforce education)으로 부르기도 한다.

실업교육(occupational education)은 농업, 공업, 상업, 수산업, 가정 등과 같이 신체적 활동을 많이 하는 생산 분야에서의 직업을 준비시키는 교육이었다. 일반적으로 직업교육은 협의의 직업교육과 광의의 직업교육으로 나누어 볼 수 있다. 좁은 뜻에서의 직업교육은 중등학교 이하의 수준에서 이루어지는 직업교육을 말하며, 좁은 뜻에서의 직업교육과 전문대학에서 이루어지고 있는 전문교육을 합쳐 넓은 뜻에서의 직업교육이라 말한다.

직업교육은 고등학교를 마친 후에 곧바로 취업할 수 있는 출발점과 같은 것을 제공하고, 사람들에게 계속적인 재훈련, 중등과정 후의 교육과 대학을 준비시키기도 한다.

직업교육은 시대에 따라 그 내용이 달라지는데, 해방 직후에는 초등학교에서 중학교 진학률이 낮아서 초등학교에서도 직업교육이 이루어졌으나 그 후 중학교가 의무교육이 되고 진학률이 거의 100%가 됨에 따라 초등학교에서의 직업교육은 필요하지 않게 되었으며, 1980년대 이후로 하여 중학교에서 고등학교의 진학률이 거의 100%가 됨에 따라 중학교에서의 직업교육도 그 모습을 찾아볼 수 없게 되었다. 현대에 들어와서 본격적인 직업교육은 특성화 고등학교부터이며 대학진학률이 매우 높아져 직업교육의 중심이 전문대학의 전문교육(technical education), 즉 전문대학 교육으로 이동하고 있다.

## 2) 교양교육과 소양교육

### (1) 교양교육

교양교육(liberal education)은 고대 그리스 시대의 'liberal arts'에서 유래했다. 'liberal'의 어원은 라틴어 'liber'로서 자유(free)라는 뜻인데, 자유교육(liberal education)이란 자유인(freeman)을 위한 교육이라는 의미를 가진다. 자유인은 당시의 지배계층을 이르는 말이었다. 고대 그리스 시대에서는 지배계층인 귀족(freeman)과 피지배계층인 노예(slave)로 구성되어 있었다. 지배계층인 귀족은 국방의 의무, 납세의 의무, 근로의 의무가 없었으며, 이러한 의무는 모두 피지배계층인 노예에게만 주어졌다. 당시 교육의 목적은 이들 소수 지배계층인 일하지 않는 자유인들을 대상으로 무지나 편견에서 벗어나게 함으로써 지적·도덕적으로 행복한 삶을 살 수 있도록 하는 것이었다. 즉, 귀족은 지배계층으로서 갖추어야 할 기본적인 자질인 교양을 갖추도록 교육받아야 했는데, 이때 귀족을 대상으로 이루어진 교육을 교양교육(liberal education)이라 하고, 이때 배우던 과목을 교양과목(liberal arts)이라고 한다. 이러한 교양교육은 중·상위층 이상의 소수 지배계층에서 갖추어야 할 지식, 태도, 기능 등의 교양을 배우는 교육을 말한다.

중세의 유럽에서는 7개 교양과목으로 3학(the trivium), 즉 문법(grammar), 논리(logic), 수사학(rhetoric)과 4과(the quadrivium), 즉 산술(arithmetic), 천문(astronomy), 음악(music), 기하(geometry)를 꼽았다.

그러나 18세기 말 프랑스와 미국에서 일어난 혁명을 계기로 이전의 소수 특권층을 대상으로 하는 교양교육의 기반이 무너졌다. 근대에 이르러서는 미국의 하버드대학교에서 대학생을 대상으로 교양과목을 처음으로 도입하였다. 현대 대학에서의 교양과목은 대학 교육과정의 일부로서 전공과목 및 선택과목과 더불어 필수로 이수하도록 되어 있다. 이것은 고등교육을 받은 사람이 현대적인 지성인으로서 기초적으로 갖추어야 할 인문사회, 자연과학, 기술 분야의 일반적인 내용으로 구성된다.

### (2) 소양교육

교양교육과 혼용하고 있는 용어로 소양교육이란 말이 있다. 소양(literacy)은 '읽고 쓸 줄 앎'이라는 뜻으로, 소양교육이란 일반 서민을 대상으로 일반 서민 수준의 지식, 태도, 기능을 배우는 교육을 말한다. 따라서 상위계층을 위한 교양교육과 대비되며, 전문교육에 대비되어 소양, 즉 특정한 분야에서 종사하기 위하여 기본적으로 갖추어야 할 지식이나 능력을 갖추는 것을 목적

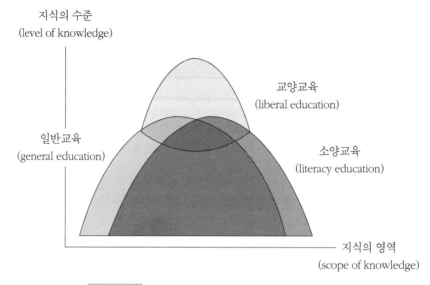

지식의 수준
(level of knowledge)

교양교육
(liberal education)

일반교육
(general education)

소양교육
(literacy education)

지식의 영역
(scope of knowledge)

그림 2-4    일반교육과 소양교육, 교양교육의 관계

으로 하는 기초적인 교육을 말한다. 이러한 소양교육은 문해교육으로 불리
기도 한다.

소양교육은 일반교육과 그 대상이 상당 부분 중첩되는 반면, 교양교육과
일반교육은 그 대상이 거의 중첩되지 않는다. 일반교육과 소양교육, 교양교
육의 관계를 나타내면 [그림 2-4]와 같다.

## 참고문헌

교육과학기술부(2008). 초등학교 교육과정 해설(IV)-수학, 과학, 실과. 한솔사.
권동택(2015). 학습자중심교과교육연구, 15(12). 청주: 학습자중심교과교육학회.
김진순(1990). 초ㆍ중ㆍ고등학교 기술교과 교육내용의 계열성에 관한 연구. 서울대학
    교 대학원 박사학위논문.
류창열(1997). 공업ㆍ기술교육학원론. 서울: 교육과학사.
류창열(2000). 기술교육원론. 대전: 충남대학교 출판부.

이재원, 이정근, 이영휘(1984). 공업기술교수법. 서울: 성안당.

정범모(1976). 교육과 교육학. 서울: 배영사.

American Vocational Association (1978). 교육과 사회학 (*Vocational Technical Terminology*). (이종각 역). 서울: 배영사. (원저는 1971년에 출판).

International Technology Education Association (1985). *Technology education: A perspective on implementation.* Reston, VA: Author.

International Technology Education Association (2011). Glossary Terms for STL, AETL, and Addenda. From http://www.iteaconnect.org/TAA/PDFs/GlossaryTerms.pdf.

Israel, E. N. (1995). Technology Education and Other Technically Related Programs. In G. U. E. Martin (Ed.), *Foundations of Technology Education* (pp. 25-118). New York, NY: Glencoe, McGraw-Hill.

Savage, E, & Sterry, L. (Eds.). (1990). *A Conceptional framework for technology education.* Reston, VA: International Technology Education Association.

Snyder, J. F., & Hales, J. A. (Eds.). (1981). Jackson's Mill Industrial Art Curriculum Theory. Symposium Report.

제 **3** 장

# 기술교육의 당위성

이 장에서는 개인적 측면에서의 기술교육의 필요성, 사회적 측면에서의 기술교육의 필요성, 독자적 지식 영역으로서의 기술교육의 필요성을 통해 기술교육의 당위성에 대해 논의하기로 한다.

기술교육을 전공하는 사람을 비롯하여 학생, 학부모 등 많은 사람은 한 번쯤 '기술을 왜 배울까?'에 대한 궁금증을 가졌을 것이다. 특히 학부모나 학생들의 '기술을 왜 배울까?'에 대한 궁금증은 다른 교과에 비해 결코 뒤지지 않을 것이다. 실제로 대학입시 위주의 교육풍토가 만연한 사회 속에서 일반인들의 기술교육의 필요성과 중요성에 대한 인지도가 매우 낮은 실정이다.

따라서 이 장에서는 '기술을 왜 배울까?'에 대한 궁금증을 해결하고, 기술교육의 필요성과 중요성을 명확히 하고자 한다.

## 1. 개인적 측면에서의 기술교육의 필요성

### 1) 인간의 발달적 측면에서의 기술교육의 필요성[*]

인류 역사가 시작된 이래 인간은 여러 가지 도구를 만들고 사용해 왔다. 인류 역사는 이러한 도구의 발달사라고 해도 과언이 아니다. 많은 철학자는 이러한 역사적 증거와 사실적 증거에 입각하여 '조작적 능력과 그러한 욕구'를 인간 본성의 하나로 상정하였다. 예컨대, 프랑스의 유명한 철학자, 베르그송(Henri Bergson)은 철학적 · 역사적 맥락에서 고찰하고, 인간의 본성을 두 가지 측면에서 지적하였다. 즉, 호모 사피엔스(homo sapiens)와 호모 파베르(homo faber)라는 두 측면이다. 그는 호모 사피엔스는 합리성에 관련되며, 호모 파베르는 도구를 만드는 능력에 관련된다고 지적하였다.

심리학자인 피아제(Jean Piaget)는 인간의 지능을 합리적 지능(rational

---

[*] 이 내용은 '장석민(1985). 일반 보통교육으로서 기술교육의 정당성에 관한 고찰. 대한공업교육학회지 10(2).'의 내용을 발췌하여 재구성한 것임.

intelligence)과 실용적 지능(practical intelligence)의 두 범주로 구분하였다. 그는 합리적 지능을 추상적인 것에 관련된 능력으로, 실용적 지능을 물체를 조작하는 능력으로 인식하였다. 브루너(Jerom S. Bruner)는 학생들에게 인간 본성(human nature)을 이해시키기 위하여 사회학, 인류학, 심리학 등을 포괄하는 간학문적 접근법(interdisciplinary approach)에 의하여 '인간에 관한 탐구 과정(a course of study on man)'을 구성한 바 있다. 그는 이 과정에서 인간 본성의 특징을 다섯 가지로 규명하고, 도구를 만드는 능력을 그 특징 중의 하나로 포함시켰다. 심리학자이면서 철학자인 라일(Gilbert Ryle)도 인간의 지식을 명제적 지식(knowing-that)과 방법적 지식(knowing-how)으로 구분하였다.

베르그송이 지적한 호모 파베르는 그것이 도구를 만드는 인간의 능력에 관련된다는 점에서 기술에 관련된 인간 본성의 철학적 상정으로 생각할 수 있다.

피아제가 지적한 실용적 지능은 물체를 조정하는 능력이란 점에서 기술에 관련된 인간 본성의 심리학적 근거에 관련되며, 라일이 구분한 방법적 지식은 기술에 관련된 인간 본성의 의식론적 근거를 말했다고 생각된다.

이상의 논의에서 살펴본 바와 같이, 인간의 본성이 무엇인지 분명히 규정한 것은 아니지만, 인간의 본성이 어떤 형태의 것이든지 있다고 하는 가정을 받아들인다면, 기술이 그 가설에 관련되어 있다는 사실은 이상 여러 학자의 주장에서 그 근거가 어느 정도 인정된다고 판단된다.

우리가 흔히 받아들이고 있는 블룸(Bloom)의 '교육목표 분류학'에 의하면, 인간의 능력은 지적인 영역(cognitive domain), 정의적 영역(affective domain) 그리고 심리 · 운동적 영역(psychomotor domain)으로 구분된다. 앞에서 베르그송, 피아제, 라일 등이 지적한 측면은 모두 여기서 말하는 심리 · 운동적 영역과 직접 또는 간접적으로 관련된다.

인간이 기술에 관련된 어떤 잠재 능력을 가지고 태어난다면 그에 대한 발달적 욕구가 발생된다는 것은 너무도 당연한 논리적 귀결이다. 기술교육은 이러한 발달적 욕구에 부응하기 위하여 존재하며, 그 발달적 욕구의 구체적 내용에 맞게 하위 요소가 조정되어야 한다. 프레이쉬맨(Freishman)은 인간의 심리 · 운동적 능력에도 두 가지 측면이 있다고 지적하였다. 그 하나는 신체적 조정 능력(physical proficiency), 예컨대 완력(strength), 유연성(flexibility), 신속성(speed), 균형 능력(balance), 조화 능력(coordination), 지구력(endurance) 등에 관련된다. 다른 하나는 조작 기능(manipulative skill)에 관련되며, 다시 말하면 조작적 솜씨(manual dexterity)에 관련된다. 이러한 지적은 인간의 발달적 욕구 또는 과업의 측면에서 기술의 어떤 조작적 측면을 필연적으로 말해 주는 동시에 그 내용이 어떤 성격의 것이어야 하는가를 시사한다.

피아제에 의하면, 지능은 사람과 환경과의 상호작용을 통하여 학습되는 적응 과정(adaptive process)이며, 아이들은 조작적 재료(manipulative materials)의 활용과 직접 경험을 통하여 학습한다. 피아제가 시사한 바와 같이, 아동들은 책을 보거나 교사의 설명을 듣기보다는 어떤 활동을 통해서 보다 능동적인 학습을 하게 된다. 능동적 학습 활동을 위하여 아동들은 여러 가지 재료를 조작하고 조정한다. 이와 같이 무엇을 조작하고 조정하는 것이 바로 기술 그 자체라는 측면에서 볼 때, 기술교육은 인간의 기본적인 발달적 요구와 깊이 관련되는 것으로 인식된다.

피아제의 연구를 포함해서 선행된 심리학적 연구 결과에 의하면, 아동들은 여러 가지 운동 형태를 발달시키면서, 예컨대 이동하기, 조작하기, 균형 잡기, 던지기, 잡기 등 환경의 적응에 필요한 유용한 정보들을 체득하고, 안정된 신체 기능을 발전시킨다. 피아제에 의하면, 이러한 운동 학습에 관한 최초의 정보는 운동 지식(motor knowledge)이다. 그리고 이러한 지식체계는 환경 속의 대상과 상호작용하면서 발전하게 된다. 감각운동 기능(sensory motor skill), 지각운동 기능(perceptional motor skill), 심리운동 기능(psycho motor skill)을 포함하는 운동 기능의 발달은 근본적으로 어떤 조작 능력과 깊이 관련되고 있다는 점에서 기술교육과 밀접히 관련된다. 특히 초등 수준의 교육에서는 이러한 운동적 조작적 발달 요구를 위한 기술교육이 더욱 중요하고도 절실하다.

대상과 재료의 조작과 조정은 신체적 기능만으로 되는 것이 아니다. 그것은 눈과 손과 마음의 일치된 판단과 움직임으로 이루어져야 한다. 이러한 의미에서 기술은 주로 심리운동 기능에 초점을 둔 기술의 개념으로 생각된다. 물론 기술교육이 이와 같은 조작적 기능에 관련되고, 그러한 발달적 요구에 봉사되어야 한다는 것은 당연하다. 그러나 오늘날 기술의 의미는 이러한 조작적 기능의 측면뿐 아니라 보다 넓은 의미에서 기술적 지식의 측면까지 포괄하는 것으로 확대되고 있다.

최근 기술교육에서 강조되고 있는 기술적 지식의 강조는 바로 기술의 인지적 측면에 대한 새로운 요구가 발생하고 있음을 뜻하는 것으로 풀이된다. 기술적 이해력과 기술적 창의력 등은 기술 문명의 발전과 더불어 새롭게 일어나고 있는 인간 발달적 요구로 생각된다. 기술교육에 관한 최근의 요구 조사 연구들에 의하면, 많은 학생과 시민이 이러한 기술 지식적 욕구를 가지고 있음을 알 수 있다. 이러한 연구 결과는, 기술이 인간 본성에 터한 발달적 요구에 관련된다고 하더라도 그 요구의 구체적인 내용은 시대와 환경의 변화에 따라 달라질 수 있다는 것을 나타낸다. 이러한 의미에서 기술교육은 계속해서 인간의 발달적 요구를 확인해 보고 그에 맞게 내용 요소를 발전시켜 나가야 할 것으로 생각된다.

일반적으로 어떤 상황에서 인간을 움직이게 하는 동기는 근본적으로 서로 다른 세 가지 유형으로 구분된다.

- 기아, 고통, 성욕 같은 본능적 요구
- 선천적 · 자연적 활동의 요구 및 지식에 대한 갈망
- 학습된 목적 지향적 행동

본능적 요구는 생물적 동인과 단순한 자극-반응관계에 연관되어 있어 기술교육에 대한 논의에서 제외한다고 하더라도, 선천적이며 자연 발생적인 활동의 요구는 인간이 본연적으로 지니고 있는 내재적 동기라고 할 수 있다. 이것은 목표가 없더라도 인간의 본성에 의하여 활동 그 자체로 쾌락을 찾는 본성, 다시 말하면 결과를 논하지 않고 순수하게 활동을 원하는 동인이 인간에게 있음을 의미한다.

이러한 본성은 성장 과정에 있는 아동을 관찰해도 알 수 있다. 아동의 하루 일과를 살펴볼 때, 그 아동이 무엇인가를 알려고 애쓰고 다른 한편으로는 무엇을 만들어 그것을 활용하는 모습에서 조작적 본성을 찾을 수 있다. 이것은 또한 인간을 '생각하는 존재(homo sapience)'와 '물건을 만드는 존재(homo faber)'로 구분하는 데서도 엿볼 수 있다. '생각하는 존재'는 감각 · 지각 · 사고하는 인간을 나타내는 데 비하여 '물건을 만드는 존재'는 제작 · 창작하는 인간을 나타낸다. 이러한 조작적인 인간의 본성은 목적 지향적이며, 학습된 외재적 요인에 영향을 받아 목적 달성을 위한 동기로 작용한다.

발달 과업(development task)을 고찰해 보면, 인간 내면에 존재하는 조작적 본성은 단계적으로 변화한다는 사실을 파악할 수 있다. 발달 과업은 아동의 욕구를 문화적 기대, 능력 및 기능의 용어로 진술된 목록이며 아동의 발달 단계에 따라 충족되어야 하고, 만약 그렇지 못하면 적응에 장애가 되는 행동이 나타나기도 한다. 이러한 발달 과업은 사회적 요구가 있고 아동의 신체적 성숙과 아울러 어떤 과업을 성취할 준비가 되었을 때가 교육의 적정기이다. 이러한 발달 과업은 주어진 문화와 사회에서 개인의 성장과 성숙에 결정적인 역할을 하는 것으로 알려져 있다.

이상에서 논의된 인간의 조작적 본성과 발달적 요구를 충족시키고, 나아가 이를 계발하여 사회적 필요를 충족시킬 수 있는 교육 프로그램으로서 기술교육이 필요하다.

## 2) 일상생활 측면에서의 기술교육의 필요성

오늘날 기술은 모든 사람의 일상생활에 관련된 필수적 문화 요소로 등장하였다. 현대사회의 기술은 역사상 존재했던 어느 시대보다도 급속한 발전을 이룩하였다. 산업혁명 이래 급속한 기술의 발전은 산업과 경제의 발전을 촉진하게 되었다. 그러나 기술의 발전으로 풍요하고 편리한 문화생활을 할 수 있게 된 반면, 우리는 이로 인해 여러 가지 공해 문제 또는 사회 문제에 직면하게 되었다. 현대사회에서 우리는 기술의 사용자로서, 때로는 기술의 창안자로서 살아가야 하며, 이러한 과정에서 기술로부터 얻어지는 여러 가지 손익을 경험한다. 우리는 직업생활을 통하여 직접적으로 기술을 창안하거나 기술 서비스를 제공한다. 아니면 기술적 제품을 생산하거나 서비스를 제공하는 일에 종사한다.

동시에 우리는 일상생활을 통하여 소비자의 한 사람으로서 기술 서비스를 받거나 기술 제품을 구입하고 사용한다. 현대사회에서 우리의 일상생활, 즉 직장생활이나 가정생활의 대부분이 기술과 밀접히 관련되어 있다. 이러한 관련성은 사회적·경제적 계층에 관계없이 모든 사람의 생활에서 공통적이다.

우리가 생활하고 있는 공간은 원래 자연적인 것이었지만 인간이 좀 더 편익을 취하기 위하여 차츰 인공적인 환경을 만들어 왔다. 그 결과로 오늘날 의식주는 물론 일상 생활용품의 평가, 선택, 구입, 사용, 고장 진단 및 수리에 필요한 기술적 지식과 태도 및 기능의 함양이 요구되며, 이러한 능력을 바탕으로 현명한 소비자가 될 수 있다. 예컨대, '어떤 자동차 또는 컴퓨터를 사야 하는가?' '어떤 전기 제품이 에너지 절약형 제품인가?' 등에 대한 현명한 답과 결정을 하려면 기술적 소양이 필요하다.

게다가 일상적인 대화 및 공공기관에서 직무를 효과적으로 수행하는 것조차 기술에 대한 소양 없이는 불가능하게 되었다. 또한 기술의 발전은 많은 직업을 창출하고 각 직업의 영역과 수준을 다양화시켰을 뿐만 아니라, 식자공과 같은 오래된 직업을 소멸시키고 텔레마케터 같은 새로운 직업을 탄생시켰다. 이것은 사회 조직과 경제 조직에 커다란 변화를 초래하였다. 이렇게 기술의 영향을 많이 받는 사회에 적응하여 생활하기 위해 기술에 대한 이해는 필수 불가결한 것이 되었다.

이러한 기술 의존적 사회에서는 기술이 보편화되었기 때문에 어느 정도는 일상생활을 하는 중에도 배울 수 있겠으나, 이렇게 배우는 것은 부분적이며 효율적인 면에서도 많은 제한점이 있기 때문에 체계적인 교육 프로그램에 의한 기술교육이 필요하다.

따라서 개인의 생활 측면에서 바람직한 사회생활을 해 나가는 데 필요한 기술적 소양을 길러 주는 기술교육이 필요하다. 기술적 지식, 태도, 기능을 함양함으로써 기술적 제품의 평가, 선택, 사용, 고장 진단 및 수리 능력을 갖추어 현명한 소비자가 되도록 해야 한다.

## 3) 직업교육의 일환으로서의 기술교육의 필요성

산업사회에서 기술 수준은 발전하고 전문화되며, 이러한 전문화 현상은 산업 발전에 따라 더욱 가속될 전망이다. 그러나 청소년의 지식, 능력, 태도 등의 성장은 각 발달 수준에 따라 단계적으로 이루어진다. 따라서 발전되고 전문화된 기술 수준과 청소년의 성장 정도의 사이에 격차가 존재하게 되며, 이 격차는 기술의 발전 속도에 따라 더욱 벌어질 전망이다. 또한 학생은 성장 과정에 있기 때문에 자신이 인지하고 있는 필요, 적성, 흥미가 있는 반면, 아직도 인지되지 못한 채 잠재되어 있는 부분도 있다. 따라서 기술과 관련된 탐색적인 교육 프로그램을 통하여 잠재되어 있는 적성, 능력, 흥미 등을 인지함으로써 올바른 진로를 결정할 수 있다.

## 2. 사회적 측면에서의 기술교육의 필요성

기술은 사회의 변화를 주도하고 있다. 우리 사회는 기술의 발전에 따라 농업사회에서 공업사회로, 공업사회에서 정보사회로 발전과 변화를 거듭해 왔다. 이러한 변화의 원동력이 바로 기술이다. 이 기술에 대해서 제대로 이해하는 것이 학생들이 살아가야 할 미래 사회의 변화에 대처하는 데 필요하다.

현대 민주사회에서 민주시민으로서 기술과 관련된 현명한 의사결정을 내릴 수 있도록 올바른 지식, 태도, 기능을 갖추어야 한다. 왜냐하면 기술과 관련된 지식, 태도, 기능이 갖추어지지 않은 상태에서 잘못된 의사결정을 내릴 수 있고, 그로 인해 우리 사회에 많은 피해를 줄 수 있기 때문이다.

예컨대, 유전자 변형 식품의 생산과 유통은 어느 정도까지 허용해야 하는가? 유전자 변형 식품(Genetically Modified Organism: GMO)은 생산성 향상과 상품의 질을 강화하기 위해 본래의 유전자를 변형시켜 생산된 농산물을 말한다. 이것은 질병에 강하고 생산량이 많아 식량난을 해소할 수 있다는 장점이 있으나 유전자 변형 식품을 장기간 섭취할 경우에도 사람에게 해롭지 않다는 점이 검증된 바가 없다는 취약점을 안고 있다. 더욱이 GMO로 인해 생태계가 교란되는 등 환경재앙이 발생할 수도 있다는 위험성을 안고 있다. 서유럽 국가의 환경단체들과 국민들은 GMO 곡물을 기피하고 있다. 현재 전 세계적으로 콩, 옥수수, 감자 등 약 50여 개 품목이, 우리나라에서도 40여 개 가량의 GMO가 유통되고 있다. 특히 국내에서 시판되고 있는 두부의 82%가 유전자 변형 콩이 섞인 원료로 만들어졌다는 발표로 국내에서도 유전자 식품의 유해성 여부가 문제가 되었다. 현재까지는 유전자 변형 식품의 위험성과 유용성이 동시에 인정되고 있는데, 이러한 유전자 변형 식품을 어느 정도까지 허용해야 하는가 하는 문제는 사회적으로 중요한 문제가 아닐 수 없다.

얼마 전까지 생명기술에서 뜨거운 감자로 떠올랐던 인간 배아세포 복제를 어느 수준과 범위까지 허용하느냐 하는 것도 인류 사회에 매우 중요한 문제이다. 인간 복제 배아는 정자와 난자의 수정을 통하지 않고 인공적으로 수정란을 분할하거나 혈액·살점 등에 들어 있는 체세포만을 이용해 복제해 낸 배아를 말하는데, 이 복제기술을 이용하면 체세포만으로도 자신과 닮은 개체를 만들어 낼 수 있어 결국 복제 인간의 탄생도 가능하다. 이러한 생명기술의 비약적인 발전과 아울러 생명 윤리에 대한 명확한 기준이 정해지지 않아 생명기술의 응용 범위에 대해 많은 논란을 불러왔다. 배아 복제 문제는 인간 복제 배아가 성공되기 이전부터 배아 복제를 찬성하는 쪽과 반대하는 쪽으로 갈라져 많은 논쟁을 불러일으키면서 세계적인 관심을 모아 왔다. 하지만 이에 대한 국제적인 흐름은 배아 분리, 세포핵 이식 및 기타 기술을 통한 인간 복제를 금지하되, 오로지 연구 목적으로 세포나 조직을 복제하는 경우에만 엄격한 조건 아래 허용하는 쪽으로 기울고 있는 추세이다. 이러한 인간 복제 배아기술을 어느 수준과 범위까지 허용하는가 하는 문제는 사회적으로 매우 중요한 문제다. 이 밖에도 '지구온난화를 늦추기 위하여 이산화탄소의 배출량을 줄여야 하는데 어느 정도의 속도와 강도로 줄여야 하는가?' 등과 같은 문제에 대한 결정은 시민 개개인뿐 아니라 전체 사회에도 많은 영향을 주게 될 것이다. 이제까지 이러한 문제에 대한 의사결정은 일부 전문가나 행정 관료, 의회 의원들에게 위임하였다. 그러나 앞으로는 참여 민주주의(participatory democracy) 정신에 입각하여 시민들이 이와 같은 기술적인 쟁점을 올바른 기술적 소양을 바탕으로 의회 의원, 공청회, 법원 판례 등을 통하여 구체화하고 올바른 의사결정이 이루어지도록 노력해야 할 것이다.

드보어(DeVore, 1980)는 참여적 기술(participatory technology)을 다음과 같이 서술하고 있다.

참여적 기술은 윤리와 비슷하고 높은 수준의 기술을 기반으로 한 사회에서 참여 민주주의의 성공에 필수적이다. ……

참여적 기술은 사람들의 이익이 기술에 의해 실질적으로 영향을 받는 것이 확실할 때, 그리고 기술의 개발과 실행과정에 정당하고 실질적으로 참여하여 나아질 때 직접적으로, 기술 통제의 대리 행위를 통해 기술의 개발, 실행과 규제의 사회적이고 전문적인 과정에 대중을 포함하는 것을 뜻한다.

참여적 기술은 기술의 힘과 통제와 관련한 몇 가지 이유에 의해 나타났다. 사람들은 어떤 기술적 결정도 법의 형식이 될 수 있고, 미래에 법제화된다는 것을 깨달았다. 참여하지 않은 그것들은 더 적은 선택과 통제, 자유를 가졌다. 가치는 불이행에 의해 그들에게 선택된다. 게다가 전통적인 사회적 기관은 환경, 민족, 도시 개발, 인구 성장, 교육기회, 기술의 방향과 기타의 질과 관련한 대중적인 포럼의 쟁점에서 확인하고 대중화하고 해결하기 위하여 특별히 잘 구조화되지 않았다. 참여적 기술의 증가를 위한 주요 요인 중의 하나는 전문적 결정의 결과에 대한 관심과 다수의 의사결정이 주어진 기술적 선택의 제2의 혹은 제3의 효과를 항상 자각하는 것이 아니라는 사실에 있었다(pp. 335-336).

## 3. 독자적 지식 영역으로서의 기술교육의 필요성

기술이 하나의 교과로 구성되기 위해서는 전체 학교교육에 기여할 수 있는 독자적인 영역이 존재해야 한다. 모든 교과가 각각 독특한 기여를 할 때 그 결과가 결합되어 학교교육에서 목적으로 하는 결과를 가져올 수 있다. 기술은 'know-how'에서 알 수 있듯이 방법을 강조하는 측면이 있기에 그 방면에서의 독자성은 인정되어 왔고, 근래에 와서는 지식으로서도 독자적인 영역이 존재한다는 점을 강조하고 있다.

브로디와 스미스 그리고 버넷(Broudy, Smith & Burnett, 1964)은 지식의 용도를 연상적(associative), 복사적(replicative), 해석적(interpretive), 응용적

(applicative) 용도의 네 가지로 나누었다(류창열, 1997, p. 38). 어떤 지식이든 이 네 가지 용도를 가지고 있겠으나 지식에 따라서 그 성질상, 특히 강조되는 용도가 존재한다. 우리는 일반적으로 지식이 실생활의 필요를 해결하고 새로운 환경에 대처하여 그 의미를 해석하고 적절한 행동 방향을 결정하는 데 기여하기를 기대한다. 학교는 실생활의 모든 필요를 예견할 수 없으므로 지식의 복사적 용도 이외에 해석적·응용적 용도를 필요로 한다. 적응이나 조정, 문제해결 그리고 발명 등은 모두 지식의 해석과 응용을 필요로 한다(류창열, 1997, p. 39).

공업과 교육과정 프로젝트(IACP)를 개발한 럭스(Lux)와 레이(Ray)는 지식의 4가지 유형을 다음과 같이 분류하였다.

- 서술적 지식(descriptive knowledge)
- 규범적 지식(prescriptive knowledge)
- 형식적 지식(formal knowledge)
- 실천학적 지식(praxiological knowledge)

이 가운데 실천학(praxiology)은 '가치 있는 목표를 달성하고자 하는 인간의 효율적인 행동방법'을 다룬다. 즉, 실천에서는 효율성과 타당성을 높이는 데 목적이 있다. 따라서 실천학은 '왜 이러한 특정한 방법으로 해야만 하는가?' 또는 '실행의 조건이 바뀌었을 때는 어떻게 해야 하는가?'에 대해 관심을 둔다. 더 나아가 '두 방법 중 어느 쪽이 더 효율적인가를 결정하는 합리적인 방법은 무엇인가?'에 대한 해답을 찾기 위해 노력한다.

실천학을 의미하는 'praxiology'의 용어는 '실천 행위'를 의미하는 그리스어 'praxis'에 '말하다'를 뜻하는 '-ology'가 결합된 것이다.

기술(technology)은 단순한 기능(skill), 도구(tool), 인공물(artifact), 기법(technique) 또는 일(work) 이상의 것이다. 드보어는 이러한 기술을 어떤 목적을 위하여 여러 가지 다른 요소나 부분으로 구성된 체제로 보고, 이러한 체제로서의 기술을 기술적 체제(technological system)라고 불렀다. 아울러 그는 어느 정교화(sophistication) 수준에서 모든 사회는 어떤 보편적인(universal) 인간의 모든 기술적인 노력이 존재하고 그러한 노력에는 인공물을 생산하고, 상품을 수송하고, 정보를 전달하는 수단(means)이 포함된다고 하였다. 각각의 이러한 체제는 기능(function), 활동(activity) 또는 문제의 범주(problem category)에 따라서 하위 체제(sub system)로서 분석되고 분류된다고(Devore, 1980, pp. 243-246) 주장하였다.

[그림 3-1]은 이러한 세 가지 하위 체제 중 하나인 수송기술의 체제의 분석과 분류법(taxonomy)의 사례를 보여 준다. 기본적인 분류의 구조는 수송의 문제가 처해 있는 환경 부문(division)뿐만 아니라 전문적(technical) 그리고 사회/문화적 요소로 이루어진다. 그다음 수준은 환경 부문의 범주, 문화 또는 정교화 수준에 상관없이 모든 형태의 수송에 대한 몇몇의 전문적 체제 기반(fundamental)으로 설정된다. 각 체제는 기능적(functionally)으로 서술되고 특별히 정의된다. 예를 들면, 통제(control)는 '어떤 공간에서 특정 방향으로 고도를 유지하기'나 경로를 따라 탈것을 조향하기 위하여 사용되는 실질적인 기계적 진행 절차로서 정의될 수 있다. 유도(guidance)는 미리 설정된 경로를 따라가거나 특정 목표를 이행하기 위하여 탈것에 의해 획득된 정보로 정의된다. 각 체제는 범주와 형식을 확인함으로써 보다 상세하게 정의된다. 추진(propulsion) 체제는 다른 것들 가운데에서 동력(power), 전동(transmission)과 구동(drive)의 세 범주로 이루어진다(DeVore, 1980, p. 246). 이와 비슷하게 추진 체제는 더 나아가서는 형식, 계급, 순서별로 분류될 수 있다. 따라서 추진의 분석에서 순서(왕복 팽창실)의 확인으로부터 계급(내부전환), 형식(열), 범주(동력), 체제(추진) 그리고 마지막으로 환경적 부문(지상)까지 계층적으로 이동하는 것이 가능하다(DeVore, 1980, p. 247).

이상에서 논의된 이론들은 기술을 하나의 독자적인 지식체계로 보고, 기술

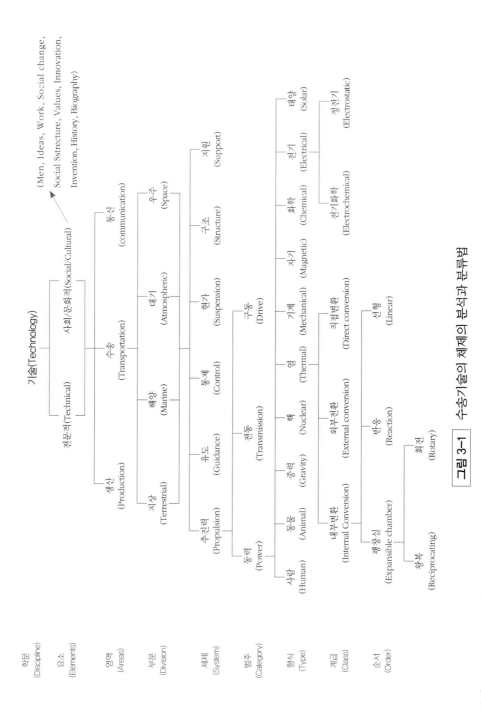

**그림 3-1** 수송기술의 체제의 분석과 분류법

출처: DeVore, 1980, p. 247.

교육이 이러한 지식을 기초로 전체 교육에 독자적으로 기여할 수 있도록 인식되고 조직되어야 함을 강조하고 있다.

　지금까지 논의된 이론을 통해 기술교육의 당위성에 대해 살펴보았다. 빠르게 발전하는 현대 기술 사회에서 기술교육의 중요성은 날로 확대된다고 해도 과언이 아니다. 우리는 기술교육을 통해 학생들에게 기술이 개인과 사회에 미치는 영향을 이해시킬 수 있고, 급변하는 사회의 미래 구성원으로서 학생들의 기술적 능력을 함양할 수 있으며, 학생들에게 기술과 관련된 직업 탐색에 직접적인 영향을 주어 사회 구성원으로서 올바른 성장을 돕는 데 지대한 역할을 한다. 또한 기술은 자연과학과 사회의 요구를 연결해 주는 매개체임과 동시에 적절한 균형을 견지하는 영역으로서 적절한 기술교육을 통해 미래 첨단기술 사회의 인재를 길러 내는 주요한 임무를 지니고 있다.

　기술의 발전은 인류의 문명으로서 사회 발전을 촉진해 왔고, 산업의 발전은 기술의 체계적 연구·발전을 이끌어 과거부터 현재까지 인간 생활이 풍요로워질 수 있었다. 사회와 불가분의 관계에 있는 기술은 지식 기반 사회에서 요구하는 능력을 길러 주기에 가장 효과적이고 매력적인 교과임이 자명하다. 또한 앞으로의 우리 사회는 스마트 공장과 같은 생산기술, 인공지능과 같은 정보통신기술 그리고 자율 자동차와 같은 수송기술의 발전이 더욱 가속화될 것이다. 이에 따라 우리의 삶과 사회의 변화 또한 빠르게 진행되고, 개인과 사회에 대한 기술의 영향력도 커질 것으로 예상된다.

　이와 같이 기술 문명에 의존하고 있는 사회 환경을 이해하고 바람직한 삶을 영위하려면 기술에 대한 이해와 올바른 접근이 필수 불가결하다. 따라서 남녀노소를 막론하고 기술적 소양의 중요성은 점점 더 커질 것으로 예상된다.

## 참고문헌

장석민(1985). 일반 보통교육으로서 기술교육의 정당성에 관한 고찰. 대한공업교육학
    회지 10(2).


Broudy, H. S., Smith, B. O., & Burnett, J. (1964). *Democracy and Excellence in
    American Secondary Education.* Chicago: Rand McNally.

DeVore, P. W. (1980). *Technology: An Introduction.* Worcester, MA: Davis.

Snyder, J. F., & Hales, J. A. (Eds.). (1981). Jackson's Mill Industrial Art Curriculum
    Theory. Symposium Report.

Towers, E., Lux, D., & Ray, W. (1966). *A rationale and structure for industrial arts
    subject matter.* Columbus: Ohio State University.

제 **4** 장

# 기술교육에 대한 접근

이 장에서는 기술교육에 대한 접근으로서 개념적 학습 접근, 사회·문화적 접근, 설계/문제해결 접근, 통합적 접근, 공업 생산 지향 접근, 공예 지향 접근, 첨단기술 접근, 응용과학 접근, 주요 능력 접근 등에 대해 학습한다.

과거 직업교육 성격으로 출발한 기술교육이 일반교육의 성격으로 변천하면서 여러 관점에 따른 다양한 접근이 기술교육에 강조되었다. 캠프와 슈왈러(Kemp & Schwaller, 1988)는 미국에서의 기술교육에 대한 접근으로 개념적 학습 접근, 간학문적 접근, 사회 · 문화적 접근, 문제해결 접근, 기술체제의 통합 접근과 공업의 해석 접근을 들었다(pp. 35-121). 한편, 드브리스(DeVries, 1994)는 서유럽에서의 기술교육에 대한 다양한 접근으로 공예 지향 접근, 공업 생산 지향 접근, 첨단기술 접근, 응용과학 접근, 일반 기술개념 접근, 설계 접근, 주요 능력 접근 및 통합(STS) 접근을 소개하였다(pp. 31-44). 이 장에서는 이들이 설명한 미국과 서유럽에서 나타난 기술교육에 대한 다양한 접근을 엮고 옮겨서 설명하기로 한다.

## 1. 개념적 학습 접근

기술교육 수업에서 중요한 접근 중에는 개념적 학습 접근(conceptual learning approach)이 있다. 개념적 수업 형태란 기술교육내용에서 꼭 필요한 일반적인 개념을 가르치는 것이며, 또한 수업내용보다는 개념을 가르친다는 것이 일반적인 생각이다. 기술교사는 학습내용을 적절한 개념으로 적용시킬 수 있어야 한다. 학습자가 기술교육의 개념에 대해 확실하게 이해하고 있다면, 교사들은 개념을 추가하면서 수업하기가 수월할 것이다. 기술체제에서 개념적 기초가 만들어지면, 전문적인 복잡한 문제에 대한 해답을 쉽게 얻을 수 있다.

정보의 홍수 또는 지식의 폭발로 대변되고 있는 지식 기반 사회에서 방대한 지식을 모두 습득한다는 것은 불가능한 일이다. 따라서 이들 지식을 정선하여 바람직한 내용으로 구성하기 위해 개념학습을 사용한다.

어느 교과나 학문 분야의 기본적인 구조와 관련을 맺지 않는 특정 지식, 태도나 기능을 가르치는 것은 근본적인 의미에서 비효율적이다. 우선은, 그렇게 가르치면 학생들이 이미 학습한 것을 앞으로 당면할 사태에 적용하기가 매우 어렵다. 둘째로, 일반적인 원리를 파악하는 데까지 도달하지 못한 학습은 지적인 즐거움(喜悅)이라는 관점에서 볼 때, 아무것도 주는 바가 없다. 교과에 대한 흥미를 일으키는 가장 좋은 방법은 학생들로 하여금 그것이 할 가치(價値)가 있는 것임을 느끼도록 하는 것이며, 이것은 다시 학습에서 얻은 지식을 학습 사태 이외의 다른 사태에서도 써먹을 수 있도록 할 때 가능하다. 셋째로, 서로 짜여진 구조가 없이 이루어진 학습에서 얻은 지식은 쉽게 잊어버린다. 서로 동떨어진 일련의 사실들의 기억 수명(記憶壽命)이 매우 짧고 파지(把持, retention)력도 약하다. 원리(原理)나 개념(槪念)에서 다시 특정 사실들을 추려해 내는 것이 인간 기억과 파지를 높이는 방법이다(Bruner, 2005, p. 21).

기술교육에서 개념학습을 찾아보면 다음과 같다. '자전거'를 국어사전에서 찾아보면 "사람이 타고 앉아 두 다리의 힘으로 바퀴를 돌려서 가게 된 탈것. 안장에 올라앉아 두 손으로 핸들을 잡고 두 발로 페달을 교대로 밟아 체인으로 바퀴를 돌리게 되어 있다. 바퀴는 흔히 두 개이며 한 개짜리나 세 개짜리도 있다."라고 쓰여 있다(국립국어연구원, 2020). 이러한 것이 개념이다. 또한 자전거 전체 또는 일부를 시스템 과정으로 말이나 글로써 배우게 된다면 이것 또한 개념학습이 될 수 있다.

이 장에서는 호플(Hoepfl)이 설명하는 개념적 접근을 옮겨 소개하기로 한다(2003, pp. 47-61).

우리는 개념에 대해 간단한 것에서 복잡한 것까지 수많은 용어의 정의를 찾아볼 수 있다. 가장 간단한 것으로 개념을 연구의 기초가 되는 목적이나 현상의 묘사를 돕는 커다란 아이디어(big ideas)라고 할 수 있다. 무어(Moore, 1998)는 개념을 구체적 대상(예를 들면, 동물, 의자, 카메라)이나 상태 혹은 과정

(예를 들면, 혼란스러운, 능률적인, 제조)을 분류하는 데 사용되는 필수적인 추상(작용)이며 그런 과정을 통해 세상의 모든 의미를 만들어 내고 체계화한다고 했다. 마토렐라(Martorella, 1972)에 의하면 개념은 "관련된 범주(category)를 정의하는 규칙을 가진 경험의 범주로서, 그리고 공통적인 특성(attributes)을 가진 사례(instances)나 보기(exemplars)의 집합(set)으로 생각할 수 있다"(p. 7). 개념에 나타난 결정적인 특성은 확인된 특징을 묘사하고 구별할 수 있다는 점이다. 세상에 대해서 의미 있게 의사소통하고자 할 때, 사람들이 확인하는 것이 개념의 특성이다.

요스트(Yost, 1988)는 개념이 공통 특징을 가진 대상 혹은 상태를 분류하는 것을 도울 뿐 아니라 적용성(applicability)을 가지고 있다고 정의하였다. 말하자면, 몇 가지 실제적인 이익이나 사용이 학습하는 개념으로 간주되어야 한다는 것이다. 아마 개념이 응용된 가장 중요한 사용은 우리가 교과 내용의 많은 부분을 습득하고 유지할 수 있게 돕는 데 있다. 사람은 불연속 정보의 아주 제한된 양만을 이해할 수 있고 자주 사용하거나 복습하지 않는다면 그 정보를 유지할 수 없다(Ausubel, 1966). 더 자세히 살펴본다면, 개념은 학습자에게 새로운 아이디어를 검토하고 분류할 수 있도록 하는 정신적 지도(mental maps)라고도 할 수 있다.

무어(1998)는 학습을 위계적이라고 보았다. 사실(fact)은 계층의 가장 낮은 단계, 개념과 원리는 두 번째 단계, 사고 기능은 최상 혹은 위에서 두 번째 단계로 이루어진다. 마토렐라(1972)는 유사한 모델을 제시했다. 그의 도식(schema)에서 개념은 "특별한 상호 관계를 가진 사실 무리"를 의미하고(p. 15), 관련된 개념과 상호 관계한 사실을 결합할 때 일반화와 이론이 도출된다.

교수와 학습에 대한 문헌에는 개념(concept), 개념 틀(concept schema), 조직적 요소(organizational thread), 기본 아이디어(fundamental idea) 등을 포함하여 호환 가능한 많은 용어를 담고 있다(Novak, 1966). 결론은, 학생들의 성공적인 생존을 위해 필요한 기본적 이해를 개발하도록 돕는 데 어떤 수업 전략이 가장 효과적인지를 결정하는 것이 전반적으로 인정되는 개념이라는 용어의 정의를 세우는 것보다 더 중요하다.

심리학자 브루너는 많은 이로부터 개념 획득 교수 모델의 개발자로 알려져 있다(Joyce & Calhoun, 1996). 이 주제로 교육 문헌에 투고하여 학문의 구조(structure of a discipline) 안에서 어떻게 다른 정보들이 관련되는지를 보다 잘 보기 위해 학문의 틀(disciplinary framework)을 이해하는 것이 중요하다고 강조했다. "단순히 사실과 기법의 숙달보다 구조의 교수와 학습이 고전적인 전이(transfer)문제의 중심이다"(Bruner, 1961, p. 12). 브루너는 전이는 "교육적 절차의 심장"(p. 17)이라고 말했다. 많은 이는 새로운 환경에 정보를 적용하는 능력(즉, 학습 전이)이 이해를 한 학습을 나타내는 주요 척도라고 믿는다(Mansilla & Gardner, 1998).

개념학습에 대하여 위스크(Wiske, 1998)는 "이해의 교수학(pedagogy of under-standing)"(p. 61)에서 네 가지 주요 물음을 강조하였다.

- 어떤 주제들이 이해할 가치가 있는가?
- 이러한 주제에 관하여 이해될 필요가 있는 것은 무엇인가?
- 어떻게 이해를 촉진할 것인가?
- 학생들이 이해하는 것을 어떻게 알아낼 것인가?

다시 말하면, 이해의 교수학은 어떤 개념을 가르쳐야 하는지, 어떻게 그것들을 가르쳐야 하는지 그리고 개념의 학습을 어떻게 하면 가장 잘 총평할 것인지를 강조하였다. 이러한 물음을 중심으로 개념을 살펴보고자 한다.

### 어떤 개념을 가르쳐야 하는가?

브루너가 거론한 학문의 구조는 학문의 기본적 아이디어를 확인하기 위한 시도에서 명확히 나타난다(Novak,1966). 노박(Novak)과 브루너는 1959년

Massachusetts의 Woods Hole에서 열린 학습을 주제로 한 회의에 참석했다. 국가과학재단의 지원을 받은 회의에서 35명의 참가자들은 '특정 학문의 최고의 정신작용(minds)은 과제를 수행하는 것에 두어야 한다(교과 내용의 기초적인 구조에 기반을 둔 교육과정을 결정)'는 데 동의했다(Bruner, 1961, p. 19). 그때부터, 전형적인 학교 프로그램 안의 수학, 과학, 영어, 예술 그리고 기술을 포함하는 거의 모든 과목에 대한 교육과정 표준과 체제들은 학문 전문가와 교육자로 이루어진 팀에 의해 개발되었다. 모두는 다양한 자료를 광범위하게 투입하고 연장된 기간 동안 작성하여 합의 문서들을 제출했다. 그들은 몇 가지 독특한 특징을 공유하였다.

> 교육과정 표준과 체제는 이제 학생들에게 학문의 주요 개념에 대한 감각(sense)을 주어야 할 필요성을 강조하고 지적 성향과 탐구와 관련한 정신작용의 습관을 개발하며 다른 사람으로부터의 지식을 단순히 흡수하는 것이 아닌 자신의 이해를 건설하고 학교에서 학습한 것과 일상생활에서의 것과의 연결을 할 수 있도록 개발되고 있다. 이해에 초점을 두면서 새로운 표준은 교사들이 교과 내용의 현명한 선택을 하고 그들의 목적과 목표에 대해 분명히 하고 수행에 기초한 총평이 교수-학습을 주고받는 과정에서 더욱 필요한 요소가 될 것을 요구한다. 지나치게 광범위한 내용의 피상적인 적용 범위와 정보를 연상시키는 특징을 가진 선다형의 시험은 좋게 보이지 않는다(Perrone, 1998, p. 25).

『기술적 소양을 위한 표준』[기술 연구를 위한 내용, 국제기술교육학회(ITEA), 2000]의 출판은 기술교육계에서 돌파구가 되었다. 『기술적 소양을 위한 표준』과 『국가과학교육표준』[국가연구위원회(NRC), 1966; 미국 과학개발을 위한 위원회(AAAS), 1989]은 현대 교육과정 속에 기술이 포함되는 중요성을 언급하고 "무슨 주제가 이해될 가치가 있는가?"라는 물음의 대답을 제공한다. ITEA 표준은 20개의 폭넓은 표준(주제)을 담고 있는 다섯 가지 주제의 장(chapters)으로 되어 있다. 그런 다음 각각의 표준은 여러 기준(benchmarks)에 의해 나뉘어 단계별(K-2, 3-5, 6-8, 9-12)로 조직되었다. 이런 기준들은 기술적 소양의 기초를 이루는 개념적 체재를 제공한다.

　표준 1을 하나의 보기로 들어 보자. "자연세상(natural world)과 인공세상(human-made world)은 다르다"(ITEA, 2000, p. 24). 이 표준은 과학교육표준(NRC, 1996)의 K-4 단계에 있는 개념을 반영한 것이다. "어떤 것들은 자연에서 일어난다. 다른 것들은 문제를 해결하고 삶의 질을 높이기 위해 사람들에 의해서 설계되거나 만들어졌다"(p. 138). 이것은 커다란 아이디어다. 기술과 과학 안에 있는 기초적 개념이고 이 개념에 대한 어린 학생들의 이해는 "자연적 대상과 사람에 의해서 만들어진 대상을 구별하는 능력"(NRC, 1996, p. 135)을 통해 증명될 것이다. 앞서 살펴본 개념의 규범적인 정의에 의하면, 이 개념의 교수는 커다란 아이디어를 설명하는 것을 포함할 것이고 인공과 자연적 대상을 구별하기 위한 규칙(들)을 제공하고 각각의 보기를 보이거나 요구한다. 이런 방식으로 체제를 조직하는 것이 시작된다. 시간이 지나면, 학생들은 자연 혹은 사람이 만들어 낸 사물을 단순히 분류하는 것을 넘어서게 된다. 과학은 자연 세상의 연구이고 기술은 사람이 만든 세상의 연구이고 과학적 탐구와 기술적 설계가 사용되는 기본 과정이라는 것을 이해하기 시작한다. 다수의 보기를 들어 어떻게 기술과 과학이 의존하는지 서로서로 정보를 주면서 이해할 수도 있다.

　표준은 학문에서 이해되어야 할 가치가 있는 주제의 목록을 제공한다. 표준은 주제에 대해서 이해되어야 하는 문제를 언급한다. 각 표준들은 글자 그대로 개념과 기초적 아이디어를 나타낸다. 어떠한 특별한 사실과 전략도 학생들이 개념을 자기 것으로 흡수하여 이해하는 것을 돕기 위해 사용되기 때문에 기술교사는 이해를 위해 어떻게 잘 가르칠 것인지에 대해 결정을 해야 한다. 이런 과제는 이어지는 단락에서 일반적인 방법으로 언급된다.

### 기술교육현장에서 어떻게 개념학습을 촉진할 것인가?

개념학습과 이해의 교수에 대한 문헌은 기술교육 학교 현장에서의 토의와 실례는 거의 담고 있지 않다. 기술교육자가 듀이(John Dewey)와 그 시대의 진보주의 교육자의 서적을 참고하는 이유 중 하나는 문헌에서 숙련 기능, 공업 그리고 사람의 노력에 대한 언급을 찾을 수 있기 때문이다. 현대에서도, 이런 유형의 지식과 기능은 기술적인 소양을 갖추기 위해 필수적인 것으로 간주한다.

과학교육과 기술교육을 다루는 문헌에서 중요한 통찰(insights)을 모으는 것도 가능하다. 현대 학습이론은 페스탈로치(Pestalozzi), 헤르바르트(Herbart), 프뢰벨(Froebel) 그리고 듀이와 같은 이론가들의 아이디어에 상당히 의존한다(Perrone, 1998). 드보어(1991)는 이런 아이디어의 지속은 우리가 무시해서는 안 될 합리성을 주고 있다고 지적했다. 예를 들면, 듀이와 몇몇은 수업은 학생이 이미 알고 이해하는 것을 확인함으로써 시작되어야 하고, 모든 감각을 이용하는 직접적인 체험 경험을 수업에 통합시켜야 하고, 의미 있는 수업이 되려면 학습자의 생활과 관련되어야 한다고 주장했다. 비슷한 맥락이 이해를 위한 교수에 관한 현대의 문헌을 통해 나타난다.

케인(Caine, 1991)은 항해(navigation)를 비유해서 피상적인 학습(혹은, 기계적 암기)과 이해를 한 학습 사이의 차이를 설명했다. 피상적인 학습은 주위 환경에 친숙해짐 없이 목적지까지 우리를 안내하는 항로(route)만을 따라가는 것과 같다. 우리는 아마 다시 목적지를 찾을 수 있지만 같은 경로여야만 한다. 반면에 이해는 지도(map)를 만드는 것과 비슷하다. 지리 지도처럼, 정신적 지도(mental maps)도 지역에 대해서 잘 알게 되므로 새로운 환경(사물)에 성공적으로 항해할 수 있도록 한다. 새로운 환경을 만났을 때, 새로운 정보가 개념적 이웃에게 맞게 결정되기 위해 검토된다. 개념적 지도(conceptual map)나 체제의 환경으로 아이디어나 사실을 위치시키는 능력은 익숙하지 않은 환경에서 정보를 검색하거나 사용하는 능력을 촉진한다(Donovan, Bransford, &

Pellegrino, 1999).

브랜트(Brandt, 1998)는 "강력한 학습(powerful learning)"의 몇 가지 특징을 확인했다. 학생들은 이미 알고 있는 것 위에 더욱더 복잡한 개념을 이해해 나아간다. 몸소 그들에게 의미 있는 것을 배우면서 학습은 사회적 상호작용을 통하여 향상된다. 학습은 발전적이다. 나이에 관계없이 초보자에게는 더욱 구체적인(추상적인의 반대) 수업이 요구된다.

### 학생들이 이미 알고 있는 것을 어떻게 기반으로 할 것인가?

이해를 위한 교수의 첫 번째 전제는 무엇을, 그리고 어떻게 학생들이 공부할 주제에 관해 생각하는지를 확인하여야 하고, 그런 다음 그런 개념적 기초 위에 쌓아야 한다. 브랜스포드와 브라운 그리고 코킹(Bransford, Brown & Cocking, 1999)은 학생들이 학교 현장으로 가져오는 이런 아이디어와 함께 시작되고 점차 형식을 갖추기 때문에 이런 과정을 "진보주의적 공식"이라고 불렀다. 목표를 이루기 위해 교사는 학교 현장 활동과 선입견을 버릴 수 있는 조건을 결합해야 한다. 빈번한, 비형식적인 총평과 질문 기법의 사용은 학생들이 자신들이나 동료들 그리고 교사가 알 수 있는 생각을 하는 것을 돕는다 (Donovan et al., 1999). 인지적 지도화(mapping)는 이해의 현 단계를 총평하는데 사용될 수 있는 연습이다.

한번 확인한 선행 지식은 새로운 개념의 획득을 촉진하는 방식으로 형성되어야 한다. 오스벨(Ausubel, 1966)은 현재의 인지 구조를 "조정 가능한 변인"이라고 하였고 다음을 포함한다. (a) 새로운 정보가 정착될 수 있는 관련 아이디어의 유용성, (b) 학습하는 새로운 정보와 구별되는 현재 아이디어의 범위, (c) 현재 구조의 명쾌함과 안정성. 첫 번째 변인은 충분한 실제 지식의 배경이 있어야 한다는 것을 보여 준다. 그 위에 이해를 위한 학습이 이루어질 수 있다. 만일 학습의 위계적 관점을 수용한다면 이것은 학문을 정복하게 하는 개념적 이해로 개발되는 사실의 조직적인 그룹화이다. 교사는 정의, 실례,

은유를 사용함으로써 이 변인을 강화할 수 있다. 두 번째와 세 번째 변인은 새로운 정보를 알게 하는 기능적인 정신적 지도(mental maps)의 개발을 도울 수 있다고 제안한다. (제2장에서 논의된) 두뇌의 연구는 사람의 두뇌가 자연적으로 아이디어 간의 결합을 추구한다는 것을 확인한다. "두뇌는 패턴 탐지기와 같다. 교육자로서 우리의 역할은 학생들에게 결합되는 패턴을 인지하도록 하는 일종의 경험을 제공하는 것이다"(Caine & Caine, 1991, p. 7).

어떻게 이것이 성취될 것인가? 도노반 등(Donovan et al., 1999)과 몇몇은 이런 형식의 통합 학습은 작은 숫자의 주제들이 깊이 있게 다루어질 때 가능하다고 믿는다. 이 학습은 실제적 지식의 토대를 제공하면서, 다양한 정황에서 다양한 실례를 사용하여 비슷한 개념을 조사하는 것을 수반한다.

> 교사는 학교 현장 실연, 프로젝트, 야외 여행, 어떤 경험의 시각 이미지, 최고의 수행, 이야기, 비유, 드라마, 다른 과목과의 상호작용을 포함하는 많은 실생활 활동을 이용할 필요가 있다. 성공은 모든 감각을 사용하게 하고, 학습자를 복잡하고 상호작용하는 많은 경험에 빠뜨리는 데 있다. 강의와 분석은 제외하지 않았지만 그것들은 더 큰 경험의 일부여야 한다(Caine & Caine, 1991, p. 86).

학문 간의 학습 경험의 통합(제5장 참조)은 학습이 일어나는 환경을 확장하고 학습 전이 가능성을 증가시킨다. 많은 과목이 학교에서 구성되는 방식과는 달리 이해를 위한 학습은 등급 수준을 거쳐서 확대된다. 기초적 개념은 증가하여 정교한 방식으로 다시 학습된다(Donovan et al., 1999).

### 이해를 위한 학습 경험 구성하기

수용적 방식(receptive mode)에서 혹은 발견적 방식(discovery mode)에서 어떤 학습이 일어나야 하는지에 대한 기초적인 논쟁이 있다. 수용적 방식은 교사가 내용을 구성하여 학생에게 배달하는 교사 중심의 접근이다. 발견적 방식은 학생 중심으로 학습자는 스스로 발견한 내용만을 내면화할 것이라는 전제로 시작된다. 이 논쟁은 몇 가지 이유로 최근의 논의와 관련이 있다. 첫 번째는 효율의 문제이다. 교사 중심의 수용 학습은 시간이 절약되고 많은 정보를 배달할 수 있다. 그러나 학생들에게 깊은 개념적 이해를 개발시킬 수 없고 전형적으로 구체적인 체험에 의한 표현을 요구하는 초보 학습자에게는 부적합하다. 발견과 탐구 학습은 앞서 살펴본 깊은 탐구에 핵심이 있다. 궁극적으로 수용과 탐구 학습은 둘 다 학습이 이루어지는 조건에 따라 기계적이거나 의미 있는 학습이 될 수 있다.

## 학습 경험을 의미 있게 만들기

앞서 확인한 강력한 학습의 특징 중 하나는 자신에게 의미 있는 것을 학습한다는 것이다. 사용된 수업 접근 방식에 관계없이 학생에게 주제가 흥미롭거나 의미 있다면 학습에 대한 동기는 있을 것이다. 듀이와 같은 진보주의 교육자는 시간과 장소에 사회적으로 관련된 주제에 의미를 두었다. 위스크(1998)는 이런 것들을 일상생활과 학생들의 관심과 관련이 있는 것으로 "생산성이 있는 주제(generative topics)"라고 하였다. 그러나 관련성과 잠재적 의미(meaningfulness)는 학습자에 따라 상대적으로 달라진다. 오스벨(1966)과 위스크(1998)는 의미가 단지 관련 주제를 선택하는 것 이상으로부터 생긴다고 제안했다. 덧붙여, 주제는 학문의 중심이어야 하고 학습자의 현재 지식의 구조와 관련되고 '더 깊은 물음에 대한 해답을 찾아내고 주어진 주제와 다른 기초적인 아이디어, 질문, 문제의 연결성을 찾아내는 탐구의 계속적인 나선(형)으로 포함'시키도록 설계되어야 한다(Wiske, 1998, p. 63). 또 다른 강력한 학습 경험의 중요한 특징은 사회적 관점이다. 협동학습(제9장 참조)은 의미 개발을 위한 사회적 관계를 주기 위해 사용될 수 있다.

## 학습 경험 확장하기

사실적 정보의 견고한 기초에 대한 요구와 학교 밖 세상을 반영한 탐구 기반 환경에서 학생을 교육시켜야 한다는 요구 사이의 긴장은 계속 존재한다. 브랜스포드 등(1999)은 학생들이 그들의 시간 중 53%를 집이나 사회에서 보내는 데 비해 학교에서는 14%만 보낸다(p. 135)고 하였다. 그래서 학생들의 외부 환경과 연결한 학습 경험을 만들지 못하면 중요한 개념의 이해를 위한 확장된 기회를 갖지 못하게 된다. 브루너(1961)는 교사들의 과제는 학생 발견을 위한 의미 있는 기회를 허용하면서 학문의 기초적 지식을 제공하는 것이라고 제안했다. 이것은 "아이디어와 과정의 이해를 개발하기 위해 예비 수행 혹은 부수 수행"(Wiske, 1998, p. 74)의 사용과 학생들이 이런 일련의 활동으로 배운 것을 종합하는 교육과정 수행이 뒤따르는 최적의 수행(Branford et al., 1999, p. 50)에 대한 지도를 포함하는 "계획적인 실행(deliberate practice)"에 사용되는 시간을 포함할 수도 있다.

기술교육 학교 현장에서는 수행이 도구, 재료, 과정의 사용을 포함할 것이라고 가정하는 것이 아마도 안전(또한 중요하다)할 것이다. 오스벨(1966)은 어린 그리고 초보 학습자는 용어 하위 단계에서 사물을 다룰 수 있을 때, 개념의 기준 특성을 더 잘 발견할 수 있다고 제안했다. 이 수동 탐구(manual exploration)는 이해를 하도록 안내한다. 일화적으로 그리고 직관적으로 기술교육 학교 현장의 체험 경험 특성이 개념학습에 기여하는 것을 알지만, 특히 표준(ITEA, 2000)에서 확인된 개념에 대하여 추가적인 연구가 필요하다. 또한 기술교사는 체험학습이 명쾌하게 중요한 개념으로 집중되지 않으면 학생의 이해를 위한 기여에 실패한다는 것을 알아야 한다.

## 어떻게 개념학습을 평가할 것인가?

국가 표준의 개발은 많은 학문이 학교 간 교육과정 체제의 일관성을 가지도록 하였다. 더욱이 이 체제는 내용과 수업 전문가로부터의 입력(input)에 기반을 두고 있다. 그러나 이런 많은 긍정적인 결과는 톰슨(Thompson, 2001)이 "사악한 쌍둥이(evil twin)"라고 한 넓은 범위(large-scale), 고배당(high-stakes)의 시험을 폭넓게 채택하고 있다. 그 속에서, 그것 자체로, 내용 지식은 효과적인 피드백을 제공한다. 많은 주에서는, 시간과 돈의 요구 때문에 전체의 대표로 간주한 부분만을 측정하였다. 시험은 대체로 깊은 개념적 이해보다 용어와 사실(표면 지식)에 초점을 두었다(Martorella, 1972; Donovan et al., 1999; Caine & Caine, 1991). 이런 측정은 이해를 위해 가르치는 자에 의해서 채택된 수업 접근과 일치하지 않는다. 가르치는 것과 평가하는 것 간의 불일치는 학습한 것의 정확한 측정이 불가능하게 한다(Bransford et al., 1999). 무어(1998)는 "제목이나 이름을 아는 것은 개념의 이해를 보장해 주지 않는다."(p. 140)라고 했다. 이해 혹은 관련 그 자체는 개념적 이해와 같지 않다(Donovan et al., 1999).

케인과 케인(Caine & Caine, 1991)은 ("항로"학습이라고 부른) 피상 학습을 위한 시험의 강조는 결국 학생이 더 복잡한 정신적 지도(mental maps)를 만드는 것을 막을 수 있다고 말했다.

> 지도는 정보의 내부 조직으로 구성되고 언제나 한 과(lesson) 또는 교과서에 있는 정보 꾸러미보다 더 많은 것을 담고 있다. 모든 단계가 미리 정해진다면, 학생들이 정보를 적절히 조직할 기회를 갖지 못한다. 더욱이 그들은 그런 정보 혹은 직접적인 필요의 관련성을 보지 못한다. 그러므로 생각하지 않고 암기하는 경향이 있다. 두 번째 이유는 내부로부터의 동기 부여는 강력한 외부 동기부여로 인해 종종 방해받기도 한다(Caine & Caine, 1991, p. 45).

피상적 지식 시험으로 유발되는 또 다른 부정적인 부산물은 정보를 가진 대부분의 학생의 제한된 능력이 진부한 사실로 처리된다는 것이다. "그들을 표현하는 데 사용되는 말 그대로의 용어보다 아이디어의 내용만을 흡수하도록 학습자가 요구받는다면 분명히 더 많은 것을 파악할 수 있을 것이다" (Ausubel, 1966, p. 162).

연말의, 높은 수준의 시험의 단점을 보완하기 위해 진행형 총평의 중요성을 인식하고 '총평 중심의 환경'(Bransford et al., 1999, p. 129; Wiske, 1998)을 만들어야 한다. 총평은 '학습자에게 친숙'해야 한다. 생각의 수정과 개선의 기회를 학생들에게 주어야 하고 자신만의 과정을 보이는 것을 도와야 한다(Donovan et al., 1999, p. 21). 이런 형태의 형성 총평은 학습을 증가하게 하고 학습 전이를 가능하게 한다(Bransford et al., 1999).

개념을 완전히 이해한 몇몇 학생은 이해를 새로운 또는 예상치 못한 환경으로 적용할 수 있을 것이라고 제안했다(Caine & Caine, 1991; Mansilla & Gardner, 1998). Mansilla & Gardner(1998)는 단지 인지적이고 회상적인 생각을 넘어선 능력인 이것을 이해의 지식 차원이라고 하였다. 개념적 이해는 학과의 탐구 방식에서는 적절한 질문을 하는 능력을 가지게 한다.

최소의 단계에서 개념 획득에 대한 시험은 학생들에게 결정적 특성과 다수의 예제를 제시하여 개념을 설명하기를 요구한다. 만일 교육자가 깊은 이해를 시험하고자 한다면 정의, 규칙, 상징들을 확인하는 능력 이상의 것을 보아야 한다. 대신에, 올바른 정보를 수집하고 만족할 만한 반응이 나오도록 그것을 다루고 고안하고 언어와 학문의 수단을 사용하여 반응에 의사소통하기를 요구하는 해결책을 가진 시나리오를 제시한다.

총평 중심 학교 현장에서의 평가는 마지막 단계의 단순한 수단처럼 또는 승진을 위한 통로처럼 보이는 것보다 상당히 다른 역할을 한다. 교사와 학생은 총평이 이전 작업을 개선하는 기회와 함께 피드백을 줌으로써 학습을 강화시킨다는 중요한 역할을 똑같이 인식한다.

### 기술교육 학교 현장에서 개념학습의 보기

ITEA 표준의 표준 20은 다음과 같다. "학생들은 건설기술에 대한 이해를 개발하고 선택할 수 있고 사용할 수 있다"(P. 191). 건설 기술을 이해하는 사람들이 획득하는 개념 중의 하나는 건설의 설계가 의도된 사용, 이용할 수 있는 재료, 건설되는 곳의 기후, 현존하는 법칙 혹은 부호 그리고 다른 요인을 포함하는 많은 변수에 의존한다는 것이다. 기준 A는 다음과 같다. "사람들은 집, 아파트, 빌딩 그리고 학교와 같은 다양한 형태의 건물에서 살고, 일하고, 또 학교에 간다"(p. 192).

다음은 어떻게 이런 개념의 획득이 계속적으로 개발되는지를 보여 주는 단순한 예이다.

1학년 교사는 세 마리 작은 돼지 이야기를 읽음으로써 건설 단원을 시작했다. 이 친숙한 이야기 속에, 각각의 돼지들은 서로 다른 재료로 새 집을 짓는데 매우 다른 결과를 가진다. 이 이야기를 읽고 나서 교사는 다음과 같은 질문을 학생들에게 했다.

"왜 돼지들은 집에 사용되는 재료(짚, 나뭇가지, 벽돌)를 선택하는가? 왜 돼지들은 집이 필요했는가? 왜 벽돌이 돼지의 집으로써 최고의 재료로 판단되는가?"

이런 논의 다음에 교사는 '구조물(structure)'이라는 용어를 소개하고 간단한 정의를 제시했다. 그런 다음, 교사는 학생들에게 우리의 사회에서 구조물의 예를 생각하라고 했다. 학생들은 집, 학교, 교회와 같은 예를 확인했다. 그런 다음, 교사는 '구조물'의 정의를 반복하고 그림을 사용하여 상기시켜서 학생이 교각, 기념물, 기차역과 같은 추가적인 예를 확인하도록 했다.

4학년 교사는 구조물의 디자인에 대한 학생의 이해를 학급의 사회적 연구로 확장하려 했다. 기준 C를 사용했다. "일반적으로, 현대 사회는 지침에 따라 계획된다"(p. 193). 학생들에게 지역 사회에 필요한 구조물을 가능한 많이 연구하여 적어 오도록 숙제를 냈다. 다음날, 학급에서 집, 슈퍼마켓, 주유소, 도서관, 학교, 교회, 미술관, 영화관 등과 같은 다양한 형태의 구조물로 된 목록을 만들었다. 도로, 인도, 교각, 공원 그리고 지역 사회에 중요한 역할을 하는 특징을 갖는 다른 것들을 상기해 냈다. 건축가, 도시 계획가, 지역 위원회, 도시공학자를 포함하는 사람들의 지역 사회와 지역 사회 구조물에 대한 다양한 역할을 소개하는 짧은 비디오를 보여 주었다. 학급은 지역 모델을 만들기로 결정했다. 학생들에게 서로 다른 역할을 주었다. 세 명으로 된 한 팀은 도로, 교각, 인도, 횡단보도의 위치를 결정하는 도시공학자들이 되었다. 또 다른 팀은 도시 계획가가 되었다. 다른 학생들은 건축 설계자와 건축업자의 역할을 했다. 지역 안에 포함되는 다양한 구조물을 계획하고 만들었다. 건축업자는 건물 허가를 도시 계획가에게 요청해야 했다. 그러면, 도시 계획가는 건물의 크기와 위치가 적합한지를 결정했다. 학생들은 상자, 종이 그리고 다양한 다른 재료를 사용하여 지역 모델을 건설했다. 안전, 편의 그리고 지역에 매력을 주기 위한 고려로 건설이 되는 동안 수정이 이루어졌다. 학생들이 지역 모델의 특징을 묘사하고 왜 그런 특징이 포함되었는지를 설명하는 에세이를 만들게 했다.

고등학교 기술교육 교사는 11과 12학년 학생들이 건설 설계의 요소를 깊이 있게 검토할 것을 원했다. 표준 20, 기준 L은 안내 개념으로 주어진다. "건설 설계는 많은 요구를 포함한다"(p. 196). 학생들은 기본 거주지 건설 기법, 지대설정법, 컴퓨터 이용 설계에 관해서 이미 학습했다. 도시 비행과 알맞은 주거 편의의 부족과 쇼핑을 포함하는 도시의 주택문제에 대한 토의를 하고, 학급은 학교와 멀지 않고 도시 교통과 가까운 곳에 위치해 있는 버려진 건물과 부지를 복구하기로 한 설계로 결정했다. 부지 위에 설계되는 건축물은 다양한 주민들을 위한 10개의 아파트로 결정하고 자원 효율을 위한 특징을 포함시키고 매력적인 주거 외관을 가지게 했다. 학생들에게 서로 다른 계획 과제가 할당되었다. 예를 들면, 한 팀은 효율적인 배관 설비, 전기제품(기구), 창문의 유용성과 가격을 조사했다. 또 다른 팀은 조립식 건물 단위의 유용성과 절연(단열, 방음) 능력을 조사했다. 세 번째 팀은 아이들, 독신 직업인 그리고 장년층 식구를 포함하는 다양한 가족을 위한 공간의 요구를 고려했다. 네 번째 팀은 주민들의 안전을 최대화하면서 건물에 난방과 냉각 부하를 최소화 하는 부지와 조경 특징을 연구했다. 또 다른 팀은 지대설정 제한과 건물 부호 를 조사했다. 다양한 팀들은 큰 그룹으로 정기적으로 만나서 그들이 발견한 점들을 토의하고 구조물에 넣고 싶은 재료의 형태와 설계 특징들에 대하여 결정을 내렸다. 최종적으로, 팀들은 그들이 연구한 주제에 관한 샘플 디자인 과 지지하는 세부항목을 보이는 발표를 준비했다. 예를 들면, 설비와 창문 팀 구성원들은 제품 선택을 보여 주고 선택을 한 이유와 가격, 효율, 기능에 관 한 선택의 이점을 설명했다.

교사는 구조물의 설계 요구 사항을 고려하고 비판적으로 분석하는 학생들 의 능력을 총평하는 다양한 평가 전략을 사용했다. 한 가지 과제로, 최근에 학교 캠퍼스에 지어진 스포츠 시설을 고려할 것을 학생들이 요구받았다. 에 세이에서는 학생들이 구조물의 설계에 최대로 활용된 두 개의 설계 척도를 확인하고 그들 관점에서의 지지를 제시할 것을 요구받았다. 또 다른 에세이 에서는 자신의 집 설계에서 고려해야 하는 가장 결정적인 설계 척도 네 가지 를 확인하고 각각의 척도를 다루는 한 가지 명확한 전략을 제안할 것을 요구 받았다. 학생들은 학습한 특정 사실적인 내용을 다루는 선다형 시험을 보고 상세한 피드백과 학급에서 완성한 설계 과제에 대한 등급을 받았다.

위스크(1998)는 개념 획득을 위한 수업 경험을 설계할 때 교사가 직면하는 두 가지 어려움을 설명했다. 첫째, 교사는 종종 다수의 목표를 가지는데 어떤 것은 학생들의 내용 이해를 집중시키지 않는다. 예를 들면, 협력적인 팀의 구 성원으로 활동하는 학습은 기술교육 학교 현장에서 일반적으로 나타나는 수 업 목표이다. 또 다른 것은 지시를 따르는 능력이다. 이것들은 훌륭한 목표이 지만, 반드시 내용의 깊은 이해를 촉진하지는 않고 개념 획득이라는 더 큰 목 표 때문에 혼란스러울 것이다. 둘째, 교사가 내용의 이해가 부족하다면 주된 학습 목표를 확인하고 명확히 하는 데 어려움이 있다. 이런 과정은 이해의 교 수에서 필수적인 부분이다.

앞서 제시된 예에서 교사는 이해의 교수를 위해 추천되는 전략을 적용했다. 첫째, 그들은 활동에 적용되는 전체를 지배하는 개념이나 기준을 확인할 수 있었다. 또한 지지하는 내용과 동반된 기준(예를 들면, 표준 20, 기준 N)도 확인되었다. 어린 학습자일 경우, 교사는 새로운 용어와 정의를 소개하고 난 다음 학생들에게 예제를 통한 확인을 하도록 했다. 나이 든 학습자에게는 관찰을 하고 이미 학습한 자료를 새로운 과제의 연구에 합하도록 요구하였다. 두 가지 경우 모두에서 학생들은 진술된 내용을 지원하는 직접체험 경험을 하였다. 과제는 사회적 관련성과 학문의 중심이 되는 내용 분량으로 의도적으로 선택되었다. 또한 그들은 학생들이 주어진 주제의 관찰, 질문, 탐구를 위한 기회를 많이 가질 수 있는 깊이 있는 학습 경험을 하게 했다.

학교 현장에서 적용되는 것은 학생 중심의 접근임에도 불구하고 교사는 탐구와 관련을 위한 학습 환경을 구성하는 데 많은 직업적인 판단을 한다. 주요 단어는 구성(structuring)이다. 견고한 개념적 체제 주위에 수업 환경을 만들기, 앞서는 그리고 개념적 이해를 지지하는 새로운 내용을 확인하기, 건설된 인지 틀(cognitive schema)의 강도를 총평하기 위해 학생 이해를 형식적 · 비형식적으로 자주 검사하기 등, 이런 방식이 계속된다면 모든 학생이 기술적 소양의 더욱 세련된 수준을 성취해 낼 수 있다.

## 2. 사회 · 문화적 접근

여기서는 라이트(Wright, 1988)가 주장하는 사회 · 문화적 접근(social/cultural approach)법, 기술교육 교사가 도입할 수 있는 다양한 접근법 중에서 사회 · 문화적 접근(social/cultural approach)을 옮겨서 소개한다(pp. 72-86). 이 접근법은 인류가 기술과 어떻게 연관되어 있는지를 인식하게 하는 데 가장 크게 기여하고 있다. 그것은 기술교육과정을 확장시켜 기술의 긍정적 ·

부정적 영향과 그것들이 개인의 사생활과 직업생활에 어떻게 영향을 끼치는
지도 포함한다. 사회 · 문화적 영향을 포함하도록 기술적 지식의 기반을 확
장시킴으로써 학생들은 그들의 기술적 소양의 수준을 증가시켜 좀 더 나은
의사결정을 위한 문제와 기회에 관련한 기술을 다룰 수 있게 된다.

　실제로 산업기술과 기술교육의 가장 큰 차이점 중의 하나는 기술적 소양
향상의 주요한 목표에 있다. 라이트(1980)는 기술 소양이 기술적 시스템과 복
잡한 기술적 현상과 본래의 사회 · 문화적 영향을 포함함으로써 기술 소양
으로 확장되는 예를 제시하였다. 그는 사람이 기술적으로 될 수 있거나 기술
적으로 교육할 수 있지만, 전자나 후자에 서로 의존하지는 않는다고 말했다.
[그림 4-1]은 이 사실을 좀 더 분명히 보여 준다. 이상적인 것은 기술교육이
두 가지 능력을 모두 성취하는 목적을 가지는 것이다.

　의사결정 능력의 향상에 필요한 기술적 능력의 증진이 기술교육의 주요 목
적이라고 가정한다면, 기술교육과정을 뒷받침해 주는 교수과정을 개발하는

기술적 소양 척도(technological literacy scale)

그림 4-1 ┃ 기술적 소양의 포괄적 접근

출처: Wright, J. R. (1988). Social/Cultural Approach, Instructional Strategies for Technology Education. 37th.
72. CTTE.

임무에 우리의 관심을 집중시키는 것이 바람직할 것이다.

라이트(1988)는 사회·문화적 접근의 목표를 다음과 같이 설명하였다.

인간과 기술의 상호작용을 인식시킬 수 있는 가장 적합한 접근법이 사회·문화적 접근법이다. 이 접근법을 활용하는 기술교과는 기술의 부정적·긍정적 효과, 그로 인한 직업생활이 어떻게 영향을 받았는지 포함해야 한다. 기술의 지식 기반을 사회·문화적 영향까지 확대함으로써 학생들의 기술 소양을 높여 기술과 관련한 문제해결에 도움을 주며, 의사결정을 잘 하도록 기회를 제공하는 것을 목적으로 한다.

기술교육의 사회·문화적 측면을 가르치는 데 요구되는 접근법은 공업 교사들에게 친숙한 접근법과는 판이하게 다르다. 이 장은 이 새로운 접근법을 시작하는 데 있어 다음과 같이 여러 가지 아이디어를 제공할 것이다.

- 인간과 기술 그리고 그들이 갖는 가치, 규범 그리고 윤리의 효과 사이의 관계를 대조 및 정의하기
- 기술이 가족, 정부, 종교, 교육, 산업 등의 사회체제에 미치는 영향 설명 하기
- 일반교육의 한 부분으로서 기술 학습을 위한 원리 제공하기
- 책임 있는 의사결정을 위해 기술의 사회·문화적 측면을 포함하는 의식 있는 교과과정 발전하기
- 최소한의 사회·문화적 영향을 가르칠 여섯 가지 방법 설명하기
- 통신, 제조, 수송의 분야에서 기술이 인간에게 미치는 영향을 부각시키는 활동을 설계하기
- 학생들이 기술의 사회·문화적 영향을 인식하도록 하는 데 있어서 효능 성에 기반을 둔 기술교육의 질을 향상시키기
- 기술체계에 관한 더 많은 지식을 통해 기술을 사용하는 데 있어서 더 나

은 결정하기
- 인간 생활의 상황과 그것과 기술의 올바른 사용과 그렇지 못한 사용의
관계에 대해 민감해지기
- 전반적인 기술교육 수준을 향상시키고자 하는 노력 속에서 학생들에게
넓은 기술의 시야를 소개하기

## 3. 설계/문제해결 접근

기술교육에서 설계/문제해결 접근(design/problem solving approach)은 문
제해결 또는 설계 능력의 함양에 초점을 둔다. 문제해결은 하나의 과정으로
서 문제를 해결하기 위한 해결책을 구하는 과정이다. 문제해결의 과정은 직
면하는 문제의 형태에 따라 변화한다. 밴건디(VanGundy, 1981)는 [그림 4-2]
에서와 같이 잘 구조화된 것에서 비구조화된 하나의 연속체로 문제를 분류하

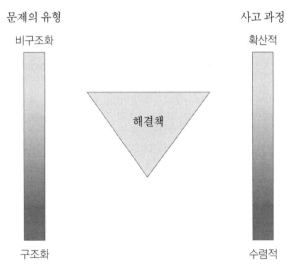

그림 4-2   문제 유형과 사고 과정의 상관관계

였다.

　문제는 구조화된 문제, 반구조화된 문제, 비구조화된 문제로 분류할 수 있다. 기술교육에서 반복 숙달 등을 교육할 필요가 있을 때는 문제를 구조화시켜 수렴적 사고를 키운다. 정답은 하나이며 더 이상 정답에 대한 다른 해를 구할 필요가 없다. 그러나 반구조화된 문제는 정답이 하나 이상이며 창의력 요소 중 독창성과 유창성을 중요시하는 기술적인 문제해결에서는 확산적 사고를 저해하는 해결된 답안 제시를 피하고 비구조화에 가까운 문제를 제시하는 것이 좋다. 따라서 기술교사는 본인이 담당하는 시간 혹은 수업 목적에 따라 문제의 구조화를 적절히 조절할 필요가 있다.

　문제해결 방법은 학자들에 따라 주장하는 방법이 약간씩 상이하나 그 요소에는 유사성이 있으며, 이상봉(2007)은 이 유사성을 추출하여 ① 문제의 이해, ② 아이디어 탐색 및 개발, ③ 실현, ④ 평가의 4단계로 제시했다.

　드브리스(1994)는 이 접근에서는 학생들 스스로 해결해야 하는 설계 문제를 제공받고, 스스로 문제해결을 설계하고, 재료를 이용해 실제로 만들어 보고, 평가를 받는다고 했다. 또한 교사는 학생들에게 독립심을 갖고 스스로 문제를 해결할 수 있는 교육환경을 제공해야 하며, 학생들은 창의적인 활동 중심의 기술의 개념을 가지게 된다고 했다.

　기술교육 수업에서 또 다른 전략 중의 하나는 문제해결법이다. 문제해결은 현대사회에서 살아남을 수 있는 기본적인 기능이다. 기술교육 교사들은 학습자들이 문제해결 기능을 획득할 수 있는 교육환경을 만들어 주어야 한다. 이러한 환경이 조성된다면 학습자들의 기술적 소양은 향상될 것이다. 문제해결법을 사용할 때, 교사들은 학습자들이 문제를 해결할 수 있도록 도와주는 조력자가 된다. 기술교육 교사들은 실험실에서 복잡한 개념을 제시할 수 있고, 학습자들은 문제해결 접근을 통해 이러한 개념을 확인할 수 있다.

　이 접근은 공예 지향 접근 방법의 확장이라 생각할 수 있다. 그러나 여기에서는 제작 기능(making skills)과 함께 설계 기능(design skills)을 모두 포함한다.

- 이 접근에서 학생들은 조금은 스스로 해결해야 하는 설계 문제를 제공받는다. 그들은 또한 제작품을 평가하기 위한 재료 형태의 설계를 인식(realize)해야만 한다. 미래 사용자에 대한 고려와 제품의 마케팅과 제품을 만드는 매뉴얼에 대한 학생들의 생각을 이끌어 내는 것을 때때로 과제에 포함시키기도 한다. 그러나 규정보다는 예외가 많다고 생각한다.
- 이러한 접근을 위한 교실에는 연구를 자극할 수 있으며, 모형 제작, 시뮬레이션, 기계, 공구, 만들기 세트(construction set) 및 제도 책상 등이 설치된다. 종종 책이나 비디오 등이 비치된다.
- 공예 또는 공과 교사들이 가르친다.
- 이 접근은 학생들을 독립적으로 만들고 학생 스스로 문제를 해결하는 것을 배우도록 하는 과정으로서의 교육이라는 관점을 지지하는 환경에서 유발된 것이다.
- 남녀 모두 기술을 배우는 이러한 방법에 대해 열과 성을 다한다.
- 이러한 접근에서 사용되는 기술의 개념에는 창의성이 중심이 된다.


## 4. 통합적 접근

### 1) 기술체제의 통합

통합적 접근(integrative approach)에서는 학습자들이 기술체제 사이의 관계를 알도록 하는 것이 중요하다. 이러한 체제들(통신, 건설, 제조, 수송)은 기술교육에서 전문적 내용과 개념을 위한 기초가 된다. 수업 전략을 설계할 때 이러한 체제들을 통합하는 것이 중요하다. 과거의 산업공예 교사들은 학습 내용에서 그것들을 하나의 독립적인 것으로 생각하여 상호 관련성을 무시했다. 그러나 오늘날 기술이 복잡해짐에 따라 이러한 체제들 사이에서 반드시 통합이 고려되어야 한다. 통합된 기술체제에 대해 알고 있는 학습자는 보다 높은 수준의 기술적 소양을 갖게 될 것이다. 이 접근은 응용과학 접근의 확장이지만 기술의 인간적·사회적 측면에 보다 많은 관심을 기울인다.

- 이 접근에서 학생들은 기술이 과학의 영향을 받으며 과학과 사회에 영향을 준다는 사실을 배운다. 여기에는 응용과학 접근에서 이미 나온 활동과 기술의 사회적 영향에 대한 좁은 범위에서의 연구와 같은 두 가지 종류의 활동이 있다(예를 들면, 신문을 읽거나 사람들을 인터뷰하기 등).
- 교실은 응용과학 접근에서와 같이 설비된다.
- 과학교사에 의해 교수된다.
- 이 접근은 기술의 부정적 측면을 부각하는 사람들이 있는 환경에서 찾을 수 있다. 냉전시대에 이 접근은, 특히 과학교사들에게 인기가 있었다.
- 이러한 접근을 실행하는 이유 중 하나는 과학교육에 대해 여학생의 관심을 불러일으키기 위해서다.
- 기술의 인간적·사회적·과학적 측면을 포함하여 기술의 개념이 보다 더 광범위하다. 그러나 이 접근의 약점은 과정 지향이 약하다는 데 있다. 즉, 설계가 종종 중요한 역할을 하지 못한다. 이는 사용자의 관점에서 기술을 이용하기 위한 보편적인 접근이다(DeVries, 1994, pp. 36-37).

## 2) 기술 이외의 학문과의 통합

1990년대 이후 미국을 중심으로 한 해외 기술교육계에서 가장 돋보이는 활동으로 통합 교육과정을 조직, 개발, 실행, 평가하는 연구를 손꼽을 수 있다. 기술교육과 관련된 통합 교육은 학생들로 하여금 수학, 과학, 기술적 지식을 이용하여 실제 세계(real world)와 연계된 문제를 해결할 수 있는 교육과정으로 구성된다.

리아오(Liao, 1998, p. 52)는 기술교육의 목적인 기술적 소양을 효율적으로 달성하기 위한 방법의 하나로 통합적 접근을 제시하기도 하였다. 그는 통합의 주요 요소로서 기술체제와 기술개념, 개인의 영향, 수학의 응용, 과학의 응용, 사회의 영향 등의 다섯 가지 내용 영역을 들고 이들이 상호작용하는 방법을 기술 중심의 사회에서 살아가는 오늘날의 학생들에게 가르칠 필요가 있다고 강조했다. [그림 4-3]은 기술적 소양에 관한 주요 내용 영역 사이의 상호작용을 나타낸 것이다.

리아오는 사람들이 자신의 필요와 욕구를 만족시키기 위해 발전시켜 온 대부분의 기술체제는 공학개념으로 설계되고 개발된 결과라고 설명한다. 공학은 여러 학문의 개념을 응용하는데, 주로 수학과 과학의 개념을 사용한다. 즉, 기술체제가 작동하는 방법을 이해하기 위해서는 과학과 수학의 개념이 응용되는 방법을 알아야 한다는 것이다. 그리고 기술적인 문제를 분석할 때 수학과 과학의 개념, 기법을 응용하면 추상적인 개념도 구체적으로 이해할 수 있게 된다. 사람들은 개인으로서 또한 민주사회의 시민으로서 기술과 상

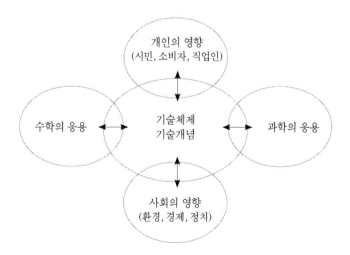

그림 4-3 │ 기술적 소양에 관한 다섯 가지 주요 내용 영역 사이의 상호작용

출처: Liao, T. T. (1998). pp. 52-54.

호작용하며 살아간다. 가정과 일터에서 사람들의 필요를 해결하기 위해 적절한 기술을 선택해서 사용하는 기술의 소비자이기도 하다. 점점 사회 문제는 기술의 영향을 받게 되고, 우리는 올바른 결정을 위해 관련 정보를 사용하는 방법을 배워야 한다.

기술교과와 관련된 통합 교육과정에는 MST(Mathematics, Science, Technology)와 Sts(Science, Technology, Society) 그리고 Ets(Environment, Technology, Science) 등이 있다. 최근에 활발하게 논의되거나 보급되고 있는 통합 교육 프로그램은 MST가 발전된 STEM(Science, Technology, Engineering, Mathematics) 또는 STEAM(Science, Technology, Engineering, Arts, Mathematics)이다.


## 5. 공업 생산 지향 접근

오늘날의 기술교육에도 일부 남아 있는 이 공업 생산 지향 접근(industrial production oriented approach)은 과거 직업교육으로서의 기술교육이 강조되었을 때 중요하게 여겨졌던 접근 방법이다. 그러나 최근 일반교육으로서의 기술교육이 강조됨에 따라 이 접근의 중요성과 필요성이 줄어들었다.

이러한 공업 생산 지향 접근에 의한 기술교육의 교육과정으로는 1960년대와 1970년대에 개발된 미국 공업 프로젝트(The American Industry Project)와 공업과 교육과정 프로젝트(The Industrial Arts Curriculum Project)가 대표적이다. 여기에서는 비요크룬트(Bjorklund, 1988)의 설명을 중심으로 소개하기로 한다 (pp. 112-120).

## 1) 미국 공업 프로젝트(The American Industry Project)

이 연구에서는 공업을 "금전적인 이윤을 남기기 위해 지식을 적용하고 재료와 인간 자원을 이용하여 인간의 욕구를 충족시키는 상품과 서비스를 창출하게 하는 우리 사회의 제도"라고 정의했다(Cochran, p. 40).

미국 공업 프로젝트에 대한 상세한 분석은 구면 도안으로 시각적으로 설명되어 있다. 미국 공업 프로젝트 구면은 13개의 기본개념의 상호작용체로 그려져 있는데, 이것은 미국 공업의 환경을 상징하는 고리로 둘러싸여 있다. 13개의 기본개념은 통신, 수송, 자본, 재산, 조사, 획득, 관계, 판매, 경영, 생산, 재료, 공정과 에너지를 포함한다. "미국 공업의 환경"이라고 불리는 이 고리는 정부, 공공 이익, 사적 재산, 경쟁과 자원을 포함한다(Householder, 1971).

이 구조를 이루는 프로그램의 요소는 세 단계로 이루어져 있다. 1단계는 8학년을 위해 고안한 것이다. 이 단계의 초점은 공업의 주요 개념을 폭넓게 이해하는 데 맞춰져 있다. 회사를 조직하는 것, 대량생산, 계속적인 생산을 계획하는 것, 원형을 준비하는 것, 판매시장 조사, 생산품 점검, 생산품의 판매와 손익을 따지는 것 등이 이런 개념에 포함된다.

2단계에는 공업 구조에 대한 좀 더 심층적인 연구가 포함되어 있다. 제품 생산을 계획, 이행, 평가, 향상시키는 것으로 이루어진 일련의 실험실 경험이 그 내용을 이룬다. 각 상위 구조는 그 하위 구조를 포함하고 있는데, 만약 '계획하기'가 앞에서 선택된다면 그 하위 구조는 순서 정하기, 계획하기, 분배하기, 신속히 처리하기 등이 될 것이다. 학생들은 교실 활동을 계획하게 될 것인데, 그들은 장비를 설치하는 것, 재료를 보관과 검사하는 것, 시간 배분을 결정하고 공업적으로 연관된 다양한 문제를 해결하는 것 등을 하게 될 것이다. 2단계 수업은 9학년 학생들을 위해 개발되었다.

3단계에서 학생들은 공업에 있어 그들의 관심을 끄는 한 개념적 영역을 선택한다. 학생들은 문제를 인식하고, 한 학기 동안 독립적으로 이 문제를 조사한다. 그리고 그 결과를 보고한다.

AI의 연구원들은 기술교육을 위한 지식의 기초를 쌓는 데 공헌하였으며, 공업의 한 구조를 연구하고 발전시키는 분야의 다른 지도자들을 위해 열정을 키우는 데 기여했다.

## 2) 공업과 교육과정 프로젝트(The Industrial Arts Curriculum Project)

공업과 교육과정(The Industrial Arts Curriculum)은 1963년에 「직업교육법 (Vocational Education Act)」으로부터의 재정 지원하에 실행되었으며, 럭스, 레이, 타워스(Towers)는 미국 교육부에 제출되었던 프로젝트 제안서를 개발하였다(Cochran, 1970). 이 제안은 1965년에 재정 지원을 받았으며, 공업기술에 대한 지식의 구조체(the body of knowledge) 개발이 시작되었다.

『공업과 교과내용을 위한 정당성과 구조(A Rationale and Structure for Industrial Arts Subject Matter)』라는 제목의 출판물이 완성되었다. 이 자료에서 공업은 인간의 욕구나 상품에 대응하여 재료 형태를 실질적으로 변화시키는 경제체제의 하위 범주라고 정의하였다.

이 프로젝트의 연구원들은 서술적(descriptive) · 형식적(formal) · 처방적 (prescriptive) · 실천학적(praxiological) 지식을 주요 조직자로 인식하였다. 모든 사회에 있는 다섯 가지 기관은 가족적이며, 정치적이고, 종교적이며, 교육적이고, 경제적인 것으로 인식되었다.

이 재료 생산 영역은 세 분야로 되어 있다. 여기에는 기원적인 것, 채취 산업, 공업이 포함된다. 건설과 제조는 공업 분야의 하부 구조로서 공업기술 연구의 내용적 기초를 형성한다. [그림 4-4]는 세 가지 중요한 공업기술의 개념을 보여 준다. 공업 경영기술이 공업 생산기술과 연관되어 공업 재료 상품에 결과한다. 3차원의 그림은 공업 경영기술의 하부 구조로서 계획, 조직, 통제를 배치한다. [그림 4-4]는 전 처리, 처리, 후 처리 과정이 공업 생산기술의

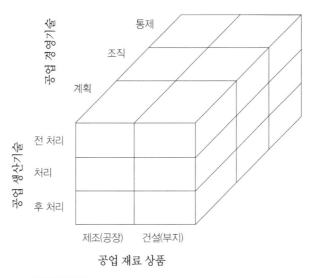

재료의 영향을 미치는 공업기술의 2단계 수준의 모형

그림 4-4 공업 경영, 공업 생산 및 재료의 구조

출처: Towers, Lux, & Ray, 1996, p. 159.

하부 구조를 이루고 있음을 나타낸다.

[그림 4-4]를 완성하기 위해 공장에서의 제조와 부지에서의 건설이라는 하부 구조가 둘 다 공업 재료 상품을 만들어 내고 있다. 각각의 작은 블록은 더 큰 블록에서 빠져나올 수 있으며 최하부 구조로서 인식될 수 있다. 이렇게 구조화하고 구조를 검토하는 방법은 교육과정 발전론자에게 가치가 있다. 두 가지 과정 각각은 모두 1년 과정인데, 이 위의 구조에서 개발되었다. 1단계는 '건설의 세계'라는 제목이 붙은 것으로, 7학년을 위해 고안되었다. 2단계는 8학년을 위한 것으로, '제조의 세계'라는 제목이 붙었다. 두 과정 모두 교과서와 실험실 안내서를 포함한 완전한 소프트웨어와 하드웨어 재료를 포함하고 있다. 교육자료는 철저히 검증되었으며, 4년의 기간에 걸쳐 수정되었다. 모든 소프트웨어와 하드웨어는 지역적으로 모두 유용하지는 않지만, 상업적인 출판업자와 매각인에게 계약되었다.

1960년대와 1970년대에 나온 IACP와 Industrial Arts 주제 문제에 대한 정당성과 구조 그리고 미국 공업 프로젝트와 다른 프로젝트들은 직업에 대한 적응 정도의 수준을 기술교육 쪽으로 향상시켰다.

수업 내용과 방법은 다음과 같다. 뮐러(Mueller, 1985)는 그의 논문「현장 중심의 교육과정 발달의 운영(Conducting Field-based Curriculum Develop)」에서 교육과정 지도자들은 재료 교육과정을 종합적인 수준으로 보급하고 발전시키는 데 효과적이지 못했다고 언급했다. 부가적으로 이런 재료가 발달되었을 때 공교육의 한계를 느끼게 되었다고 한다. 교실수업 내용과 방법은 이 연감의 여러 장에서 지적한 것처럼 기술교육 접근을 광범위하게 했다. 기술교사들은 고도의 기술학 영역에서 그를 조력할 수 있는 다양한 시청각 자료를 지니게 되었다.

비디오테이프는 컴퓨터보조설계(CAD)를 이용한다. 비디오테이프는 자동화와 로봇공학의 영역을 가능하게 했다. 때때로 그것은 특별한 시청각 자료를 입수하기 위해 플라스틱공학자협회 같은 연합회를 결사하도록 요구한다. 회원 자격이 되는 것은 매우 가치 있는 일이다. 여러 개의 우수한 16mm 공업 필름이 있다. Chryseler사에는 제조업에 있어서 로봇공학과 컴퓨터를 작동하여 취급하는 필름을 가지고 있다. 주물, 조형, 압축, 재료 통제, 전단, 칩 제거 그리고 다른 공정에 의한 재료의 이동과 분리에 관한 개념상의 정보를 지닌 Damon사로부터 필름 슬라이드를 포함하여 재료들이 소개되었다. 우수한 필름은 '미래의 상상물은 플라스틱'이라는 제목의 플라스틱 엔지니어들의 협회를 가능하게 했다. 수업 담당 교사는 재료를 사용할 수 있도록 발전시킬 수 있다. 구조가 발달된다면 재료는 쉽게 발전할 것이다.

기술교육을 받는 모든 학생은 실험실에서 체험 활동을 통해 무엇인가를 경험해야 한다. 체험 활동은 수준 높은 기술에 대한 수업의 부분으로서 필요하다. 로봇공학, 레이저, 원격통신, 컴퓨터와 같은 기계 생산은 공업과 기술교육을 포함하여 학생들에게 관련된 주제와 중요성이 지속될 수 있도록 상호작용이 되어야 한다. 학생들은 모형의 건축, 통신, 제조와 수송 등의 실습이 필요하다. 생산라인에서 활동하는 그룹은 제조 관리와 생산기술에서 당면한 문제들을 경험할 수 있도록 해야 한다. 학생들은 생산품 설계하기, 원형 만들기, 지그와 고정구 준비하기 그리고 마지막으로 제조, 포장, 시장 출하 등을 확인할 수 있도록 해야 한다.

통신기술 분야에서 교사들은 많은 실험실 활동을 전개시켜야 한다. 활동은 TV 장비의 사용에 대한 전자통신이 포함되어야 한다. 휴대용 장비는 기술공정을 기록하는 데 활용될 것이다. 공정의 한 예로, 화면 프린트 공정을 위한 포토그래픽 스텐실이 준비되어 있어야 한다. 각 팀별 3~5명의 학생으로 조직하여 학생들이 TV 스튜디오에서의 경영 활동을 계획, 조직, 통제할 수 있도록 소그룹으로 작업할 수 있다. 학생 팀은 기술적 공정과 계획을 소개하고, 테이프를 생산하고 TV 제품을 평가할 수 있다. 이런 방법으로 TV의 영역과 전자통신 분야에 대한 것들을 이해하게 된다.

유사한 유형의 활동은 라디오 방송에 대해서도 전개할 수 있다. 이것은 전자통신 영역에 매우 중요하다. 시각적인 통신 활동은 소규모의 벤처 기업을 통제하고 조직하고 계획하는 일을 포함하는 생산 단계를 취급한다. 테마를 촉진시키기 위해 가정에 돌아와서 버튼 사용 또는 범퍼 스티커 사용으로 발전시킬 수 있다. 4~5명의 소그룹 학생들은 화상 공정방법을 활용한 각 단계의 생산과 영상의 준비를 위한 비용을 제안할 수 있다. 최고의 디자인과 최종적인 제품에 값을 매겨 판정하게 된다. 많은 교실수업과 실험실 활동은 공업의 해석 접근의 영역이 될 수 있다.

## 6. 공예 지향 접근

공예 지향 접근(Craft-oriented approach)은 다른 여러 접근의 기원이 된 접근 방법 중 하나이다.

- 실질적인 제작 능력이 이 접근법의 핵심이다. 학생들은 재료와 처리방법을 포함한, 상세하게 정교화된 설계의 제작도를 받는다. 대부분의 시간은 일감을 만드는 데 사용한다. 다양한 재료가 사용되지만 자주 쓰이는 것은 나무와 금속이다.
- 교실 시설에는 기계와 도구가 설비되어 있다.
- 교사는 공예교사나 기계공학과 같은 전문 학문 분야 중 하나에서 훈련된다.
- 이 접근은 공업 분야의 일꾼을 훈련시키기 위한 요구를 반영한 것이다. 기술교육은 다른 직업교육의 입문 과목으로 보여진다.
- 대부분의 경우, 공예 지향 접근에서는 남학생들에게 부과되는 교과이다.
- 기술의 개념은 도구적인 것, 즉 기술은 어떤 것을 만드는 방식이다. 설계는 이 접근에서 중요한 역할을 하지 않는다(DeVries, 1994, p. 33).

## 7. 첨단기술 접근

첨단기술 접근(high-tech approach)은 겉보기에는 이전의 접근과 달라 보여도, 공업 생산 지향 접근에서 더 강조되었던 기술개념 종류와 매우 유사하며, 높은 수준의 기술을 매우 강조한다.

- 이 접근은 현대적 기술 설비 유형에 초점을 둔다. '첨단기술'이 목적 그 자체인 것으로 보이며, 컴퓨터는 이 접근에서 매우 중요한 역할을 한다.
- 모든 종류의 최신 설비가 갖추어진다. 이를 위해 막대한 예산이 소요된다.
- 교사가 전통적 유형의 기술교육을 잘 가르치도록 훈련받았기 때문에 최

신 장비를 사용할 수 있도록 재훈련받아야 한다. 약점은 교육적으로 세련되게 가르치는 방법을 배우지 못한다는 것이다.
- 첨단기술이 여러 사회에서 높은 위상을 갖는다는 사실에서 영향을 받아 선택한 접근으로, 학교는 가능한 한 실습 기자재를 현대화한다는 의지를 보여 줌으로써 좋은 명성을 얻을 수 있다.
- 소년, 소녀와 모두 관련된다.
- 기술은 매우 생산 지향적이라는 기술개념을 지지한다(DeVries, 1994, p. 34).

## 8. 응용과학 접근

응용과학 접근(applied science approach)은 과학과목을 학생들의 실생활과 보다 관련되게 만들기 위해 노력한 과학교육자들에 의해 개발된 접근이다.

- 이 접근 방법에 의하면 과학적 지식과 기술적 생산 사이에 직접적인 인과관계가 있다. 학생들은 제품을 가지고 시작함으로써 과학적 현상을 조사하도록 동기유발된다. 그리고 그 기능에 대해 질문한다. 과학적 원리와 법칙을 학습한 후에, 이러한 원리와 법칙이 제품에 어떻게 응용되는지를 배운다.
- 대개 과학교실과 유사하다.
- 과학교사들에 의해 교수된다.
- 이 접근은 교육에서 실질적인 작업이 인지적 요소보다 덜 중요하다고 생각되는 환경에서 발견된다.
- 때때로 여자들도 듣기는 했지만 남자 위주이다.
- 이 접근 방법에서 강조하는 기술개념에는 창의력과 설계가 거의 없다.

| 접근별 | 개념적 학습 접근 | 사회·문화적 접근 | 설계/문제해결 접근 | 통합적 접근 | 공업 생산 지향 접근 | 공예 지향 접근 | 첨단기술 접근 | 응용과학 접근 | 주요 능력 접근 |
|---|---|---|---|---|---|---|---|---|---|
| 개관 | • 기술교육내용에서 꼭 필요한 일반적인 개념을 가르치는 것 | • 기술이 사회 체계에 끼치는 영향에는 관심 | • 공예 지향 접근의 확장<br>• 제작 기능+설계 기능 | • 응용과학 접근의 확장<br>• 기술의 인간적, 사회적 측면에 관심 | • 공예 지향 접근의 확장(대량생산) | • 가장 전통적이며 다른 접근의 기원이 됨 | • 공업 생산 지향 접근과 유사하나 높은 수준의 기술을 강조 | • 과학교육자들에 의해 개발 | • 이론적 개념의 사용을 강조한다는 것이 설계 접근과 차이점 |
| 학생 활동 종류 | • 내용보다는 개념을 중시 | • 조사활동 | • 스스로 해결해야 하는 설계/문제해결 활동 | • 기술, 과학, 사회의 상호영향<br>• 응용과학 접근에서의 활동+기술의 사회적 영향 연구 | • 작업 준비<br>• 일관 제작+산업체의 제품 생산 방식 | • 실질적 제작 능력<br>• 정교한 제작도구가 주어짐<br>• 실제는 중요치 않고 제작도구보다 만드는 능력이 중요<br>• 다양한 재료(대부분 나무와 금속) | • 현대적 기술 설비 이용<br>• 첨단기술 자체가 목적<br>• 컴퓨터가 중요한 역할 | • 과학적 지식과 기술적 생산 사이의 직접적 인과관계<br>• 과학적 원리와 법칙 학습 후에 제품으로 어떻게 응용되었는지 학습 | • 설계 접근에서 직면 문제 풀기<br>• 설계문제+제품 고장 등 보다 분석적인 문제<br>• 협동, 창의성, 분석 기능, 평가하기 등 일반 기능이 주요 목적 |
| 기술 교육 시설 | | | • 모형 제작, 시 뮬레이션, 기계, 공구, 만들기 세트(construction set), 제도 책상 등 설치 | • 응용과학 접근에서의 설비와 유사(과학교실 실습과 유사) | • 기계와 공구<br>• 산업체에서 쓰이는 연구형 기계 | • 각종 기계와 공구 | • 모든 종류의 최신 설비<br>• 예산이 많이 듦 | • 과학 교실과 유사 | • 설계 접근에서의 교실과 유사 |

| 구분 | | | | | | | |
|---|---|---|---|---|---|---|---|
| 교사 교육 | • 공예나 공업과 교사 | • 과학교사 | • 산업체에서 훈련 | • 공예교사 또는 전문 화공 분야안에서 훈련 | • 전통적 훈련을 받는 기술교사의 재훈련이 요구됨[교수학(pedagogy)이 없음] | • 과학교사 | • 산업체에서 경험 |
| 사회적 맥락 | • 기술이 사회·문화에 긍정적·부정적 영향을 끼침 | • 교육을 과정이다 보다는 관점으로 학생을 독립적으로 만들고 스스로 문제해결을 하도록 함 · 기술이 부정적 측면을 부각하는 환경 · 냉전시대 과학 교사에게 인기 | • 산업체에서 요구하는 노동력의 공급 | • 생산적인 일은 매우 중요하다는 사회적 관점 | • high-tech가 노동 위상을 갖는 사회적 분위기 | • 교육에서 실질적인 작업이 보다 인지적이 요구하는 사회적 분위기 | • 미래 창의적인 산업체 일원(workforce)의 요구에 대한 인식 |
| 성 | • 남녀 모두 이수 | • 남녀 모두 이수 | • 과학 과목보다 여학생 이수가 적음 | • 남녀 모두 이수하나 내용은 서로 다름 | • 주로 남학생이 이수 | • 남녀 모두 이수 | • 여자들도 들기는 하지만 남자 위주임 |
| 기술의 개념 | • 창의성이 중심이 되는 기술개념 | • 기술이 인간적, 사회적, 과학적 측면을 포함한 보다 광범위한 개념 · 과정 지향, 설계가 역할을 하지 못한다는 약점 | • 어떤 것을 만드는 방식이라는 도구적인 것 | • 기술의 생산 지향 개념을 강조 | • 생산 지향적 기술개념 지지 | • 창의력과 설계 가가이 없음 · 기술은 과학에 의존적인 개념 | • 기술개념의 핵심은 혁신 |

기술은 과학에 대단히 많이 의존하는 인지적 활동으로 여겨진다(DeVries, 1994, p. 34).


# 9. 주요 능력 접근

주요 능력 접근(key competences approach)은 과제 제시에 있어 이론적 개념을 사용하는 것을 대단히 강조한다는 면에서 설계 접근과는 다르다.

- 설계 접근에서처럼 학생들은 문제 푸는 것을 배운다. 학생들은 설계 문제와 함께 제품 고장(malfunctioning of product)을 다루기 위해 보다 분석적인 문제를 다루게 된다. 협동, 창의성, 분석 기능과 평가 기능과 같은 일반 기능이 주요 목적이다.
- 교실은 설계 접근에서의 교실과 거의 동일하게 보인다.
- 교사들은 종종 산업체에서 경험하기도 한다.
- 미래의 창의적인 산업체 노동력 요구에 대한 인식에 의해 유발된 접근이다.
- 남녀 모두 이수한다.
- 기술의 개념의 핵심은 혁신이다(DeVries, 1994, p. 34).


## 참고문헌

국립국어연구원(2020). 표준국어대사전. https://stdict.korean.go.kr/main/main.do
이상봉(2007). 창의적 문제해결과 기술교육. 미간행수업교재.

Bjorklund, L. (1988). Interpretation of Industry Approach. In W. H. Kemp & A. E.

Schwaller, Instructional Strategies for Technology Education (37th yearbook), 110-121. Council on technology teacher education/Mission Hills, CA: Glencoe.

Bruner, J. S. (2005). 교육의 과정: 교육신서 5. (이홍우 역). 서울: 배영사.

Cochran, L. H. (1970). *Innovative programs in industrial education*. Bloomington, IL: Mcknight Publishing Company.

DeVries, M. F. (1994). Technology education in Western Europe In D. Layton (Ed.). *Innovations in Science and technology education* (pp. 31-44). France: UNESCO Publishing.

Hoepfl, M. (2003). Concept Learning in Technology Education. In K. R. Helgeson & A. E. Schwaller, Selecting In Selecting Instructional Strategies for Technology Education (52nd yearbook), 47-64. Council on technology teacher education / Peoria, IL: Glencoe.

Kemp, W. H., Schwaller, A. E. (Eds.). (1988). *Instructional strategies for technology education* (37th yearbook). Council on technology teacher education/ Misson Hills, CA: Glenco.

Liao, T. T. (1998). Technological literacy: Beyond Mathematics, Science, and Technology(MST) Integration. *Journal of Technology Studies, 24*(2).

Mueller, D. R. (1985). Conduction field-based curriculum development. *The Technology Teacher, 45*(2), 11-12.

Towers, E., Lux, D., & Ray, W. (1996). *A rationale and structure for industrial arts subject matter: IACP industrial arts curriculum project*. Columbus, OH: The Ohio State University.

VanGundy, A. B. (1981). *Techniques of structured problem solving*. New York: Van Nostrand Reinhold.

Wright, J. R. (1980). Technological literacy: A primary goal for industrial arts teacher education. *Journal of Epsilon Pi Tau, VI*(2), 35-39.

Wright, J. R. (1988). Cultural Approach, Instructional Strategies for Technology Education (37th yearbook), 56-71. Council of Technology Teacher Education (CTTE).

Yost, C. E. (1988). Conceptual Learning Approach, In W. H. Kemp and A, E. Schvraller (Eds.), Instructional Strategies for Technology Education (37th yearbook), 37–55. Council of Technology Teacher Education(CTTE). Missions Hills, CA: Glencoe.

제2부

# 기술교육, 어떻게 바뀌어 왔는가

이 가름에서는 '기술교육, 어떻게 바뀌어 왔는가?'에 대한 답으로 미국 기술교육의 변천, 영국 기술교육의 변천 그리고 우리나라 기술교육의 변천에 대해 살펴보기로 한다.

107

제 5 장

# 미국 기술교육의 변천

이 장에서는 미국의 교육제도와 학교 교육과정, 미국 기술교육의 발달에 대해 살펴보기로 한다.

이 장에서는 미국의 교육제도와 학교 교육과정을 이해하고, 교과내용을 중심으로 이루어진 미국의 기술교육 변천을 살펴보고자 한다.

## 1. 미국의 교육제도와 학교 교육과정

미국의 교육제도는 국가 교육과정을 가지고 있는 우리나라와 달리 국가 교육과정이나 표준화된 교육과정이나 제도나 교육과정을 갖고 있지 않다. 미국의 교육은 미국의 수정 헌법(제10조)에 의거, "연방정부는 교육에 관심을 가지고, 주정부는 교육에 책임을 지며, 지방정부는 학교를 운영·감독한다."라는 원칙에 따라 이루어진다. 미국의 교육과정은 큰 틀에서 주정부를 위주로 운영되지만 단위 학교나 현장 교사들에게 많은 재량권이 주어져 있기 때문에 지역과 학교에 따라 교과목과 수업 내용이 매우 다양하다. 따라서 각 주마다 교육과정이 서로 다르고, 각 학교와 교사마다 서로 다르게 구성된 교육과정을 지닌 미국의 교육을 이해하기란 매우 어렵다.

미국의 교육제도에서는 학교의 설립, 교육과정의 개발, 입학과 졸업 등에 관한 사항들이 연방정부가 아닌 주정부 및 지방정부의 책임 아래 이루어진다. 보통 K-12로 부르는 유치원부터 고등학교까지의 교육제도는 유치원 1년, 초등학교 6년, 중학교 3(4)년, 고등학교 3(4)년으로 이루어진다. 주별로 조금씩 차이는 있지만 대체로 유치원 과정부터 12년 동안 즉 K~11학년이 의무교육으로 이루어진다. 대학은 우리나라와 마찬가지로 4년제와 2년제(technical college/community college)가 있다.

미국의 경우 교육비는 연방정부, 주정부, 그리고 지방정부가 부담하는데, 대체로 연방정부의 지원 예산은 약 10% 미만의 매우 적은 비중을 차지하고 있는 것으로 알려져 있다.

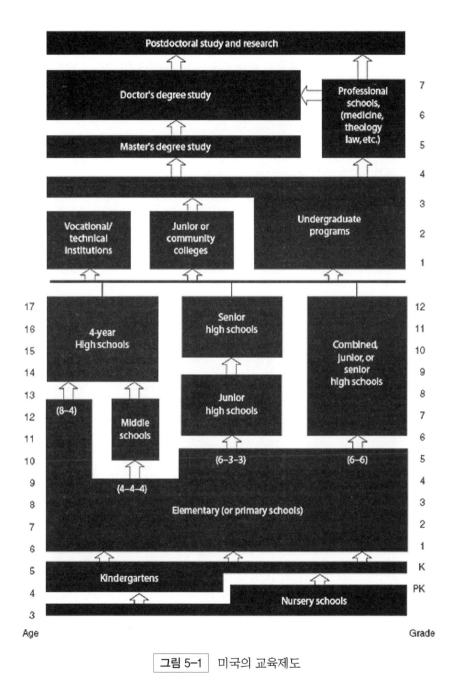

Postdoctoral study and research

Doctor's degree study

Professional schools, (medicine, theology law, etc.)

Master's degree study

7
6
5
4
3

Vocational/ technical institutions

Junior or community colleges

Undergraduate programs

2
1

17
16
15
14
13
12
11
10
9
8
7
6
5
4
3

4-year High schools

(8–4)

Middle schools

(4–4–4)

Senior high schools

Junior high schools

(6–3–3)

Combined, junior, or senior high schools

(6–6)

12
11
10
9
8
7
6
5
4
3
2
1

Elementary (or primary schools)

Kindergartens

Nursery schools

K
PK

Age                                                                                          Grade

그림 5-1    미국의 교육제도

출처: U.S. Department of Education, National Center for Education Statistics, https://nces.ed.gov/programs/digest/d01/fig1.asp.

　　[그림 5-1]은 이러한 다양한 미국의 교육제도를 보여 준다. 여기에서는 미국 몇 개 주의 중학교와 고등학교 교육과정을 살펴보기로 한다. 펜실베이니아주 덴버시(Denver, PA)의 코카리코 중학교(Cocalico Middle School)의 6~8학년 교육과정을 살펴보면 〈표 5-1〉과 같다.

표 5-1    코카리코 중학교(Cocalico Middle School) 교육과정

| | Grade and Area | | |
| --- | --- | --- | --- |
| | Grade 6 | Grade 7 | Grade 8 |
| Art<br>(미술) | Middle School Art<br>(중학교 미술) | Middle School Art<br>(중학교 미술) | Middle School Art<br>(중학교 미술) |
| Communication Arts<br>(의사소통 科) | Reading Informational Text(정보 제공 지문 읽기), Reading Literature(문학 읽기) | Reading Informational Text(정보 제공 지문 읽기), Reading Literature(문학 읽기), Writing(쓰기), Speaking and Listening(말하기와 듣기) | Reading Informational Text(정보 제공 지문 읽기), Reading Literature(문학 읽기), Writing(쓰기), Speaking and Listening(말하기와 듣기) |
| Computer<br>(컴퓨터) | Information, Communication, and Productivity(정보, 의사소통과 생산성), Safety and Ethical/Social Issues(안전과 윤리적인/사회적인 이슈), Research, Inquiry/Problem-Solving, and Innovation(조사, 연구/문제해결 그리고 혁신) | Information, Communication, and Productivity(정보, 의사소통과 생산성), Safety and Ethical/Social Issues(안전과 윤리적인/사회적인 이슈), Research, Inquiry/Problem-Solving, and Innovation(조사, 연구/문제해결 그리고 혁신) | Information, Communication, and Productivity(정보, 의사소통과 생산성), Safety and Ethical/Social Issues(안전과 윤리적인/사회적인 이슈), Research, Inquiry/Problem-Solving, and Innovation(조사, 연구/문제해결 그리고 혁신) |
| Family & Consumer Science<br>(가족 및 소비자 과학) | Child Development(아동 발달), Children's Literacy(아동의 읽기와 쓰기), Babysitting Safety(아이 돌보기의 안전), Nutrition/Food Preparation(영양/음식 준비) | Textiles(직물), Consumerism(소비), Nutrition and Foods(영양과 음식) | Textiles(직물), Nutrition and Foods(영양과 음식) |

| Health (보건) | Health & Wellness(건강), Drugs(마약류), Nutrition & Fitness(영양과 적절), Decision Making(의사 결정), Caring for your Body (신체 돌보기) | Tobacco(담배), Alcohol(알코올), Heart Disease/Cancer(심장질병/암), Fitness/Nutrition(적절/영양), Sexuality(성) | Drugs(마약), Sexuality(성), Nutrition & Fitness(영양 & 신체단련) |
|---|---|---|---|
| Library Information Skills (도서관 정보 기능) | Literature Appreciation(문학 감상), Information Literacy(정보 활용 능력), Digital Citizenship(디지털 시민성) | | |
| Mathematics (수학) | Math I(수학 I), Math II(수학 II), Math III (수학 III) | Math I(수학 I), Math II(수학 II), Math III (수학 III) | Math I Algebra(수학 I 대수학), Math II(수학 II), Math III (수학 III) |
| Music (음악) | General Music(음악), Band(밴드), Chorus(합창단) | General Music(음악), Band(밴드), Chorus(합창단) | General Music(음악), Band(밴드), Chorus(합창단) |
| Physical Education (체육) | Team Sports(팀 스포츠), Individual Sports(개인 스포츠), Personal fitness(개인 피트니스) | | |
| Sciences (과학) | Ecology(생태학), Earth's Surface(지구의 표면), Changing Earth(변화하는 지구), Science Skills(과학 기능) | Laboratory Safety(실험실 안전), Needs of Living Things(생명체의 필요), Metric System and Measurement(미터법과 측량), Scientific Inquiry(과학적 연구), Characteristics of Living Things(생명체의 특징), Microscope Skills(현미경 기능), Cell Theory(세포 이론), Chemistry of Cells(세포의 화학적 성 | Motion and Forces(움직임과 힘), Matter and Energy(물질과 에너지), Chemical Interactions(화학적 상호작용) |

| | | | |
|---|---|---|---|
| | | 질), Movement Across a Cell Membrane(세포막을 가로지르는 이동), Cell Energy(세포 에너지), Cell cycle(세포 주기), DNA and RNA(DNA와 RNA), Genetics(유전학), Classification(분류), Evolution(진화) | |
| Social Studies (사회) | Canada(캐나다), Latin America(라틴 아메리카), Europe(유럽), Asia(아시아), Africa(아프리카), Current Events(시사 문제) | Rome(로마시대), Middle Ages(중세), Age of Exploration(대항해 시대), Colonial America(식민지 시대의 미국), American Revolution(미국 독립 혁명) | Westward Movement(서점운동) |
| Technology Education (기술교육) | Material Technology Design and Engineering(재료의 기술 디자인과 공학), Technological Design (기술적 디자인) | Material Technology Design and Engineering(재료의 기술 디자인과 공학), Technological Design (기술적 디자인) | Material Technology Design and Engineering(재료의 기술 디자인과 공학), Technological Design (기술적 디자인) |
| World Language (외국어) | Spanish(스페인어), German(독일어) | Spanish(스페인어), German(독일어) | Spanish(스페인어), German(독일어) |

출처: https://sites.google.com/a/cocalico.net/middle-school-curriculum/

버지니아주 맥린시의 맥린 고등학교(McLean High School)의 9~12학년 교육과정을 살펴보면 〈표 5-2〉와 같다.

**표 5-2** 맥린 고등학교(McLean High School) 교육과정

| Course for 9~12th Grade | | |
|---|---|---|
| Career & Technical Education (진로와 전문교육) | Business & Information Technology (비즈니스 & 정보 통신 기술) | Accounting(회계), Information Systems(정보 시스템), Programming(프로그래밍), Business Cooperative Internship(비즈니스 협력 인턴직), Computer Systems Technology(컴퓨터 시스템기술), Database Design and Management(데이터베이스 설계 및 관리), Network Administration(네트워크 관리), Routing and Switching(루팅 및 스위칭), Security(보안) |
| | Family & Consumer Sciences (가정) | Early Childhood Careers(어린이 직업), Gourmet and International Foods(미식가와 세계의 음식들), Teachers for Tomorrow(내일을 위한 교사), Intro to Culinary(요리의 입문), Culinary Arts(요리법), Intro to Early Childhood Careers(어린이 직업에 대한 입문), Fashion Careers(패션의 직업) |
| | Health & Medical Sciences (건강 및 의학) | Animal Science(동물과학), Biotechnology Foundations(생명기술 기초), Biomedical Technology(생체의학기술), Dental Careers(치과 진로), Explore Health Science(건강과학 탐색), Exploring the Language of Medicine(약품 용어에 대한 탐색), Fire and Emergency Medical Sciences(화재 및 응급 의료 과학), 911 Dispatcher(긴급출동 담당자), Firefighting(소방), Health Informatics(의료 정보학), Medical Assistant(의사 보조직), Pharmacy Technician(의약 전문인), Physical Therapy/Occupational Therapy(물리치료/직업 치료), Practical Nursing(실무 간호) |
| | Marketing (마케팅) | Intro to Marketing(마케팅 입문), Marketing(마케팅), Sports and Entertainment Marketing(스포츠와 오락 마케팅), Fashion Marketing(패션 마케팅), Global Marketing(글로벌 마케팅), Marketing Cooperative Internship(마케팅 협력 인턴직), Entrepreneurship(기업가 정신), Social Media Marketing(사회 매체 마케팅) |
| | Marketing Courses for Students with Special Needs (특수 학생을 위한 마케팅) | Education for Employment(취업을 위한 교육) |

| | | |
|---|---|---|
| | Technology & Engineering Education (기술 및 공학 교육) | Basic Technical Drawing(기본 전문 제도), Engineering Drawing(공학 제도), Design and Technology(설계와 기술), Geographic Information Systems(지리 정보 시스템), STEM Engineering(STEM 공학), STEM Robotics Systems(STEM 로봇 시스템), Engineering Physics(공학 물리), Engineering Mathematics(공학 수학) |
| | Trade & Industrial (무역 및 산업) | Automotive Technology(자동차기술), Automotive Collision Service(자동차 사고 서비스), Small Engine Repair(작은 엔진 수리), Carpentry(목공), Construction Technology(건설기술), Cosmetology(미용술), Criminal Justice(형사 행정학), Electrical Construction and Engineering(전기 공사 및 공업), Heating/Ventilation/Air Conditioning and Refrigeration(난방/환기/에어컨/냉각), Professional Photography Studio(전문 사진 스튜디오), Professional Television Production(전문 텔레비전 프로덕션업) |
| English (영어) | | English(영어), Literacy Essentials(필수 읽기), Literacy Access Bridge(읽기 접근 경로), Journalism(저널리즘), Broadcast Journalism(방송 저널리즘), Photo Journalism(사진 저널리즘), Creative Writing(창의적 글쓰기), Advanced Composition(고급 작품쓰기), Speech Communication(스피치 의사소통), Debate(토론) |
| English for Speakers of Other Languages (외국어로서의 영어) | | Virginia and United States Government for English learners(영어학습자를 위한 버지니아주와 주정부), English(영어), English Language Development(ELD, 영어 발전), ESOL Individualized Math(ESOL에 개별화된 수학), Strategies for Success for English Learners(영어학습자를 위한 성공 전략), STEM Essential for English Learners(영어학습자에게 필수적인 STEM) |
| Fine Arts (미술) | Dance (댄스) | Academy Dance(아카데미 댄스), Hip Hop Dance(힙합 댄스), Broadway Dance(브로드웨이 댄스) |
| | Music (음악) | Beginning Band(기초 밴드), Intermediate Band(중급 밴드), Advanced Band(고급 밴드), Jazz Ensemble(재즈 앙상블), Beginning Orchestra(기초 오케스트라), Intermediate Orchestra(중급 오케스트라), Advanced Orchestra(고급 오케스트라), Treble Chorus(고음 코러스), Basso Chorus(저음 코러스), Advanced Mixed Chorus(고급 혼합 코러스), Vocal Ensemble(중창), AP Music Theory(대학과목 선이수제: 음악 이론), Guitar(기타), Music and Computer Technology(음악과 컴퓨터 기술), Professional Musical Theatre and Actor's Studio(전문 뮤지컬과 및 액터스 스튜디오) |

| | Theatre Arts(연극) | Theatre Arts(연극), Technical Theatre(기술적 공연장), Professional Musical Theatre and Actor's Studio(전문 뮤지컬과 및 액터스 스튜디오) |
|---|---|---|
| | Visual Arts (시각 예술) | Studio Art and Design(스튜디오 미술 및 디자인), Digital Art & Design(디지털 미술 및 디자인), Photography(촬영술), AP Art: Drawing Portfolio(대학과목 선이수제 미술: 그림 포트폴리오), AP Art: 2-D Design Portfolio(대학과목 선이수제 미술: 2-D 디자인 포트폴리오), AP Art: 3-D Design Portfolio, Ceramics(대학과목 선이수제 미술: 3-D 디자인 포트폴리오) |
| General (일반) | | Economics and Personal Finance(경제와 개인 금융), Strategies for success(성공을 위한 전략), Leadership Training(리더십 훈련) |
| Health & Physical Education (건강 및 체육) | | Health and Physical Education(건강과 체육), Adapted Health and Physical Education(건강 적응과 체육), Personal Fitness(개인 신체 단련), Sports Medicine(스포츠 의학) |
| Mathematics (수학) | | Algebra(대수학), Geometry(기하학), Computer Science(컴퓨터공학), Precalculus with Trigonometry(삼각법과 미적분학의 전제), Trigonometry(삼각법), Probability and Statistics(확률 및 통계), AP Statistics(대학과목 선이수제: 통계), AP Computer Science Principles(대학과목 선이수제: 컴퓨터공학 원칙), Applied Calculus(미적분학 응용), AP Calculus(대학과목 선이수제: 미적분학), Multivariable Calculus(다변수 미적분학), Matrix Algebra(행렬 대수), Engineer Math(공학 수학) |
| Science (과학) | | Biology(생물학), Chemistry(화학), Geosystems(지구 시스템), Active Physics(물리학 기초), Physics(물리학), Human Anatomy and Physiology: An Introduction to the Medical Sciences(인간 해부학과 생리학: 의학으로의 소개), AP Biology(대학과목 선이수제: 생물학), AP Chemistry(대학과목 선이수제: 화학), Oceanography(해양학), Astronomy(천문학), AP Environment Science(대학과목 선이수제: 환경과학), AP Physics(대학과목 선이수제: 물리학), Engineer Physics(공학 물리) |
| Social Studies (사회) | | World History and Geography(세계사와 지리학), AP World History(대학과목 선이수제: 세계사), Virginia and United States History(버지니아주와 주정부의 역사), AP US History(대학과목 선이수제: 미국 역사), Virginia and United States Government(버지니아주와 주정부), AP US Government(대학과목 선이수제: 미국 정부), AP Combined US and Comparative Government(대학과목 선이수제: 결합된 미국과 정부의 비교), AP Human Geography(대학과목 선이수제: 인문 지리학), AP Macro and Microeconomics(대학과목 선이수제: 거시경제와 미시경제), AP European History(대학과목 선이수제: 유럽의 역사), Philosophy(철학), World Religions(세계의 종교) |

| Special Education (특수 교육) | Literacy Essentials(필수 읽기), Strategies for Success(성공을 위한 전략), Work Awareness and Transition(직업 의식과 이행) |
|---|---|
| World Languages (외국어) | Arabic(아랍어), Chinese(중국어), AP Chinese(대학과목 선이수제: 중국어), French(불어), AP French Language(대학과목 선이수제: 불어), German(독일어), AP German Language(대학과목 선이수제: 독일어), Latin(라틴어), AP Latin(대학과목 선이수제: 라틴어), Spanish(스페인어), AP Spanish Language(대학과목 선이수제: 스페인어), Korean(한국어) |

▷ AP(Advanced Placement): 대학과목 선이수제

출처: http://www2.fcps.edu/McLeanHS/,
　　 https://insys.fcps.edu/CourseCatOnline/#/frontPanel/438/nocourselist/0/0/0

　　미국 대다수의 주에서 기술은 필수과목이 아닌 경우가 많다. 일리노이
주 시카고시의 월터 페이톤 고등학교(Walter Payton College Preparatory High
School)의 졸업 요건에 대해 살펴보면 기술 과목이 필수과목이 아님을 알 수

**GRADUATION REQUIREMENTS**

## Graduating classes of 2018 and 2019

| High School Graduation Requirements | Walter Payton College Prep Standards |
|---|---|
| 4.0　English | 4.0　English |
| 3.0　Mathematics<br>　　　Algebra, Geometry, Adv Algebra /Trig | 4.0　Mathematics<br>　　　Algebra, Geometry, Adv Algebra /Trig, Pre-calculus<br>　　　OR　Geometry, Adv Algebra/Trig, Pre-calculus, AP Calculus/elective<br>　　　OR　Adv Algebra/Trig, Pre-calculus, AP Calculus, elective |
| 3.0　Science<br>　　　(Biology as a lab science and 2 additional lab sciences) | 4.0　Science<br>　　　(Physics, Chemistry, Biology, elective) |
| 3.0　Social Sciences<br>　　　(World Studies, US History, elective) | 3.0　Social Sciences<br>　　　(World Studies OR AP Human Geography, US History OR AP US History, elective) |
| 2.0　World Language (Single language) | 4.0　World Language (Single language) |
| 4.0　Physical Education | 4.0　Physical Education |
| 2.0　Fine/Performing Arts from any two of the following disciplines: Music; Visual Art; Drama; Dance | 2.0　Fine/Performing Arts from any of the following disciplines: Music; Visual Art; Drama; Dance |
| 2.0　College/Career Ed Pathways | -　College/Career Ed Pathways met by taking the additional classes above |
| 1.0　Elective<br>**24 Credits** | 3.0　Electives<br>**28 Credits** |

그림 5-2 │ 일리노이주 고등학교의 졸업 요건과 월터 페이톤 고등학교 졸업 요건

출처: http://www.wpcp.org/Academics/CourseGuide.aspx

있다(http://www.wpcp.org/Academics/CourseGuide.aspx). [그림 5-2]는 일리
노이주의 고등학교 졸업 요건과 월터 페이톤 고등학교의 졸업 요건을 나타낸
것이다. 이 고등학교는 영어(English), 수학(Mathematics), 과학(Science), 사회
(Social Science), 외국어(World Language), 체육(Physical Education), 미술/행위
예술(Fine/Performing Arts), 선택과목(Electives)을 배운다. 수학과 과학 과목은
주에서 요구하는 시수보다 많이 책정했고, 외국어를 배우는 과목인 World
Language 과목도 높게 책정해 놓았다. 한편, 기술은 선택과목(Electives)에 들
어가 있다.


## 2. 미국 기술교육의 발달

미국의 기술교육은 200년 가까운 역사를 가지고 있다. 일반교육으로 자
리 잡기 시작한 것은 1920년부터 공업에 대한 이해와 적응을 위한 공업과
(Industrial Arts) 교육부터 시작되었다. 그리고 1960년대부터는 공업의 이해
와 공업에서 사용되는 기술에 대한 이해를 함께 강조하는 공업기술(Industrial
Technology) 교육으로 성격과 개념이 강조되었다. 1980년대에 이르러 기술
자체의 특성과 사회에 미치는 영향을 이해하고 사회에 적응하는 데 필요한
기술적 소양(technological literacy)을 강조하는 보통교육으로서의 기술교육
(Technology Education)으로 변천하였다.

미국의 학교 교육에서 'Arts'는 정규 과목에 붙이는 용어로 우리말의 과
(科)에 해당하는 말이다. 예컨대, Language Arts(미국어), Fine Arts(미술),
Practical Arts(실과) 등이 같은 경우와 같이 사용된다. 따라서 교과목 명칭
이 Manual Training(수공 훈련)에서 Manual Arts(수공과)로 바뀌었다는 것은
교과목의 위상이 비정규 과목에서 정규 과목으로 바뀌었음을 뜻한다. 아울
러 Language Arts(미국어)는 "study of language"란 뜻으로, Language, 즉 언

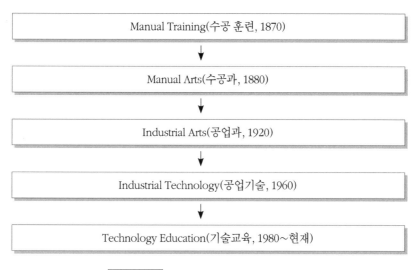

그림 5-3 ┃ 미국 기술교육 명칭의 변화

어(american language)에 대해 공부하는 과목이란 뜻이다. 따라서 Industrial
Arts는 "study of industry", 곧 공업에 대해 공부하는 과목이란 뜻이다. 아
울러 Industrial Arts(공업과)가 Industrial Technology(공업기술)를 거쳐
"Technology Education"으로 바뀐 것은 기술교육 내용의 중심이 공업에서
기술로 바뀌었음을 뜻한다. 즉, 공업에 대한 공부(study of industry)에서 기술
에 대한 공부(study of technology)로 바뀌었음을 대변하는 것이다. 이는 기술
의 발달로 인한 사회적 변화에 대처하는 능력을 기르고 교육방향에 발맞추어
일반교육의 주요 부분으로서의 기술교육의 위상을 바로 세우려는 노력의 일
환이다.

　이러한 변화에 맞추어 기술에 대한 이해를 강화시키는 사회적·철학적 배
경으로 기술적 소양을 강조하고 있는 사실은 미국 기술교육의 가장 큰 변화
로 판단된다. 아울러 최근의 미국 기술교육에서는 교육과정, 수업 방법 등에
서 문제해결 접근이 기술적 소양에 대한 논의와 더불어 활발한 연구와 개발
이 이루어지고 있다.

| 표 5-3 | 미국 기술교육 목적의 변천 |

| 목적의 항목<br>(Categories of Goal) | 20년 간격(Twenty Year Time Periods) | | | |
|---|---|---|---|---|
| | 1928 | 1948 | 1967 | 1980's |
| 신체 개발<br>(Physical Development) | ○ | | | |
| 학문의 통합<br>(Integration of Disciplines) | | ○ | | |
| 지적 과정<br>(Intellectual Processes) | | ○ | ○ | ○ |
| 진로와 직업<br>(Career and Vocation) | ○ | ○ | ○ | ○ |
| 비판적 소비주의<br>(Critical Consumerism) | ○ | ○ | ○ | ○ |
| 기능 개발<br>(Skills Development) | ○ | ○ | ○ | ○ |
| 공업과 기술의 이해<br>(Appreciation of Industry &<br>Technology) | | | ○ | ○ |

1995년 12월에 국제기술교육협의회(International Technology Education Association: ITEA)는 'K-12 기술교육을 위한 표준 교육과정 프로젝트'를 3차례(1996, 2000, 2003)에 걸쳐 단계적 교육과정으로 개발하였다.

주가(Zuga, 1989)는 미국 기술교육의 시대적 흐름에 따른 목적을 〈표 5-3〉과 같이 정리하였다.

1930년대 이전에는 기술교육의 큰 목적이 얄궂게도 신체 개발이었으며, 1940년대에 들어와서 학문의 통합, 지적인 과정이 새롭게 포함되었다. 1960년대 이후에 현재의 목적과 유사한 기틀이 마련되었다.

미국의 학교교육에서 수공 훈련(Manual training)이라는 이름 아래 직업교육의 일환으로 이루어졌던 기술교육은 수공과(Manual Arts) 시대를 거친 뒤 1960년대와 1970년대에 이르러 두드러진 변화, 즉 새로운 형태의 기술교육과정이 나타났다. 이러한 교육과정의 개발은 공업에 기초를 둔 공업과 교육과

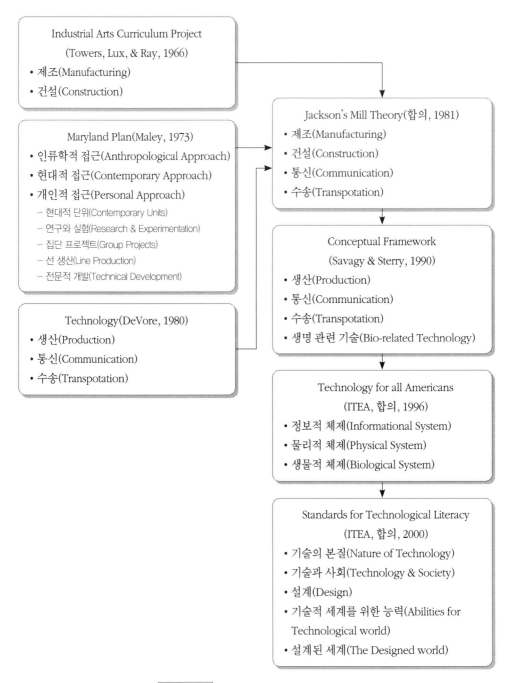

**그림 5-4** 현대 미국 기술교육 교육과정의 발전

정 프로젝트와 학문으로서의 체계를 강조한 드보어 그리고 학습자의 요구를 강조한 메릴랜드 계획(Maryland Plan) 등으로 대변된다. [그림 5-4]는 1960년대 이후의 미국 기술교육 교육과정의 발전 과정을 보여 준다.

1960년대 미국 오하이오 주립대학교의 기술교육과의 럭스와 레이 교수에 의해 개발된 공업과 교육과정 프로젝트(Industrial Arts Curriculum Project)는 공업(industry)에 기반을 두어 교육과정을 개발하였다(Towers, Lux, & Ray, 1966). 그들은 인간의 지식을 형식적(formal) 지식, 서술적(descriptive) 지식, 처방적(prescriptive) 지식 그리고 실천적(praxiological) 지식의 네 가지로 분류하였다. 럭스와 레이는 IACP에서 위의 지식 가운데 실행의 지식(knowledge of practice), 즉 실천적 지식에 터하여 재료의 가치를 더하기 위해 변화시키는 데 필요한 실천 또는 실행과 이러한 변화를 일으키는 데 관련한 문제에 초점을 맞추었다. 이러한 접근 방법에 따라 IACP는 공업을 내용의 기반으로 삼아 두 조직 인자, 즉 제조와 건설을 중심으로 구성되었다.

이는 1960년대 미국의 제조 인력과 건설 인력의 공급이 필요한 당시의 경제 상황을 반영한 것이다. 다시 말해서, 직업교육으로서의 공업과(Industrial

 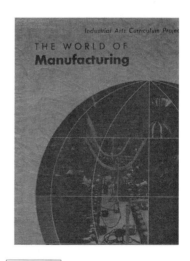

**그림 5-5** 공업과 교육과정 프로젝트 IACP    **그림 5-6** IACP 제조기술 교과서

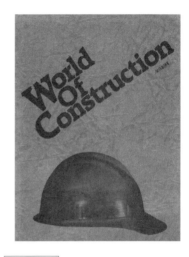

**그림 5-7** IACP 제조기술 실습책　　**그림 5-8** IACP 건설기술 교과서

Arts) 교육의 성격을 잘 드러낸 교육과정이다.

　1970년대에 들어서 이루어진 대표적인 기술교과 교육과정 개발은 멀리
(Donald Maley, 1973)에 의해 이루어진 메릴랜드 계획(Maryland Plan)이다. 이

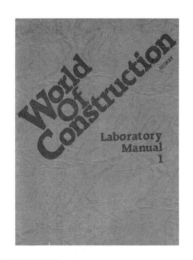

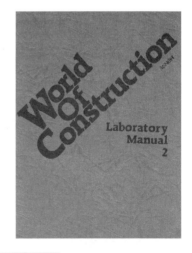

**그림 5-9** IACP 건설기술 실습책 1　　**그림 5-10** IACP 건설기술 실습책 2

는 종래의 기술교과 교육과정이 내용을 중심으로 조직한 것과는 달리 당시의 인간 중심 교육과정의 영향을 받아 교육과정의 주안점을 학생들의 능력과 자아 인식의 개발에 두었다. 교육과정 내용은, ① 기술의 발전, 이용, 및 중요성, ② 공업의 조직, 재료, 직업, 과정(process) 및 제품, ③ 기술 및 공업적 사회에 기인하는 문제와 혜택 등이었다(pp. 2-3).

1980년대에 이르러 드보어는 기술교육의 교육과정은 공업이 아니라 기술(technology)에 기반을 두어 개발하여야 한다고 주장하였다. 이는 당시의 기술교육의 이름이 "Industrial arts"라고 불린 것을 생각하면 매우 발전적인 것이었다. 아울러 그는 기술교육의 성격을 직업교육으로서의 기술교육으로부터 일반교육으로서의 기술교육으로 탈바꿈할 것을 주장하면서, 기술교과는 체제로서의 기술에 기반을 두어 생산, 수송, 통신의 세 가지 조직 인자로 구성하여야 한다고 주장하였다(DeVore, 1980). 또한 각각의 조직 인자, 즉 생산·수송·통신을 독립된 하위 체제로 본 점도 특기할 만하다.

공업과 교육과정 프로젝트(IACP), 드보어의 기술, 메릴랜드 계획(Maryland Plan) 등의 교육과정이 개발되기는 하였으나, 1980년대 이전까지 일선 학교

그림 5-11  The Maryland Plan    그림 5-12  Technology: An Introduction

에서 가르쳐진 기술교과 교육과정은 주로 목공, 금속, 기계 제도 등이었다(Dugger, 1980). 이것들은 사실상 1880년대의 우드워드(Calvin Woodward)의 Manual Training 고등학교에서 가르쳤던 내용에서 크게 벗어나지 못하고 대동소이하였다.

미국 전역에 걸쳐 많은 영향을 미치고 일선 학교 교육의 변화로까지 이어진 교육과정은 1981년에 서버지니아주 교육부 연구관이었던 스나이더(James F. Snyder, Coordinator, West Virginia Department of Education)와 페어몬트 주립대학의 헤일스 교수(James A. Hales, Director, Division of Technology, Fairmont State College)가 엮은『잭슨스 밀 공업과 교육과정 이론(Jackson's Mill Industrial Arts curriculum theory)』이다. 이『잭슨스 밀 공업과 교육과정 이론』은 당시에 미국의 각 지역에서 선발된 대표적인 'Industrial Arts' 전문가, 즉 직업교육으로서의 기술교육 전문가 21명이 2년 동안 세 차례의 회의를 걸쳐 이루어진 합의(consensus)이다. 이 교육과정 이론에서는 공업과(Industrial Arts) 교육은 공업 및 기술에 관한 공부(Study of Industry and Technology)라고 전제하였다(Synder & Hales, 1981, p. 17). 아울러 이 이론에서는 교육과정을 인류가

그림 5-13 │ 잭슨스 밀 공업과 교육과정 이론

역사를 통하여 새로운 환경에 알맞게 적응해 온 네 가지 체제, 즉 제조, 건설, 수송, 통신을 중심으로 구성하였다. 이 네 가지 기술적 활동은 사회·문화적 환경에서 작용하고, 사회에 커다란 영향을 미치며, 공통적으로 투입, 과정, 산출, 피드백을 가지는 체제로 파악하였다(Synder & Hales, 1981, pp. 23-26).

『잭슨스 밀 공업과 교육과정 이론』은 미국 기술교육의 역사에서 공업과(Industrial Arts)를 기술교육(Technology Education)으로 전환하는 데 크게 이바지한 역사적 문서이다. 이 교육과정 이론은 미국에서 기술교육의 지식 기반으로 자리 잡아 기술교육을 공업에 대한 공부(study of industry)에서 기술에 대한 공부(study of technology)로 전환시켰다는 역사적인 가치를 지닌다. 미국의 많은 기술교육 전문가 및 기술교육 관련 기관은 1981년의 잭슨스 밀의 교육과정 이론의 발표 이후 교육과정과 프로그램상의 변화를 꾀하였다. 그 첫 번째는 기술교육에서 뚜렷한 지식 기반으로서의 기술(technology)에 대한 인식이다. 그리고 두 번째는 기술교육이 초등학교, 중학교, 고등학교, 대학 이상의 수준에서 조직화되고 배달되었다는 것이다. 이 지식 기반은 기술교사교육 프로그램이 수업방법과 관련된 제품과 재료의 공정보다는 비판적인

| 그림 5-14 | 기술교육을 위한 개념적 틀 보고서 | 그림 5-15 | CTTE의 44번째 연감 |

기술적 분석과 기술적 문제해결에 좀 더 수업의 초점을 맞추도록 하였다.

『기술교육을 위한 개념적 틀』은 오하이오주의 볼링 그린 주립대학교(Bowling Green State University)의 세비지 교수와 위스콘신 대학교(University of Wisconsin-Stout)의 스페리 교수에 의해 개발되었다. 이 교육과정에서는 당시에 새롭게 떠오른 생물 관련 기술(Bio-related Technology)을 새로운 기술교과 교육과정의 조직 인자로 받아들였다. 『기술교육을 위한 개념적 틀』에서는 기술적 과정을 문제해결 과정으로 파악하고, 종래의 기술교육 이론에서 매우 빈약하였던 과정(process)의 개념을 강화하였다(NCATE/ITEA/CTTE Program Standards, 2003, p. 2).

한편, 1990년 이후 기술교육의 지식 기반 확립에 기여한 것으로 기술교사 교육협의회(Council on Technology Teacher Education: CTTE)의 44번째 연감인 『기술교육의 기초(Foundation of Technology Education)』를 꼽을 수 있다. 당시의 유진 마틴 등의 선도적인 기술교사 교육자들에 의해 연구 및 저술된 이 책은 기술교육, 교육과정 이론, 전문적 실행과 리더십을 위한 뛰어난 지식 기반을 제공하였다.

기술교육의 지식 기반 확립에 기여한 두 번째 연구는 『모든 미국인을 위한 기술: 기술교육을 위한 정당성과 구조(Technology for All American: A Rational Structure for the Study of Technology)』이다. 이 연구 보고서는 기술의 연구를 위한 당위성과 구조에 관한 초안이었고, 뒤이어 국제기술교육학회(International Technology Education Association: ITEA)에서 수행하는 프로젝트인 『기술적 소양의 표준(Standard for Technological Literacy)』을 위한 지식 기반이 되었다(NCATE/ITEA/CTTE Program Standards, 2003, p. 3).

1990년대 이후 미국 기술교육의 흐름 중 두드러진 것은 새로운 교육과정 구성 요소로서의 과정(process)의 부상이다. 앞서 살펴본 바와 같이 미국의 기술교육은 전통적으로 내용에 기반을 두어 왔다. 다시 말해서, 제조, 건설, 수송, 통신과 같은 기술적인 활동이 미국 기술교과의 주된 내용을 이루어 왔

**그림 5-16**  팻 허친슨의 저서    **그림 5-17**  론 토드 외 2인의 저서

다. 그러나 1990년대에 이르러 새비지와 스테리의 『기술교육을 위한 개념적 틀』에서 문제해결에 의한 기술적 과정이 강조된 이후 영국의 영향을 받아 새로운 구성 요소로서 설계 또는 문제해결 과정이 각광을 받고 있다. 이 흐름은 래리 해치(Larry Hatch), 존 허친슨(John Hutchinson, 1994), 론 토드(Ron Todd, 1996), 팻 허친슨(Pat Hutchinson, 1996) 등에 의해서 더욱 확산되었다.

1990년대 초에 국제 기술교육학회(ITEA)에서는 '모든 미국인을 위한 기술'을 슬로건으로 NSF(National Science Foundation)와 NASA의 재정 지원하에 'K-12 기술교육을 위한 표준 교육과정 프로젝트(a project to develop national standards for K-12 technology education)'를 수행하였다.

이 프로젝트는 초·중등 학교를 위한 기술교육의 국가표준 교육과정 개발에 목적을 두고, 기본적으로 모든 학생의 기술적 소양(technological literacy)에 주안점을 두고 있다(TTA News letter, 1996). 또한 이 프로젝트는 기술, 기술교육, 교육과정 개발, 과학, 수학, 및 공학전문가들의 국가적 합의(consensus)를 이루는 데 목적을 두었으며, 제1단계에서는 기술교과 교육의 정당성과 구조를 정립하였고, 제2단계에서는 기술교과 교육의 국가표준 교육과정 내용

그림 5-18    존 허친슨의 저서

을 개발하였다. 그리고 제3단계에서는 기술교육의 학습평가, 교육전문가, 교육 프로그램에 대한 표준을 제시하였다.

국제기술교육학회(ITEA)에서 수행한 '모든 미국인을 위한 기술(TfAA: Technology for All American)'의 1차 보고서는 앞서 소개한 『모든 미국인을

그림 5-19    이상봉의 '모든 미국인을 위한 기술' 1단계 프로젝트 참여 인증서

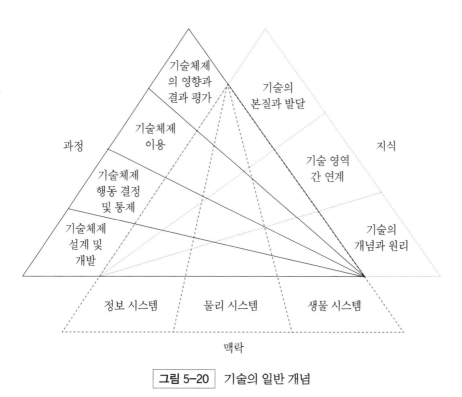

그림 5-20   기술의 일반 개념

출처: ITEA, 1996, p. 17.

위한 기술: 기술교육을 위한 정당성과 구조(Technology for All American: A Rational Structure for the Study of Technology』(1996)이다. 이 보고서에서는 기술교육의 기본 목표를 종래와 같이 기술적 소양을 기르는 데 두고, 기술을 인간의 능력을 확장하기 위한 시스템의 개발로 보고, 기술의 내용 구조를 [그림 5-20]과 같이 과정(process), 지식(knowledge), 맥락(contexts)으로 설정하여 제시하였다. 이 중에서 맥락 상황은 정보 시스템(information systems), 물리적 시스템(physical systems), 생물학적 시스템(biological systems)으로 상정하였다. 다시 말하면, 기술교과의 내용은 정보, 물리, 생물학적 체제의 세 가지 조직인자로 구성하였다.

국제기술교육학회(ITEA)에서 수행한 '모든 미국인을 위한 기술(TfAA)의' 2차

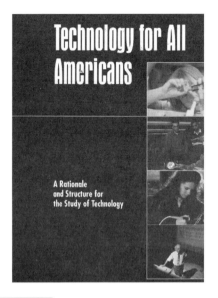

| 그림 5-21 | 모든 미국인을 위한 기술(TfAA) |

| 그림 5-22 | 기술적 소양을 위한 표준 보고서 |

보고서는 2000년에 발행된『기술적 소양을 위한 표준: 기술의 학습을 위한
내용(Standards for Technological Literacy: Content for the Study of Technology)』
이다. 이 보고서의 내용은 〈표 5-4〉에 나타난 것처럼 기술적 소양의 함양
을 목표로 하는 기술적 소양의 표준으로서 2000년 4월 솔트레이크시티에서
열린 ITEA 학술대회에서 발표되었다. 이 표준안의 단계는 K-2, 3-5, 6-8,
9-12로 제시하였는데 〈표 5-5〉와 같다. 기술적 소양을 위한 표준(STL)은 모
든 학생이 기술적 소양을 기르기 위해 해야 할 것이 무엇이며 알아야 할 사항
이 무엇인지를 제시해 주고 있다.

| 표 5-4 | 2000년 4월에 발표된 기술내용 표준 목록 |

| 내용 표준 | 내 용 |
| --- | --- |
| 기술의 본질<br>(Nature of<br>Technology) | 표준 1. 학생들은 기술의 특징과 영역에 대해 이해한다.<br>표준 2. 학생들은 기술의 핵심 개념들에 대한 이해를 증진시킨다.<br>표준 3. 학생들은 기술들 사이의 관계와 기술과 다른 분야 사이의 관련성에 대한 이해를 증진시킨다. |
| 기술과 사회<br>(Technology &<br>Society) | 표준 4. 학습자는 기술의 문화, 사회, 경제, 정치적 영향에 대한 이해력을 계발해야 한다.<br>표준 5. 학습자는 기술적 환경의 영향을 계발해야 한다.<br>표준 6. 학습자는 기술의 사용과 개발에서 사회적 의무에 대한 이해력을 계발해야 한다.<br>표준 7. 학습자는 역사적으로 기술의 영향에 대한 이해력을 계발해야 한다. |
| 설계<br>(Design) | 표준 8. 학습자는 설계의 속성에 대한 이해력을 계발해야 한다.<br>표준 9. 학습자는 공학 설계의 이해력을 계발해야 한다.<br>표준 10. 학습자는 문제해결을 위해 말썽 처치, 연구와 개발, 발명과 혁신, 실험의 역할에 대해 이해력을 계발해야 한다. |
| 기술적 세계를<br>위한 능력<br>(Abilities for<br>Technological<br>world) | 표준 11. 학습자는 설계 과정을 응용하기 위한 능력을 계발해야 한다.<br>표준 12. 학습자는 주요 기술적 생산품이나 시스템을 사용할 수 있는 능력을 계발해야 한다.<br>표준 13. 학습자는 생산품이나 시스템의 영향에 접근할 수 있는 능력을 계발해야 한다. |
| 설계된 세계<br>(The Designed<br>world) | 표준 14. 학습자는 의료기술을 선택하거나 사용이 가능하도록 이해력을 계발해야 한다.<br>표준 15. 학습자는 농업과 관련된 생명기술을 선택하거나 사용할 수 있는 이해력을 계발해야 한다.<br>표준 16. 학습자는 에너지와 동력기술을 선택하거나 사용할 수 있는 이해력을 계발해야 한다.<br>표준 17. 학습자는 정보와 통신기술을 선택하거나 사용할 수 있는 이해력을 계발해야 한다.<br>표준 18. 학습자는 수송기술을 선택하거나 사용할 수 있는 이해력을 계발해야 한다.<br>표준 19. 학습자는 제조기술을 선택하거나 사용할 수 있는 이해력을 계발해야 한다.<br>표준 20. 학습자는 건설기술을 선택하거나 사용할 수 있는 이해력을 계발해야 한다. |

출처: Standard for Technology Literacy-Appendix Compendium, ITEA, p. 210.

**표 5-5**   기술 내용 표준을 위한 주요 논제의 요약

| 구분 | 목표 | 학년별 학습내용 | | | |
|---|---|---|---|---|---|
| | | K-2 | 3-5 | 6-8 | 9-12 |
| 제3장<br>기술의<br>본질 | 1. 기술의 특징<br>과 영역 | • 자연세상과<br>  인공세상<br>• 사람과 기술 | • 자연제품과 인공제<br>  품 알기<br>• 도구, 재료, 기능 | • 기술의 실용성<br>• 기술의 발날<br>• 인간 창조성과 동기<br>  부여<br>• 생산 요구 | • 기술의 본질<br>• 기술적 확산의 평가<br>• 목표 중심 연구 |
| | 2. 기술의 핵심<br>개념 | • 시스템<br>• 자원<br>• 과정 | • 시스템<br>• 자원<br>• 요구<br>• 과정 | • 시스템<br>• 자원<br>• 요구<br>• 교환<br>• 과정<br>• 통제 | • 시스템<br>• 자원<br>• 필요조건<br>• 최적화와 trade-offs<br>• 과정<br>• 통제 |
| | 3. 기술들 사이<br>의 관계와 기술<br>과 다른 분야와<br>의 관련성 | • 기술과 다른<br>  과목 간 연결 | • 기술적 종합<br>• 기술과 다른 분야<br>  사이의 관계 | • 시스템과 상호작용<br>• 기술적 환경의 상호<br>  관계<br>• 기술과 타 학문으로<br>  부터의 지식 | • 기술 전이<br>• 혁신과 발명<br>• 지식보호와 특허<br>• 기술적 지식과 과학, 수<br>  학의 진보 |
| 제4장<br>기술과<br>사회 | 4. 기술의 문화<br>적, 사회적, 경<br>제적, 정치적<br>효과 | • 장점과 단점 | • 긍정적/부정적 영향<br>• 의도되지 않은 결과 | • 개발과 사용상의 태도<br>• 영향력과 중요성<br>• 윤리적 이슈<br>• 경제적, 정치적, 문<br>  화적 영향 | • 동적이고 점진적 변화<br>• 교환과 배합<br>• 윤리적인 관계<br>• 문화적, 사회적, 경제적,<br>  정치적 변화 |
| | 5. 기술 환경에<br>서의 효과 | • 재료의 재<br>  활용 | • 쓰레기의 재활용<br>• 여러 가지 방향에<br>  서의 악영향 | • 쓰레기 관리<br>• 기술의 재건 비용<br>• 환경과 경제적 관계 | • 절약<br>• 자원 사용의 감소<br>• 환경 감시<br>• 자연환경과 기술적 방법<br>  의 구분<br>• 기술의 부정적인 영향<br>  감소<br>• 해결과 교환 |

| | | | | | |
|---|---|---|---|---|---|
| | 6. 기술의 사용과 개발에서 사회적 역할 | • 개별적 필요와 욕구 | • 필요와 욕구의 변화<br>• 개발의 제한과 확장 | • 요구, 가치, 관심에 의한 개발 방향<br>• 발명과 개혁<br>• 사회적, 문화적 우선권<br>• 생산물과 시스템의 사용과 수리 | • 서로 별개의 문화와 기술<br>• 발전적 해결<br>• 아름다운 디자인 요소와 기술의 필요 |
| | 7. 역사적인 관점에서 기술의 영향 | • 사람들이 일하고 살아가는 방법 | • 의식주를 위한 도구 | • 발견과 발명의 과정<br>• 노동의 전문화<br>• 기법, 측정, 자원의 발달<br>• 기술적 과학적 지식 | • 기술의 진화<br>• 사회에서 극적인 변화<br>• 기술의 역사<br>• 초기 기술의 역사<br>• 철기시대<br>• 중세<br>• 르네상스시대<br>• 공업혁명<br>• 정보화시대 |
| 제5장<br>설계 | 8. 설계의 특성 | • 모든 사람이 설계를 할 수 있다.<br>• 설계는 창조적 과정 | • 설계의 정의<br>• 설계의 요구 | • 설계는 유용한 생산품과 시스템을 유도한다.<br>• 완벽한 설계는 없다.<br>• 요구 | • 설계 과정<br>• 설계하는 문제는 늘 완벽하지 않다.<br>• 설계는 정교함이 필요하다.<br>• 요구 |
| | 9. 공학설계 | • 공학설계 과정<br>• 타인에게 설계안 설명 | • 공학설계 과정<br>• 창조와 모든 제안 고려하기<br>• 모델들 | • 반복<br>• 브레인스토밍<br>• 모델화, 시험, 평가, 수정 | • 설계 절차<br>• 개성의 영향<br>• 견본<br>• 공학 설계의 요소 |
| | 10. 말썽 처치의 역할, 연구와 개발, 발명과 혁신, 문제해결의 실험 | • 질문하고 관찰하기<br>• 모든 생산품 유지가 필수 | • 고장처치<br>• 발명과 혁신<br>• 실험 | • 고장처치<br>• 발명과 혁신<br>• 실험 | • 재조사와 개발<br>• 기술적 문제들 재조사하기<br>• 어떤 문제도 기술적이지 않고는 풀 수 없다.<br>• 다학문적 접근 |

| | | | | | |
|---|---|---|---|---|---|
| 제6장<br>기술적<br>세계를<br>위한<br>능력 | 11. 설계 과정<br>적용 | • 설계를 통한<br>문제해결<br>• 만들어 보기<br>• 만들어지는<br>방법 조사하기 | • 정보 수집<br>• 해결책 제시<br>• 시험과 해결책 평가<br>• 설계안 개선 | • 설계 과정 적용<br>• 조건과 기준 확인<br>• 문제의 전형적인 해답<br>• 시험과 평가<br>• 제품이나 시스템 제작 | • 설계한 문제 확인<br>• 조건과 기준 확인<br>• 세련된 설계<br>• 설계 평가<br>• 제품이나 품질관리 시스<br>템 개발<br>• 최종 해결책 재평가 |
| | 12. 기술적 생<br>산품과 시스템<br>의 이용과 유지 | • 작업과정발견<br>• 안전하고 정<br>확한 도구의<br>사용<br>• 일상적인 기<br>호를 인지하<br>고 사용 | • 단계적 교수 따라<br>하기<br>• 안전하게 사용할<br>수 있는 도구 선택<br>• 컴퓨터를 이용한 정<br>보의 조직과 평가<br>• 공동기호 사용 | • 작업 과정을 보기 위<br>해 정보 이용<br>• 진단, 조정, 수리하<br>기 위한 안전한 도<br>구 사용<br>• 계산기와 컴퓨터 사용<br>• 시스템 작동 | • 과정과 절차 의사소통하<br>고 문서화<br>• 고장난 시스템 진단<br>• 시스템 점검과 유지<br>• 시스템 작동과 유지<br>• 의사소통을 위해 컴퓨터<br>사용 |
| | 13. 생산품과<br>시스템의 영향<br>에 대한 평가 | • 그날 생산품<br>에 대한 정보<br>수집<br>• 제품의 질<br>결정 | • 패턴을 규정하는<br>정보 사용<br>• 기술의 영향평가<br>• trade-offs 검사 | • 자료수집을 위한 도<br>구의 사용과 설계<br>• 동향을 따르기 위해<br>수집된 자료 사용<br>• 동향 확인<br>• 정보의 정확도를 해<br>석하고 평가 | • 정보를 수집하고 질을<br>판단<br>• 결론을 내기 위한 자료<br>종합<br>• 평가기법 사용<br>• 예측기법 설계 |
| 제7장<br>설계된<br>세상 | 14. 의학 기술 | • 백신<br>• 의학<br>• 사람의 생존<br>과 보호를<br>위한 제품 | • 백신과 의학<br>• 신체의 부분을 대신<br>하거나 고치는 장치<br>개발<br>• 알리기 위한 제품<br>과 시스템의 사용 | • 의학기술의 진보와<br>혁신<br>• 위생 과정<br>• 면역학<br>• 유전공학의 인식 | • 예방과 회복을 위한 의학<br>기술<br>• 원격의료<br>• 유전적 치료<br>• 생화학 |
| | 15. 농업과 생<br>명관련기술 | • 농업에서의<br>기술<br>• 생태계에서<br>사용되는 도<br>구와 재료 | • 인공 생태계<br>• 농업 낭비<br>• 농업 진행 과정 | • 농업기술의 진보<br>• 특별한 준비와 실습<br>• 생명기술과 농업<br>• 인공생태계와 관리<br>• 냉장, 냉동, 탈수, 보<br>존과 조사의 개발 | • 농업제품과 시스템<br>• 생명기술<br>• 절약<br>• 생태계의 공학적 설계와<br>관리 |

| | | | | |
|---|---|---|---|---|
| 16. 에너지와 동력기술 | • 다양한 형태의 에너지<br>• 에너지는 헛되이 소비되어서는 안 된다. | • 에너지는 다른 형태로 온다.<br>• 도구, 기계, 제품과 시스템은 일을 하기 위해 에너지를 사용한다. | • 에너지는 일을 할 수 있는 능력<br>• 에너지는 많은 과정에서 일을 하기 위해 사용될 수 있다.<br>• 동력은 에너지의 형태가 변환된 것이다.<br>• 동력시스템<br>• 효율과 절약 | • 에너지 절약 법칙<br>• 에너지 자원<br>• 열역학 제2법칙<br>• 재생 가능한 에너지와 불가능한 에너지<br>• 동력시스템은 자원(에너지), 과정, 부하이다. |
| 17. 정보와 통신 기술 | • 정보<br>• 통신<br>• 기호 | • 정보 과정<br>• 정보의 다양한 원천<br>• 통신<br>• 기호 | • 정보와 통신시스템<br>• 통신시스템 정보의 부호화, 송신, 수신<br>• 메시지의 설계에 영향을 주는 요소<br>• 기술의 언어 | • 정보와 통신시스템의 영역<br>• 정보와 통신시스템<br>• 정보와 통신 기술의 목적<br>• 통신시스템과 하위 시스템<br>• 통신의 여러 가지 방법<br>• 기호를 통한 통신 |
| 18. 수송기술 | • 수송시스템<br>• 개인과 상품<br>• 수송제품과 시스템의 주의 사항 | • 수송시스템 사용<br>• 수송시스템과 하위 시스템 | • 수송시스템의 설계와 작동<br>• 수송시스템의 하위 시스템<br>• 정부 방침<br>• 수송 과정 | • 수송기술과 다른 기술과의 연관성<br>• 수송의 서비스와 방법<br>• 수송시스템의 긍정적/부정적 영향<br>• 수송 과정과 효과 |
| 19. 제조기술 | • 제조 시스템<br>• 제품의 설계 | • 천연재료<br>• 제조 과정<br>• 상품의 소비<br>• 화학기술 | • 제조 시스템<br>• 제조 상품<br>• 제조 과정<br>• 화학 기술<br>• 재료 이용<br>• 제품 광고 | • 시설의 노후화<br>• 소비제품과 영구제품<br>• 제조 시스템<br>• 부품의 교환 가능성(표준화)<br>• 화학기술<br>• 제품 광고 |
| 20. 건설기술 | • 건물의 다양한 형태<br>• 건물에 적합한 부품은 어떻게 만드는가? | • 현대 사회<br>• 건설<br>• 적용된 시스템 | • 건설 설계<br>• 기초<br>• 건설의 목적<br>• 건물 시스템과 하위 시스템 | • 하부구조<br>• 건설 과정과 절차<br>• 요구 사항<br>• 유지, 변경과 혁신<br>• 사전에 미리 만들어 놓은 재료 |

출처: Standard for Technology Literacy-Appendix Compendium, ITEA, pp. 212-213.

TfAA에서 제시한 학습자 평가 표준의 기본 내용을 살펴보면 다음과 같다 (ITEA, 2003).

- 표준 A-1: 학습자 학습의 평가는 기술적 소양을 위한 내용 표준(STL)과 밀접하게 관련되어야 한다.
- 표준 A-2: 학습자 학습의 평가는 의도하는 목적에 명확하게 맞추어져야 한다.
- 표준 A-3: 학습자 학습의 평가는 연구에서 추출된 평가 원리로부터 반영되어야 하고 체제적이어야 한다.
- 표준 A-4: 학습자 학습의 평가는 기술의 특성과 관련된 실천적 맥락을 반영하여야 한다.

그림 5-23 | 기술적 소양에서의 진보된 우수성 보고서

• 표준 A-5: 학습자 학습의 평가는 책무성, 전문성 개발, 프로그램 강화를
위하여 평가 자료가 통합되어야 한다.

따라서 TfAA의 학습자 평가의 다섯 가지 표준의 기본 내용은 "기술적 소양
을 위한 내용 표준(STL)과 밀접하게 관련되어야 하고, 의도하는 목적에 명확
하게 맞추어져야 하고, 연구에서 추출된 평가 원리로부터 반영되어야 하고
체제적이어야 하며, 기술의 특성과 관련된 실천적 맥락을 반영하여야 하고,
책무성, 전문성 개발, 프로그램 강화를 위하여 평가 자료가 통합되어야 한
다."라고 설정하고 있음을 알 수 있다.

결국 이러한 기본 원리들은 평가의 기본 원리이지만 특별히 기술교육에서
의 특징은 '실천적 맥락'의 고려에 대해 다른 교과보다 강조하여 제시하고 있
다. 이는 기술교육이 수행 중심 평가의 철학을 반영해야 한다는 또 하나의 증
거이다. 또한 평가의 원리는 연구의 결과로부터 추출된 결과를 반영해야 한
다는 신중한 접근도 이 원리에서 나타난다.

'모든 미국인을 위한 기술' 3단계 프로젝트 보고서는 2003년에 발행된
『기술적 소양에서의 진보된 우수성(Advancing Excellence in Technological
Literacy)』이다. 이 보고서에서는 기술교육에서의 총평(Assessment), 교육전문
가, 교육 프로그램에 대한 표준을 제시하였다.

## 참고문헌

DeVore, P. W. (1966). *Structure and Content Foundations for Curriculum Development*. Washington, D.C.: American Industrial Arts Association.

DeVore, P. W. (1980). *Technology: An Introduction*. Worcester, MA: Davis.

Dugger, W. E. (1980). *Report of survey data*. Blacksburg, VA: Standards for Industrial Arts Education Programs Project.

ITEA. (1996). *Technology for all Americans.* Reston, VA: Author.

ITEA. (2000). Standard for Technology Literacy-Appendix Compendium. p. 210. p. 119 in text.

ITEA. (2003). Advancing Excellence in Technological Literacy: student Assessment, Professional Development, and Program Standards. Reston, VA: Author.

Maley, D. (1972). The Maryland plan. School Shop, 32(8), 52-54.

NCATE/ITEA/CTTE Program Standards (2003). Programs for the Preparation of Technology Education Teachers. Reston, VA: Author.

Snyder, J. F. & Hales, J. A. (Eds). (1981). Jackson's Mill Industrial Art Curriculum Theory. Symposium Report.

Towers, E., Lux, D., & Ray, W. (1966). *A rationale and structure for industrial arts subject matter.* Columbus: The Ohio State University.

TTA News letter. (1996). p. 117 in text.

Zuga, K. F. (1989). Relating Technology Education Goals to Curriculum Planning, *Journal of Technology Education 1(1).*


http://www.koreaembassy.org/han_education/kor_education.asp?subgubun=3

http://www.tea.state.tx.us/teks/#Grade

제6장

# 영국 기술교육의 변천

이 장에서는 영국 교육제도와 학교 교육과정, 영국 교과 교육과정의 구성,
영국 기술교육의 변천에 대해 살펴보기로 한다.

## 1. 영국의 교육제도와 학교 교육과정

영국 학제의 가장 큰 특징은 다양성이다. 영국은 잉글랜드, 웨일스, 스코틀랜드 및 북아일랜드 등 4개로 나뉘어 있고, 각각의 교육제도가 약간씩 차이가 있으며, 동일 지역 내에서도 개인의 선택과 살고 있는 지역에 따라 서로 다른 단계를 거쳐 서로 다른 형태 및 성격의 학교에서 교육을 받게 된다.

우리가 영국이라 할 때의 정식 명칭은 영문으로 'United Kingdom of Britain and North Ireland'로서 앞에서 말한 4개의 지역을 모두 합친 것이지만, 이 글에서 영국이라 함은 영국 교육제도에서 높은 비율을 차지하고 있는 잉글랜드와 웨일스를 가리킨다.

## 2. 영국 기술교육의 변천

영국의 기술교육은 우리나라나 미국과는 달리 문제 풀기와 설계 과정을 중심으로 발전해 왔다(DeVries, 1994; Hutchinson, 1987). 영국 기술교육 프로그램의 주요 선두주자는 '수공예(Handicraft)'이다(Hutchinson, 1987). 제2차 세계대전 이후에 '수공예'라 부르던 영국 기술교육 프로그램은, ① '공예작업(Craftwork)', ② '공예, 설계 및 기술(Craft, Design & Technology)' 그리고 ③ 국가 교육과정(National Curriculum)에서의 '설계와 기술(Design & Technology)'의 세 단계로 나누어진다(Yi, 1996).

### 1) 수공예[1]

---

[1] 박선희(2006). pp. 5-6을 옮겨 적음.

'수공예(Handicraft, 1880~1944)'가 학교의 정규 교과가 된 것은 1880년 어린 학생들을 취직시키기 위한 목적으로 초등학교에 도입하면서 시작되었다. 1890년대에 들어서 중학교까지 확대되고, 1944년까지는 이러한 학교에 입학한 학생들은 아주 어린 나이에도 직업을 가지게 되었다(Eggleston, 1992, p. 4).

수업은 학교 건물과 따로 있는 작업장에서 이루어졌고, 학생들에게 하나의 재료를 가지고 하나의 제품을 완성하도록 하는 수기 훈련(manual training)이 강조되었다(Atkinson, 1990, p. 1; Eggleston, 1992, p. 2). 초기 Hadicraft 교사들은 정식 교사가 아니라 단지 자격만을 얻은 장인이었고, 수업은 이러한 교사의 주도로 이루어졌다(Atkinson, 1990, p. 1).

이 시대 영국의 기술교육 프로그램은 같은 시기의 북아메리카 기술교육과 성격이 같았다(Eggleston, 1992, p. 3).

시간이 지나면서 재료는 목재에서 금속으로, 방법은 수공예에서 기계작업으로 발전해 왔지만, 이러한 발전이 기술 수준의 발전은 되지 않았다. 전체 생산 과정이 한 명의 작업자에 의해 제어되는 공예 모형은 공업사회로 변해 가는 상황에 맞지 않았고, 학교에서 할 수 있는 일의 한계가 있었기 때문이다(McCormick, 1994, p. 43).

'공예'는 영국 기술교육 프로그램의 전통이다. 영국은 공예의 두 가지 요소를 강조한다. 첫 번째는 'Handicraft' 시대의 수기 훈련, 즉 이것은 도구를 이용한 기능 숙달을 위한 실습을 강조한다. 또 다른 형태의 공예는 스웨덴의 공작기술에서 발전된 예술과 관련이 있다. 19세기 스웨덴의 한 마을의 공예가 지금까지 내려온 Sloyd는 창의성을 강조한다(McCormick, 1994, p. 43).

Handicraft는 영국 최초의 기술교육 프로그램이지만, 단지 60년 동안만 지속되었다(Atkinson, 1990, p. 1).

## 2) 공예[2]

'공예(Craftwork, 1945~1969)'는 제2차 세계대전 이후 영국 최초의 기술교육 프로그램이다. 목공, 금속가공, 전문 제도로 이루어진 일련의 교과목들로 되어 있고, 도구를 사용하여 프로젝트를 완성하는 것이 강조되었다(Wright, 1993, p. 59). 학생들에게 단지 전통적인 전문 지식과 도구 기능만을 강조했고, 지식을 이해하는 것이 아니라 단지 학습하고 제작 기능을 따라 하는 것만 요구되었다(Owen-Jackson, 2003, p. 5).

'Craftwork'는 수업이 주로 작업장에서 이루어졌지만, 다양한 표현을 위한 미술 공간(studio)과 응용과학을 위한 실험실이 작업장과 연결되어 있어서 설계의 기술적 양상을 상세하게 탐색할 수 있었다(Eggleston, 1992, p. 3).

제2차 세계대전 이후 영국 경제의 불황으로 인해 실질적으로 숙련된 노동력의 증가가 요구되었고, 이로 인해 중학교 수준에서 'Craftwork'는 기초적인 공예와 전문 훈련(technical training)이 증가되었다. 그러나 공예를 기반으로 하는 학교 교육과정 개발은 사회가 이미 과학과 기술에 의해 지배받고 있었기 때문에 약점을 가지게 되었다(Atkinson, 1990, p. 1).

이러한 영향으로 이 시대에 Craftwork 교사들은 Handicraft 시대 때부터 교과의 '주지주의화'를 주장하면서 시험 체제를 도입하였고, 이것은 1940년대 후반에 GCE(Gneral Certifacate Examination) 시험으로 계속되었다. 그러나 거의 모든 시험에서 창의적인 수행 없이 기억된 지식만을 요구했다(Eggleston, 1992, p. 4).

## 3) 공예, 설계 및 기술[3]

1960년대에 영국에서는 학교 교육위원회에 의해 새로운 교육과정에 대

---

2) 박선희 (2006). 영국 국가 교육과정 "Design &Technology"과의 주요 단계(KS) 3에서 기술 관련 내용 분석. 미간행 석사학위논문. pp. 6-7을 옮겨 적음.
3) 박선희(2006). pp. 7-10을 옮겨 적음.

한 움직임이 생겼다. 기존의 저장된 기억, 수동성보다 융통성, 독창성, 참여를 강조하는 교육과정이 요구되었다. '공예, 설계 및 기술(Craft, Design & Technology, CDT)'에서도 과거의 숙련 기능이 기계에 의해 수행됨으로써 지식과 기능의 재생산에 의한 능력 대신 적응, 창의, 개선, 문제해결과 의사결정 능력이 변화하는 사회에서 요구되는 것으로 판단되었다(Eggleston, 1992, p. 5).

이 시기에 교과명이 목공, 금속공, 공학 실습으로 불리던 것이 '공예, 설계 및 기술(CDT, 1970~1989)'로 바뀌고, 더 많은 재료와 새로운 과정이 포함되었다. 학생들에게 더 이상 단순히 기능을 가르치지 않았고, 무엇이든 설계하도록 격려되었다(Atkinson, 1990, p. 2).

1970년대에 보고된 두 개의 국가 프로젝트, 'Projet Technology'와 'Design and Craft Education Project'는 공예교과가 CDT로 변화되는 데 촉진제 역할을 하였다. 이러한 CDT는 다양한 문제해결 방식을 포함하고, 목재, 금속, 플라스틱과 같은 새로운 재료를 가지고 활동하는 기능 기반 교과로서, 기존의 가정, 상업, 미술을 포함한 것이었다(Eggleston, 1992, p. 7).

CDT는 Craftwork 프로그램에 '설계'의 개념이 추가된 것이다. 그리고 1975년부터는 CDT에 문제의 인식이 채택됨으로써 '문제해결'이 도입되었다(Wright, 1993, p. 59). 학생들은 실제적 활동들을 순환하면서 할 수 있도록 조직되어 있는 수업 환경으로 구성된 모듈식 수업 환경에서 제품을 완성하도록 하였다. 이러한 모듈식 수업 환경은 '회전 목마' 또는 '원형 경기장'이라 불리었다(Atkinson, 1990, p. 2).

CDT에서 '공예'는 기술교육 프로그램에 있어서 부차적인 것으로 재평가되었고, 설계 또는 문제해결을 강조하였다. CDT를 위한 설계 과정과 문제해결 과정에 대한 연구가 활발하게 이루어졌고, 그 중에서도 영국에서 가장 눈에 띄는 것은 'Projet Technology'에서 학교 위원회에 의해 만들어진 기술의 문제해결 과정이었다(Hutchinson, 1987, p. 44). 그것은 [그림 6-1]과 같다.

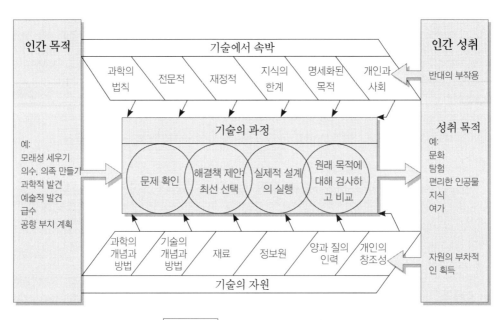

그림 6-1    기술의 문제해결 과정

출처: Eggleston, 1992, p. 21.

이 모형은 설계 또는 문제해결 과정이 실행되는 상황을 설명한다. 실제적인 인간 성취를 위한 인간의 요구와 필요의 관계를 설명하고, 기술적 과정에서 구속하는 것과 가능한 것의 투입을 설명함으로써, 학생과 교사가 기술의 문제해결 과정을 개념화할 수 있도록 하였다(Hutchinson, 1987, p. 44).

그러나 CDT 시대에 교과의 개념을 구성하고 있는 일반적인 문제해결의 본질과 기술, 설계, 과학의 유사성에는 의견이 일치하지 않았다. 허친슨(1987)은 페이지(page)가 CDT 교사를 위한 안내서에서 설계와 기술 그리고 과학과 기술의 차이를 〈표 6-1〉과 〈표 6-2〉와 같이 설명했다고 하였다.

**표 6-1**　설계와 기술의 차이

| 설계(Design) | 기술(Technology) |
|---|---|
| • 설계 과정은 작용적/과학적 특징보다 심미적인 고려를 더 한다. | • 기술 과정은 과학적, 인력, 작용적 압박에 의해 다스려진다. |
| • 하드웨어의 원형 조각으로 가능한 제품을 고려한다. | • 비록 하드웨어가 종종 포함되더라도, 교통흐름 같은 연구적 프로젝트는 하드웨어를 포함하지 않는다. |
| • 가끔 대안을 고려하거나 새로운 일로서 재료를 제안한다. | • 하드웨어의 조각이 새로운 재료만큼 운전이나 작동을 자주 하는 새로운 방법이 잘 개발되어야 한다. |
| • 응용된 과학은 설계 활동에서 단지 부차적인 역할을 한다. | • 응용된 과학은 기술적 개발에서 주요 역할을 한다. |

출처: Hutchinson, P. A. (1987). *Problem solving in the British craft, design, and technology program*, p. 40.

**표 6-2**　과학과 기술의 차이

| 과학 | 기술 |
|---|---|
| • 계획되지 않은 지식의 분야 | • 문제해결 과정 |
| • 삶의 질 향상이나 환경의 관리에 대한 고려가 필수적이지 않다. | • 사람들이 그들의 환경과 삶의 질을 향상하는/보호하는 데 대처하는 도움을 고려한다. |
| • 넓은 영역과 부분으로 나눠짐: 예를 들어, 물리학, 화학, 미세생물학, 핵물리학, 생물학 | • 사회 과학과 순수 과학, 경제학 등 간학문적 |
| • 개척자로서 집중적인 사고의 높은 구성 요소가 필요하다. | • 아직 집중적인 기능이 필요한 반면, 집중적인 사고가 더 중요하다. |
| • 확장된 재정과 기술적 지식을 위해 인간 마음의 제한에 의해 압박된다. | • 과학적 법칙, 경제적 정책, 관리 원리, 인력 자원 등에 의해 구속된다. |

출처: Hutchinson, P. A. (1987). *Problem solving in the British craft, design, and technology program*, p. 40.

## 4) 영국의 국가 교육과정과 설계기술[4]

영국의 국가 교육과정은 1989년 최초로 개발되어 1994년에 1차 개정, 1998년에 2차 개정이 이루어져 현재까지 유지해 오고 있다.

전통적으로 단위 학교와 지방 교육청 중심으로 운영되던 영국 학교 교육과정이 국가 교육과정으로 변모하게 된 것은 영국의 경제 불황과 만족스럽지 않은 교과 성취도가 원인이 되었다(Atkinson, 1990, p. 4; Eggleston, 1992, p. 10).

### (1) 영국 국가 교육과정의 구조

영국 국가 교육과정(National Curriculum)은 1988년 「교육개혁법(Education Reform Act 1988)」에 의해 제정되었다. 주요 내용은 10개의 기초 과목을 잉글랜드와 웨일스의 만 5~16세 모든 학생에게 의무적으로 교육하는 것이다. 10개의 기초 과목은 영어, 수학, 과학의 핵심 과목과 기술, 역사, 지리, 음악, 미술, 체육, 현대어의 비핵심 기초 과목으로 구성된다(DfES & QCA, 2004a).

영국 국가 교육과정은 우리나라의 초, 중등학교처럼 연령에 따라 학습단계를 나눈 주요 단계(Key Stage: KS)를 기준으로 학습자 수준을 구분한다(DfEE & QCA, 1999, p. 7).

영국 국가 교육과정에서 교과 편제는 [그림 6-2]와 같다.

### ① 교과 편제

영국 국가 교육과정은 10개의 기초 과목으로 구성된다. 그리고 [그림 6-2]와 같이 주요 단계 1~4(5~16세)에서 10개 과목을 모두 의무적으로 배운다. 10개의 과목은 영어, 수학, 과학과 같은 핵심 과목과 기술, 역사, 지리, 음악, 미술, 체육, 현대어와 같은 비핵심 기초 과목으로 구성된다. 여기서 기술은

---

4) 박선희(2006). pp. 10-35를 편집하여 옮김.

| | KS 1 | KS 2 | KS 3 | KS 4 | |
|---|---|---|---|---|---|
| 연령 | 5~7세 | 7~11세 | 11~14세 | 14~16세 | |
| 학년 | 1~2세 | 3~6세 | 7~9세 | 10~11세 | |
| 영어 | ■ | ■ | ■ | ■ | 핵심 과목 |
| 수학 | ■ | ■ | ■ | ■ | |
| 과학 | ■ | ■ | ■ | ■ | |
| D&T | ■ | ■ | ■ | ■ | 비핵심 기초 과목 |
| ICT | ■ | ■ | ■ | ■ | |
| 역사 | ■ | ■ | ■ | | |
| 지리 | ■ | ■ | ■ | | |
| 현대 외국어 | | | ■ | ■ | |
| 미술 | ■ | ■ | ■ | | |
| 음악 | ■ | ■ | ■ | | |
| 체육 | ■ | ■ | ■ | ■ | |
| 윤리 | | | ■ | ■ | |
| 종교 교육 | ■ | ■ | ■ | ■ | |
| 진로 교육 | | | ■ | ■ | |
| 성 교육 | | | ■ | ■ | |
| 일-관련 학습 | | | | ■ | |
| 개인적, 사회적, 건강 교육 | □ | □ | □ | □ | |

■ 의무
□ 비의무

그림 6-2  영국 국가 교육과정의 교과 편제

출처: DfES & QCA, 2004a.

Design & Technology(D&T)와 Information Communication Technology (ICT) 두 과목으로 가르친다(DfES & QCA, 2004a).

영국 국가 교육과정에는 10개의 의무 기초 과목 외에도 국가 교육과정 전반을 통하여 학습하도록 되어 있는 비의무적 과목이 있다. 비의무 과목은 윤리, 종교 교육, 성 교육, 진로 교육, 일-관련 학습, 개인적 · 사회적 · 건강 교육이다. 이 중에서 종교 교육은 전체 의무교육기간 동안 이루어져야 하고, 진로 교육과 일-관련 학습은 학생의 진로와 관계가 깊은 주요 단계(KS) 3, 4에서 이루어지도록 강조되고 있다(DfES & QCA, 2004a).

영국의 교과 편제는 과목과 시수를 함께 편제하는 대부분의 나라와 다르게 시간 배정을 하지 않았다. 영국은 전통적으로 단위 학교 중심으로 교육과정 운영이 이루어져 왔으므로 학교 재량에 따르도록 하였지만, 국가 교육과정 문서에 제시된 학습 프로그램 내용은 너무 방대하고 시간이 부족해서 교육과정 운영에 어려움이 있었다. 이에 대해 1993년 교육과정 내용의 단순화와 함께 과목별 시간 배당 권고안이 제시되었다. 이것은 학교 재량에 따라 융통성을 가질 수 있는 윤곽만 제시하는 것이었다(한국교육개발원, 1994, chap. 5; 1998, pp. 33-34).

편제된 10개 과목과 그 외 비의무적 과목은 2000년 주요 단계 1, 2부터 시작하여 연차적으로 시행되었다(DfES & QCA, 2004a).

② 주요 단계

영국 국가 교육과정은 연령에 따라 구분한 주요 단계별로 의무교육을 실시한다. 주요 단계는 학습자 수준에 대한 결정이고, 학생 연령의 조합과 학교, 교실 또는 가르치는 집단의 구성으로도 확인될 수 있다(DfEE & QCA, 1999, p. 7).

영국의 학습자 수준 단계인 주요 단계(KS)는 〈표 6-3〉과 같다. 우리나라의 초등학교 저학년, 초등학교 고학년, 중학교, 고등학교로 구분하는 것과 유사하다. 그러나, 영국의 주요 단계는 어떤 주요 단계에서 학생의 연령이 더 많을 수도 있고, 적을 수도 있다. 그리고 더 높은 수준을 달성하기 위해 각 교과별로 다른 연령 집단에서 배울 수도 있다. 그러나 1년을 반복해서 배운다거나

| 학제 | 단계 | 학년/연령 | 성취 수준 |
|------|------|-----------|-----------|
| 초등학교 | 주요 단계 1 | 1~2학년/ 5~7세 | 수준 1~3 |
| | 주요 단계 2 | 3~6학년/ 7~11세 | 수준 2~5 |
| 중등학교 | 주요 단계 3 | 7~9학년/ 11~14세 | 수준 3~7 |
| | 주요 단계 4 | 10~11학년/ 14~16세 | GCSE |

**표 6-3** 영국의 주요 단계

출처: DfEE & QCA (1999). Design & Technology, p. 7.

더 높은 학습 단계에 빨리 올라가는 것은 불가능하다(Eggleston, 1992, p. 32).

영국 국가 교육과정에서 각 교과의 성취 목표는 각 주요 단계에 따라 제시된다. 주요 단계(KS)별 성취 수준은 유연성을 가질 수 있도록 범위로 제시된다. 그러나 7세의 모든 학생은 적어도 성취 수준 1에, 11세에는 수준 2 그리고 14세에는 수준 3에 도달되어야 한다. 그리고 대부분의 학생은 7세에 수준 2, 11세에 수준 4, 14세에 수준 5~6을 성취할 수 있어야 한다(DfEE & QCA, 1999, p. 7).

주요 단계(KS)들에서 겹치는 성취 수준은 학생의 학업 성취에 대한 개인차를 인정하면서 주요 단계의 연속성을 보증하기 위한 것이다. 성취 수준을 순차적으로 모두 가르쳐야 하는 것은 아니지만, 교사들은 모든 학생이 각 주요 단계에서 그들에게 적절한 가장 높은 수준을 성취하도록 해야 한다(Eggleston, 1992, p. 33).

교사가 모든 학생에게 적절한 가장 높은 수준을 성취할 수 있도록 해야 한다는 면에서, 영국 국가 교육과정은 특별히 문제가 있는 학생에 대해서는 대안을 제시한다. 예를 들어, 말하기, 쓰기, 그리기와 같은 방법으로 의사소통이 불가능한 학생은 장비 또는 기호 등 다른 수단을 사용할 수 있고, 부진 학

**표 6-4**  주요 단계별 평가

| 학제 | 단계 | 시험/자격 검증 |
|---|---|---|
| 초등학교 | 주요 단계 1 | 국가 시험과 작업(영어, 수학) |
| | 주요 단계 2 | 국가 시험(영어, 수학, 과학) |
| 중학교 | 주요 단계 3 | 국가 시험(영어, 수학, 과학) |
| | 주요 단계 4 | 일부 학생: GCSEs, 대부분 학생: GCSE 또는 다른 국가 자격 검증 |

출처: QCA (2004). *Key Stage*. Retrieved sempember 6, 2004, from http://www.qca.org.uk/2812_2587.html

생에게는 그 활동에 가장 근접하게 대치되는 대안적인 학습 활동을 할 수 있
도록 한다. 또한 심한 장애를 가진 학생이라면, 만약 활동이 그 학생에게 적
절하지 않다면 학생 부모의 관점과 학생의 교육적 · 의학적 · 심리적 등 다른
관점에서 결정된 국가 교육과정으로 모든 교육사항을 수정하거나 응용할 수
있다(Eggleston, 1992, p. 33).

각 주요 단계(KS) 끝에는 교육의 질 관리를 위한 국가 시험이 실시된다. 주
요 단계별 평가는 〈표 6-4〉와 같다.

주요 단계 1~3의 끝에는 핵심 과목인 영어, 수학, 과학 시험을 실시하고,
나머지 비핵심 기초 과목은 학교 자체 시험이 실시된다. 주요 단계 4 끝에
는 학생의 진로에 따라 시험을 치르는데, 일반 중등 교육자격 시험(General
Certificate of Secondary Education: GCSE) 또는 AS level/A level 시험, 일반 국
가 직업자격(General National Vocaional Qualifications: GNVQ) 그리고 국가 직
업자격(National Vocaional Qualifications: NVQs) 등이 있다. 이 자격 검증을 위
한 시험들은 의무교육연령의 학생뿐 아니라 학교, 대학 또는 직업에 상관없
이 모든 사람의 응시가 가능하다(QCA, 2004).

## (2) 영국 교과 교육과정의 구성

영국 국가 교육과정의 10개 기초 과목과 비의무적 과목의 교육과정은 성취 목표(Attainment Targets: AT)와 학습 프로그램(Programmes of Study: PoS)으로 구성된다.

### ① 성취 목표

성취 목표(AT)는 주요 단계별로 학생들이 각 주요 단계 끝에 성취해야 할 수준으로 제시된다. 수준은 난이도에 따라 1~8수준, 탁월한 수행(exceptional performance)까지 9개 수준으로 되어 있다(DfES & QCA, 2004a).

〈표 6-5〉와 같이 성취 목표는 각 주요 단계(KS)별로 학생들이 달성해야 하는 수준을 범위로 제시하는데, 주요 단계 1~3에서는 각 주요 단계에 따라 성취 수준이 있고, 주요 단계 4에서는 성취해야 할 수준 없이 국가 자격 검증(National Qualifications) 시험을 통해 평가를 한다(DfES & QCA, 2004a).

수준별 진술은 각 교과에서 요구되는 '지식, 지능, 이해'에 대한 내용을 그 수준에 나타나야 하는 학생 성과의 유형과 범위로 설명한 것이다. 이것은 각 주요 단계(KS) 끝에 학생 성취도를 판단할 때 기준이 되고, 학생의 능력 및 요구에 적절한 학습 활동을 조직하거나 주요 단계(KS)의 연령에 알맞은 과제의 진행 수준을 결정할 때, 그리고 교사가 부모들에게 자녀의 학습 성취도와 진

**표 6-5** 주요 단계별 성취 목표 수준

| 많은 학생이 하도록<br>기대되는 성취 수준의 범위 | | 주요 단계 끝에 대다수 학생에게<br>기대되는 달성 수준 | |
|---|---|---|---|
| 주요 단계 1 | 1~3 | 7세 | 2 |
| 주요 단계 2 | 2~5 | 11세 | 4 |
| 주요 단계 3 | 3~7 | 14세 | 5/6* |

*현대 외국어 포함

출처: DfES & QCA (2004a). *National Curriculum online*. Retrieved October 6, 2004, from http://www.nc.uk.net/nc_resources/html/about_NC.shtml

보 상황을 알리는 데 이용될 수 있다(DfES & QCA, 2004a).

### ② 학습 프로그램

영국 국가 교육과정에서는 교과별로 성취 목표(AT)와 함께 성취 목표 달성을 위해 배워야 하는 '학습 프로그램'이 있다. 이것은 주요 단계(KS)별로 구분해서 제시된다(DfES & QCA, 2004a).

학습 프로그램(PoS)은 크게 '지식, 기능, 이해'와 '학습의 폭'으로 구성된다. '지식, 기능, 이해'는 각 교과에서 요구되는 교육내용이고, '학습의 폭'은 교과 내용을 가르치는 상황이나 맥락, 활동, 경험 등을 제시한 것이다. 또한 학습 프로그램에는 이 두 영역 외에도 '여백'이 있는데, '여백'에는 가르칠 때 유의 사항, 학습 프로그램 내용에 있는 단어 또는 문구의 설명, 그 교과에서 적절한 ICT의 활용 그리고 다른 교과와 연결 등을 제안한다. 그러나 '여백'이 의무적인 것은 아니다. 이러한 학습 프로그램의 구조는 모든 교과에서 동일하다(DfES & QCA, 2004a). [그림 6-3]은 D&T 과목 학습 프로그램의 예이다.

학습 프로그램의 구조는 모든 교과에서 동일하지만, 핵심 과목과 비핵심 기초 과목 사이에 조금 차이가 있다. 영어, 수학, 과학의 학습 프로그램(PoS)에서는 하나의 성취 목표(AT)에 하나의 학습 프로그램이 제시된다. 그러나, D&T, ICT, 역사, 지리, 음악, 미술, 체육과 비의무 과목의 학습 프로그램은 성취 목표(AT)의 수와 관계없이 하나의 학습 프로그램이 주요 단계별로 있다(DfES & QCA, 2004a).

영국 국가 교육과정은 모든 교과의 교육과정이 독립적이지 않고, 다른 교과와의 연결을 강조한다. 학습 프로그램에서도 다른 교과와의 연결에 대한 관련 참조가 포함되어 있다(DfES & QCA, 2004a).

**주요 단계 2 동안**
학생들은 일정한 설계와 제작 활동에서 스스로, 팀의 일원으로서 실습할 수 있다. 그들은 제품의 용도와 제품을 사용하는 사람들의 필요에 대해 생각한다. 그들은 해야 할 것을 계획하고 잘 작동하는지와 자신과 다른 사람의 설계에서 개선할 것이 있는지를 확인한다. 그들은 교육과정 밖의 영역으로부터 지식과 이해를 끌어내고 다양한 방법으로 컴퓨터를 사용한다.

**주의**
건강과 안전을 위한 일반적인 교수 요구가 과목에서 사용된다.

**1a →다른 과목에 연결**
요구 사항은 En2/3a-3e, ICT/1a에 기초를 둔다.

**1b-1d → ICT 기회**
학생들은 그들의 설계 아이디어를 개발하고 전달하기 위해 탁상출판 (DTP) 소프트웨어와 컬러 프린터를 사용할 수 있다.

**2c → 다른 과목에 연결**
이 요구 사항은 Sc3/1a와 A&D2/a에 기초를 둔다.

**2d → 다른 과목에 연결**
요구 사항은 Ma3/4a-4c에 기초를 둔다.

학습 프로그램: Design and Technology

# 주요 단계 2
## 지식, 기능 그리고 이해
가르치는 것은 아이디어를 개발하고, 계획하고, 제품을 만들고 그것을 평가할 때 적용되는 지식과 이해임을 보증해야 할 것이다.

• 아이디어를 개발하고, 계획하고 전달하기
  1. 학생들은 다음 사항을 반드시 배워야 한다.
     a. ICT를 포함한 다양한 자원으로부터 다양한 제품을 사용할 사람과 그들이 사용되는 것에 대해 생각한 후 제품에 대한 아이디어 창출하기
     b. 그들이 성취할 설계에 원하는 것을 합하여, 생각을 발전시키고 그들을 명확하게 설명하기
     c. 필요하다면 일정 범위의 행동과 선택 사항들을 제안함으로 그들이 해야 할 것을 계획하기
     d. 미학적인 품질, 의도된 제품에 대한 사용과 목적을 명심하며, 생각이 발전하면서 다른 방법으로 설계 아이디어를 전달하기

• 질 좋은 제품을 만들기 위해 도구, 장비, 재료 그리고 부품을 가지고 일하기
  2. 학생들은 다음 사항을 반드시 배워야 한다.
     a. 제품을 만들기 위해 적절한 도구와 기법들을 선택하기
     b. 우선, 실패할 경우, 제품을 만드는 다른 방법들을 제안하기
     c. 재료의 감지할 수 있는 품질과 재료와 공정을 사용하는 방법을 탐색하기
     d. 일정 범위의 재료를 측정하고, 표시하고, 자르고, 형태를 만들고, 구성요소와 재료들을 정확하게 조립하고, 결합하기
     e. ICT를 포함하는 장비를 사용하여, 제품의 외형을 보강하기 위해 마무리 기법을 사용하기
     f. 식품 안전과 위생을 위한 안전 절차를 지키기

• 공정과 제품을 평가하기
  3. 학생들을 다음 사항을 반드시 배워야 한다.
     a. 그들이 제품을 향상시킬 수 있는 방법을 규정하여 그들이 설계하고 만들 것 같은 제품의 진행에 반영하기
     b. 향상시킬 것들을 만들기 전에 적절한 테스트를 할 것
     c. 제품의 품질은 그것이 얼마나 잘 만들어졌는지 그리고 그것이 얼마나 의도된 목적에 부합하는가를 알기(예를 들어, 제품이 얼마나 사회적, 경제적 그리고 환경적인 고려사항을 잘 만족하는지 여부)

• 제품과 부품에 대한 지식과 이해

  4. 학생들은 다음 사항을 반드시 배워야 한다.

    a. 재료의 작업 특성이 그들이 사용하는 방법에 어떻게 영향을 미치는지

    b. 재료가 보다 유용한 득성을 만들기 위해 어떻게 소합되고 섞일 수 있

      는지(예를 들어, 재료를 보강할 목재 구조의 끝에 판지 삼각형을 만

      들기)

    c. ICT 제어 프로그램을 포함한 일정 범위의 장비를 사용하여 기계 부

      분들이 다른 방법으로 물건을 어떻게 움직이게 하는지

    d. 간단한 스위치를 포함하는 전기 회로가 어떻게 그 제품의 결과를 이

      루는 데 사용되는지

## 학습의 폭

  5. 주요 단계 동안, 학생들은 다음을 통해 지식, 기능 그리고 이해를 배워야

    한다.

    a. 일정 범위의 친숙한 제품을 조사하거나 평가하기, 제품이 어떻게 작

      동하는가와 어떻게 사용되는가 그리고 사용하는 사람들의 견해에 대

      해 생각하기

    b. 일정 범위의 기법, 기능, 공정과 지식을 개발하는 실제적인 일에 초

      점을 맞추기

    c. 전기적이고 기계적인 요소들, 음식, 주형할 수 있는 재료, 뻣뻣하고

      유연한 얇은 재료와 직물

4c → 다른 과목에 연결

이 요구 사항은 Sc4/2c, 2d와 ICT/2b에 기초를 둔다.

4d → 다른 과목에 연결

이 요구 사항은 Sc4/1에 기초를 둔다.

| 그림 6-3 |  학습 프로그램의 예

출처: DfEE & QCA, 1999, pp. 18-19.

### (3) 설계와 기술

  '설계와 기술(Design & Technology)'(1990~)은 1990년에 영국에서 최초로 시행된 국가 교육과정에 의해 새롭게 개발된 기술교육 프로그램이다. 영국 국가 교육과정에서 기술교과는 '실제적 문제를 해결하기 위해 지식을 적용하도록 학생들에게 요구되는' 10개의 기초 교과 중 하나이다(Wright, 1993, p. 59).

  영국의 국가 교육과정에서 기술교육 프로그램은 CDT, 상업교육, 미술, 가정 그리고 IT를 포함하였고, 지금은 'Design & Technology(D&T)'와

'Information Communication Technology(ICT)' 두 가지 요소로 구성되어 있다(Wright, 1993, p. 59).

D&T는 영국 국가 교육과정이 최초로 도입된 1990년에 주요 단계 1(5~7세) 학생들에게 필수 기초 교과가 되었고, 이후 3년간 나머지 연령대 학생을 위한 교육과정에 포함되었다. 1990년 최초의 D&T 교육과정 문서는 전문적인 용어와 세부적인 내용 때문에 교사들이 이해하는 데 어려운 점이 많았다. 그러나 1995년 국가 교육과정 개정에서는 교사들이 이해하기 쉽도록 D&T의 실제적인 교육과정과 수업을 위한 명료한 구조로 간략화하였다(Barlex, 1998, pp. 140-142). 1999년 개정에서는 기본 원칙과 주요 내용 영역은 유지하고 상세한 설명은 없는 문서가 되었다(Benson, 2000, p. 28).

영국은 국가 교육과정을 통해 5~16세의 모든 학생에게 기술교육을 의무적으로 배우도록 한 최초의 나라이다. 그러나 영국 국가 교육과정은 사실상 잉글랜드와 웨일스를 위한 교육과정이다. 영국을 구성하는 다른 두 개의 지방인 스코틀랜드와 북아일랜드는 자신들의 교육과정 안에 독특한 형태의 기술교육을 실시하고 있다(Wright, 1993, p. 58).

잉글랜드와 웨일스에서의 D&T 수업은 초등학교에서는 주제와 프로젝트를 통해, 중학교에서는 독립된 교과로 진행된다(Wright, 1993, p. 59). 최초의 영국 국가 교육과정 D&T 개발팀은 D&T 교육과정의 성격에 대해서 다음과 같이 공표하고 개발에 착수했다.

- 교과의 전체 목적은 '인간이 만든 세계에서 효과적이고 창의적으로 활동하기 위한' D&T 능력의 계발이다.
- D&T 활동을 위한 상황은 광범위하고 적절하고 타당한 것이다.
- 성취 목표의 틀 안에서 D&T 활동의 배열은 미술, 상업, CDT, 가정, IT 내에서 착수된다.
- 수학, 과학, 영어와 같은 핵심 교과로부터 나온 지식, 기능, 이해를 사용

한다.

- 성취 목표는 D&T의 전체적 본질을 반영한다.
- 학습 프로그램(Programmes of Study)의 설명은 D&T 활동에 사용되는 자원으로서 핵심 지식, 기능, 가치이다(Eggleston, 1992, p. 29).

1990년 최초의 영국 국가 교육과정에서 D&T 교육은 가정, 학교, 여가, 지역 사회 그리고 일과 산업의 '상황'에서 환경, 인공물, 체제의 상호 관계를 탐색하는 것이었다(Wright, 1993, p. 59). 이 시기의 영국 기술 국가 교육과정의 모형은 [그림 6-4]와 같다.

Potter(1990)는 기술에서 결과의 세 가지 요소를 다음과 같이 정의했다.

1. 환경: 사람에 의해 만들어지고 발전된 주위 환경

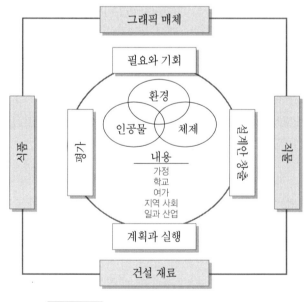

**그림 6-4** 영국 기술 국가 교육과정 모형

출처: Potter, 1990(Transparency).

2. 인공물: 인간이 만든 물체

3. 체제: 작업을 함께 수행하는 데 요구되는 물체나 활동의 집합


　D&T 활동은 건설 재료, 식품, 그래픽 매체, 직물을 기본 영역으로 하고, 각 영역은 교육과정의 주요 조직 인자인 네 가지 성취 목표(Attainment Target: AT), 즉 AT 1-필요와 기회의 확인, AT 2-설계안 창출, AT 3-계획과 제작, AT 4-평가에 초점을 두어 수행하였다(National Curriculum Council, 1990, pp. 3-15).

　4개의 성취 목표(AT)는 초, 중등의 의무교육기간 동안 각 10개 수준으로 되어 있고, 수준은 가정이나 지역 사회에 대한 단순하고 친숙한 상황의 것에서 일과 산업의 복잡하고 많은 기회를 제공하는 것으로 진보했다(NCC, 1990, p. 19).

　영국 국가 교육과정에서 D&T는 성취 목표(AT)와 함께 학습 프로그램(Programmes of Study, PoS)이 있다. 최초의 영국 국가 교육과정에서 학습 프로그램(PoS)은 의무교육기간을 연령별로 구분한 4개의 주요 단계(KS)에서 4개의 D&T 내용에 대한 지식과 기능을 각각 배우도록 했다. D&T 교육과정의 성취 목표(AT)와 그 10개 수준 그리고 4개 주요 단계(KS)와 학습 프로그램(PoS)에 대한 관계는 [그림 6-5]와 같다.

　이 시대에 D&T 수업은 주당 2~3시간 동안, 건설 재료, 식품, 그래픽 매체, 직물에 대한 내용을 강의나 시범이 아닌 체험학습으로 이루어졌다. 학생들에게 설계 개요가 주어지고, 학생들은 해결책을 찾기 위해 정보를 탐색하도록 격려되었다. 학생들은 필요와 기회, 설계안 창출, 계획과 제작, 평가의 4단계 동안의 활동을 문서화해야 하고, 체험 활동은 주로 종이, 합판 등을 재료로 단순한 손도구나 매우 제한된 기계를 사용하여 완성했다(Wright, 1993, p. 62).

　윌슨과 해리스(Wilson & Harris, 2004)는 D&T의 개념을 다음과 같이 요약하였다.

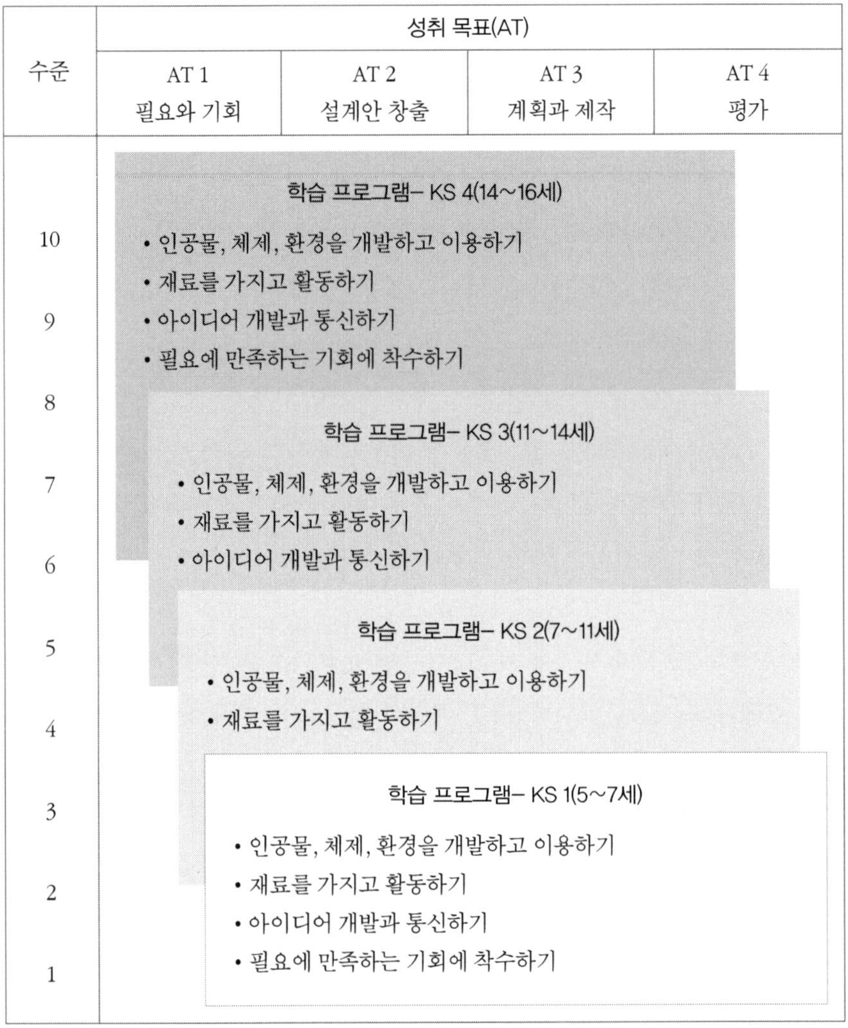

| 수준 | 성취 목표(AT) | | | |
|---|---|---|---|---|
| | AT 1<br>필요와 기회 | AT 2<br>설계안 창출 | AT 3<br>계획과 제작 | AT 4<br>평가 |
| 10 | **학습 프로그램- KS 4(14~16세)**<br>• 인공물, 체제, 환경을 개발하고 이용하기<br>• 재료를 가지고 활동하기 | | | |
| 9 | • 아이디어 개발과 통신하기<br>• 필요에 만족하는 기회에 착수하기 | | | |
| 8 | **학습 프로그램- KS 3(11~14세)** | | | |
| 7 | • 인공물, 체제, 환경을 개발하고 이용하기<br>• 재료를 가지고 활동하기 | | | |
| 6 | • 아이디어 개발과 통신하기 | | | |
| 5 | **학습 프로그램- KS 2(7~11세)** | | | |
| 4 | • 인공물, 체제, 환경을 개발하고 이용하기<br>• 재료를 가지고 활동하기 | | | |
| 3 | **학습 프로그램- KS 1(5~7세)** | | | |
| 2 | • 인공물, 체제, 환경을 개발하고 이용하기<br>• 재료를 가지고 활동하기<br>• 아이디어 개발과 통신하기 | | | |
| 1 | • 필요에 만족하는 기회에 착수하기 | | | |

**그림 6-5** 영국 국가 교육과정의 구조

출처: Wright, 1993, p. 62.

- 의도적인 간학문적 교과이다.
- '설계'와 '기술'을 모두 포함하지만, 더 넓은 개념이다.
- 학생들에게 인간이 만든 세계에서 효과적이고 창의적으로 활동하기 위한 능력과 가치 판단을 계발하도록 격려한다.

- 모든 학생의 설계와 제작 활동, 기술적 능력 계발에 초점을 둔다.
- 인지적 모형을 이용한다.
- 학생들이 세상을 개선하기 위해 창의적으로 개입할 수 있도록 지식과 동기를 결합한다(p. 51).

또한 잭슨(Owen-Jackson, 2003)은 다양한 문헌에 나타난 D&T의 정의에서 D&T의 개념에 대해 다음과 같은 공통 요소를 찾았다.

- 지식과 기능의 조합
- 지적 활동과 실제적 활동
- 인류 필요와 요구 충족
- 가치 고려
- '실제' 세계와 실제 작업에 관련(p. 4)

이글스턴(Eggleston, 1992)은 D&T 활동이 무엇을 생산하기 위한 생산자로서가 아니라 소비자나 사용자로서 필요한 활동이라고 하였다. 또한 D&T를 배운 학생은 설계된 제품이나 환경을 평가할 수 있을 것이라고 하였다(p. 19).

1999년에 개정된 현재 D&T의 교육과정은 〈표 6-6〉과 같다. 1990년에 D&T가 처음으로 도입되었을 때 D&T 과목은 미술, CDT, 가정, IT 교사가 D&T에 대한 연수 기회나 공부할 시간을 갖지 못한 상태에서 가르치게 되었다(McCormick, 1994, p. 49). 그러나 현재 영국 학교에서 D&T 수업은 주요 단계(KS)별로 개발된 '학습 단원(Schemes of Work: SoW)'을 통해서 이루어진다. 학습 단원(SoW)은 영국 국가 교육과정 문서가 너무 단순해서 교사들이 학교 현장에 적용하기 어렵기 때문에, 교사들이 교육과정을 현장에 적용할 수 있는 수업 활동을 중심으로 개발한 것이다(Benson, 2000, pp. 28-29).

또한 최초 영국 국가 교육과정이 제정된 당시 D&T의 평가는 교사가 학교

| 표 6-6 | D&T의 교육목표와 교육내용 |
|---|---|

| 교육목표(AT) | 교육내용(PoS) |
|---|---|
| • 아이디어의 개발, 계획, 의사소통<br>• 질 좋은 제품을 만들기 위한 도구, 장비, 재료와 부품을 가진 제작<br>• 과정과 산출물 평가 | • 아이디어의 개발, 계획, 의사소통<br>• 질 좋은 제품을 만들기 위한 도구, 장비, 재료와 부품을 가진 제작<br>• 과정과 산출물 평가<br>• 재료와 부품에 관한 지식과 이해<br>• 체제와 제어에 관한 지식과 이해<br>• 구조에 관한 지식과 이해 |

출처: Department for Education and Emloyment, & Qualifications and Curriculum Authority[DfEE & QCA] (1999). *Design and Technology*. pp. 16-25.

시험과 평가 위원회(School Examination and Assessment Council: SEAC)에 의한 자세하고 명료한 평가 기준으로 학생을 총평하도록 하는 전통적인 방법이 요구되었지만, 주요 단계 1~3에 대해서는 기준 달성 작업(Standard Attainment Task: SAT)이 활발하게 진행 중이었고, D&T의 주요 단계 4에 대한 평가인 GCSE에 대해서는 논쟁의 여지가 있었다. 기술교과와 관련된 GCSE 자격 유형은 'D&T(AT 1~4)'와 설계와 제작 활동에 IT 사용을 포함하고, 제어를 강조하는 '기술(AT 1~5)' 그리고 '정보 체제(AT 5)' 세 가지가 있었다(Eggleston, 1992, p. 40).

### (4) 영국 국가 교육과정에서 'Design & Technology'

영국 국가 교육과정에서 D&T는 10% 정도의 비중을 차지한다(Eggleston, 1992, p. 27). D&T는 영국 국가 교육과정에서 10개 기초 교과 중의 하나로서 5~16세의 의무교육기간 동안 계속해서 가르친다. 그리고 D&T는 ICT와 함께 영국 '기술' 교과를 위한 것이다(DfES & QCA, 2004b).

① 'Design & Technology'과의 성격

1988년 11월 영국 국가 교육과정을 위한 D&T 개발팀은 중간보고서에서 다음과 같은 내용을 제시했다.

> 학생이 D&T적 활동으로만 배울 수 있는 것이 무엇인가? 가장 일반적인 형태에서 이 질문의 답은 '인공 세계에서 효과적이고 창의적으로 일하는 능력'이다. 목적은 실제적 결정 범위에 있는 능력이다(Interim Report, D&T 작업팀, DES/WO, 1988, p. 3).

1995년 9월부터 시행된 영국 국가 교육과정에서 D&T의 목적은 학생이 제품 설계와 제작에 대한 지식과 이해를 하고, 제품 설계와 제작 기능을 조합한 D&T 능력을 계발하는 것이었다(Barlex, 1998, p. 140).

D&T의 핵심 성격 중 하나는 설계와 제작 활동 그리고 모든 학생에게 기술적 능력을 계발하도록 하는 것이다(Wilson & Harris, 2004, p. 48). 또한 D&T는 사회에서 일어나는 D&T 활동의 사회적 · 경제적 · 환경적 결과에 대해 비판적 반성과 평가하는 능력과 이를 개선하고자 하는 창의적 행동을 위한 폭넓은 이해와 깊이 있는 지식 및 기능을 요구한다(Kimbell & Perry, 2001; Wilson & Harris, 2004, p. 50).

D&T는 다양한 상황에서 발생하는 다양한 재료를 활용하는 제작을 통하여 수행한다(Eggleston, 1992, p. 14). D&T는 과정(process)에 터한 과목이고 어떤 것을 '알기(knowing that)'보다는 '방법을 알기(knowing how)'에 터한다. 그리고 목적적이며 상상적 활동이다. 게다가 D&T는 협동학습을 포함하는 프로젝트 기반 학습을 통해 이루어지며, 학생들에게는 창의적이고 반성적인 문제해결자가 되도록 요구한다(Wilson & Harris, 2004, pp. 51-54).

또한 D&T는 기술적 사회에서 학생들이 미래의 시민으로서 준비할 수 있도록 한다(Eggleston, 1992, p. 17). 이것은 기술적 문제해결력을 기르도록 함으로써 가능하다. 대인 관계를 길러 주고, 일의 세계에 대해서 이해하도록 한다. 그리고 다른 교과 교육과정을 통해 배운 지식과 기능을 사용할 수 있는 기회를 제공한다(Owen-Jackson, 2003, pp. 6-8).

D&T를 교육할 때, 다음과 같은 내용을 본질적으로 중요한 요소들로 제시할 수 있다(Owen-Jackson, 2003, p. 8).

- 제품을 비판적으로 평가하기
- 체제나 제품을 개선하기 위한 기회 확인하기
- 창의적으로 되기
- 조직적(organised)으로 되기
- 재료를 더 잘 이해하기
- 도구와 장비를 자신 있게 사용하기
- 질 좋은 제품 만들기

D&T의 성격을 설명할 수 있는 개념을 '설계'와 '기술'이라 하면, 설계는 인간의 필요에 의해 경험, 지식, 기능을 고려한 인간의 능력으로 제품과 서비스를 생산하기 위해 필요의 진단, 해결책의 제안, 해결책 탐색과 평가의 과정을 포함하는 것이고(Eggleston, 1992, p. 19), 기술은 문제해결 활동을 통해 제품이나 체제의 개선 또는 발명과 관련된다(Smithers & Robinson, 1994, p. 38).

② 'Design & Technology'과의 교육목표

D&T의 교육목표는 영국 국가 교육과정의 모든 교과와 마찬가지로 주요 단계(KS)별 수준의 범위로 제시된다. 주요 단계별 성취 목표 수준의 범위는 〈표 6-5〉와 같고, 각 성취 수준에 따른 진술은 〈표 6-7〉과 같다.

| 수준 | 성취 목표 진술 |
|------|--------------|
| 1 | • 아이디어를 창출하고 유사 제품의 특성을 깨닫는다.<br>• 계획은 도움을 받으면서 아이디어를 실현할 수 있다는 것을 제시한다.<br>• 그림과 단어를 이용하여 그들이 하기 원하는 것을 설명한다.<br>• 만들고 있는 것과 사용하고 있는 도구를 설명한다.<br>• 필요한 곳에 도움을 받으면서 도구와 재료를 이용한다.<br>• 자기와 다른 사람의 일에 대해 쉬운 용어로 얘기하고 제품 제작 방법을 설명한다. |
| 2 | • 재료와 부품을 가지고 일한 경험에 더해서 아이디어를 창출하고 다음에 할 것을 계획한다.<br>• 모형, 그림, 단어를 이용하여 설계를 설명한다.<br>• 선택한 이유를 설명하면서 적절한 도구, 기법, 재료를 선택한다.<br>• 도구를 이용하고 다양한 방법으로 재료와 부품을 조립, 연결 그리고 결합한다.<br>• 작업 진행에서 잘한 것을 확인하고, 미래에 더 좋은 것을 제안한다. |
| 3 | • 아이디어를 창출하고 설계가 다양한 요구에 충족되어야 한다는 것을 깨닫는다.<br>• 목적을 성취하기 위해 실제적인 계획을 세운다.<br>• 설계의 세부사항에 대해 의사소통하기 위해 단어, 스케치, 모형을 통해 아이디어를 명료하게 한다.<br>• 적절한 도구, 장비, 재료, 부품, 기법을 선택하면서 작업 순서에 대해 우선 생각한다.<br>• 재료를 자르고 성형하고 부품과 함께 조립하는 데 일정한 정밀도에 따라 도구 및 장비를 이용한다.<br>• 설계와 제작 과정의 평가와 제품이 개선되어야 하는 곳을 확인한다. |
| 4 | • 정보 수집과 이용에 의해 아이디어를 창출한다.<br>• 사용자 관점을 고려하고 단계적 계획을 세운다.<br>• 어려움을 인식하면서 단어, 스케치, 모형을 이용하여 대안을 의사소통한다.<br>• 기능과 마무리 질에 주의하여, 일정한 정밀도로 다양한 재료와 부품을 가지고 일한다.<br>• 다양한 도구와 장비를 선택한다.<br>• 개발할 때 제품이 사용될 방법을 마음에 두고 설계에 반영한다.<br>• 잘한 일과 개선할 수 있는 것을 확인한다. |
| 5 | • 다양한 정보원을 이끌어 내고 이용한다.<br>• 토론, 제도, 모형을 통해 아이디어를 명료화한다.<br>• 자신의 아이디어를 개발하고 의사소통할 때 유사한 제품의 특성을 이해한 것을 이용한다.<br>• 적절한 곳을 수정하면서, 자신의 세부적인 계획을 가지고 일한다.<br>• 일정한 정밀도로 다양한 도구, 재료, 장비, 부품과 과정으로 일한다.<br>• 진보의 관점에서 그들의 접근을 개발하고 수정하기 위해 일을 점검한다.<br>• 설계 내용과 어려움의 상황을 보면서 제품을 시험 및 평가한다.<br>• 제품과 정보 이용을 평가한다. |

표 6-7  D&T 성취 목표의 수준별 진술

| 6 | • 다양한 정보원을 이끌어 내고 이용한다. 그리고 유사 제품의 형태와 기능을 이해한다.<br>• 사용자와 아이디어를 토의하면서, 설계를 탐색하고 검사하기 위해 모형을 만들고 제도한다.<br>• 진행의 개략적 대안적 방법에 대한 계획을 세운다. 그리고 설계를 위한 준거를 개발하고 설계 제안을 탐색하기 위해 이용한다.<br>• 다양한 도구, 재료, 설비, 부품과 과정으로 일하고 이것들의 특성을 이해한다.<br>• 진보의 관점에서 그들의 접근을 개발하고 수정하기 위해 일을 점검한다.<br>• 설계와 제작할 때 그들의 판단을 알리기 위해 연구 결과를 이용하여 어떻게 효과적으로 정보를 사용했는지 평가한다.<br>• 사용할 것으로서 그들의 제품을 평가하고 개선할 방법을 확인한다. |
|---|---|
| 7 | • 아이디어를 개발하기 위해 광범위하고 다양한 적절한 정보를 이용한다.<br>• 다양한 매체를 이용하면서 아이디어를 의사소통하기 전에 형태, 기능, 생산 과정을 연구한다.<br>• 다양한 사용자의 다른 요구를 깨닫고 충분히 실제적인 설계를 개발한다.<br>• 제품 제작의 주요 단계를 실행하는 데 필요한 시간을 예측하여 계획을 세운다.<br>• 그들의 특성을 충분히 고려하면서 다양한 도구, 재료, 설비, 부품, 과정으로 일한다.<br>• 설계 제안으로부터 어떤 변화에 대한 의견 설명을 제공하면서 변화하는 상황에 따른 제조 방법을 채택한다.<br>• 사용될 때 어떻게 제품이 수행될 것인지를 평가하기 위해 적절한 기법을 선택하고 수행을 개선하기 위한 평가 관점에서 제품을 수정한다. |
| 8 | • 그들이 확인한 정보에 반응하면서 적절한 아이디어를 개발하기 위한 다양한 전략을 이용한다.<br>• 계획할 때, 재료의 물리적 속성과 작업 특성의 이해에 기반해서 재료와 기법을 결정한다.<br>• 설계의 요구에 맞지 않는 것을 확인하고, 아이디어가 요구에 도달하는 방법을 설명한다. 그리고 이 분석을 생산 제안을 위해 이용한다.<br>• 정확하고 일관성 있게 과정을 실행할 수 있도록 작업을 조직하고 정밀하게 도구, 설비, 재료, 부품을 이용한다.<br>• 제품이 설계되고 자원을 적절하게 사용하는 목적의 발견과 명확하게 관련 있는 제품을 평가하는 데 다양하고 광범위한 준거를 확인한다. |
| 탁월한<br>수행 | • 설계한 것을 돕는 정보를 찾고, 다양한 소비자 집단의 요구를 깨닫는다.<br>• 일을 지원할 정보의 선별과 활용에 식별력이 있다.<br>• 최고를 만드는 시간과 자원의 조직화된 사용 계획을 통해 일한다.<br>• 도구, 설비, 재료, 부품으로 매우 정밀하게 일한다.<br>• 신뢰성 있고 견고한 그리고 설계 제안에 주어진 요구를 충분히 충족하는 제품을 만든다. |

출처: Department for Education and Skill, & Qualifications and Curriculum Authority[DfES & QCA], 1999, pp. 43-44.

D&T의 교육목표는, ① 아이디어 개발, 계획 그리고 의사소통하기, ② 질 좋은 제품을 만들기 위해 도구, 장비, 재료 그리고 부품을 가지고 일하기, ③ 공정과 결과 평가하기의 세 가지 면에 대해서 수준별로 진술되었다(DfEE & QCA, 1999, p. 7).

　　영국 국가 교육과정은 지금까지 두 번의 개정이 있었다. 따라서 D&T의 교육목표 진술에서도 그 형식과 내용에 조금씩 변화가 있었다. 최초 국가 교육과정에서 D&T의 교육목표는 [그림 6-6]과 같다.

　　최초 영국 국가 교육과정에서 D&T의 교육목표 진술은 각 성취 목표(AT)에 몇 개의 구성 요소를 가지고 10개 수준으로 되었다. D&T의 교육목표 진술은 약 200개가 넘는 진술문이었다. 진술문은 적절한 것이 있었지만 그렇지 않은

---

- 성취 목표 1: 필요와 기회 확인하기

　학생들은 가정, 학교, 휴양, 공동체, 경영과 산업의 맥락을 연구함으로써 D&T적 활동에 대한 필요와 기회를 명확하게 확인하고 진술할 수 있어야 한다.

- 성취 목표 2: 설계안 창출

　학생들은 설계안을 생산하고, 실제적이고 적절하며 성취 가능한 설계로 그것을 개발하기 위한 설계 명세서와 아이디어 탐색을 해야 한다.

- 성취 목표 3: 계획과 제작

　학생들은 지식과 과정을 포함하는 계획과 확인, 관리와 적절한 자원 이용을 위해 준비를 하고 일하면서 인공물, 체제와 환경을 만들 수 있어야 한다.

- 성취 목표 4: 평가

　학생들은 다른 시간과 문화로부터, 그것들을 포함하여 그들의 D&T 활동의 과정, 산출물과 효과의 평가 위에, 그리고 다른 사람의 그것에 대해 개발하고 의사소통하며 행동을 할 수 있어야 한다.

---

　　그림 6-6　최초 국가 교육과정에서 D&T의 교육목표

출처: NCC, 1990.

것도 있었고, 결과적으로 처음 D&T를 접하는 교사들은 D&T의 성격과 교육목표를 이해하지 못했다(Barlex, 1998, p. 41).

1995년에 영국 국가 교육과정 개정과 함께 D&T 교육과정의 개정이 있었다. 이때 D&T의 교육목표는 다음과 같이 단순하게 되었다.

- 성취 목표 1: 설계
   - 설계 작업을 조사, 명료화, 명세화하기
   - 설계 아이디어를 모형화, 개발, 의사소통하기
- 성취 목표 2: 제작
   - 제작 계획과 조직하기
   - 제품을 안전하게 만들기 위해 다양한 재료, 부품, 도구, 장비 그리고 과정 이용하기
   - 시험, 개선과 평가하기

이것은 각 성취 목표(AT)에 대해서 한 단락으로 진술되었고, 최초의 것보다 관리가 훨씬 용이했다. 교사들은 다양한 학생 활동의 목표를 설정할 수 있었고, 학생의 실현을 한 단락의 진술과 비교함으로써 전인적인 평가가 가능하도록 했다(Barlex, 1998, p. 142).

현재 D&T의 교육목표는 1999년에 개정된 내용이다. 그것은 1995년의 것과 형식과 내용 면에서 크게 다르지 않다.

③ 'Design & Technology'과의 교육내용

영국 D&T의 교육내용은 국가 교육과정 문서에서 학습 프로그램(PoS)으로 나타난다. 학습 프로그램은 크게 '지식, 기능, 이해'와 '학습의 폭'으로 구성되고, '지식, 기능, 이해'와 '학습의 폭'은 주요 단계(KS)별로 제시된다.

영국 국가 교육과정에서 D&T의 교육내용은 성취 목표(AT)와 그 수준별 진

**표 6-8** D&T의 지식, 기능, 이해

| 지식, 기능, 이해 | KS 1 | KS 2 | KS 3 | KS 4 |
|---|:---:|:---:|:---:|:---:|
| • 아이디어의 개발, 계획, 의사소통 | ○ | ○ | ○ | ○ |
| • 질 좋은 제품을 만들기 위한 도구, 장비, 재료와 부품을 가진 제작 | ○ | ○ | ○ | ○ |
| • 과정과 결과 평가 | ○ | ○ | ○ | ○ |
| • 재료와 부품에 관한 지식과 이해 | ○ | ○ | ○ | ○ |
| • 체제와 제어에 관한 지식과 이해 | | | ○ | ○ |
| • 구조에 관한 지식과 이해 | | | ○ | |

출처: Department for Education and Employmentl, & Qualifications and Curriculum Authority[DfEE & QCA], 1999, p. 6.

술이 주요 단계(KS)에 따라 지켜져야 하는 것과 다르게 '학생 활동 접근'으로 되어 있다(McCormick, 1994, p. 50). 〈표 6-8〉은 D&T의 '지식, 기능, 이해'이다.

① 아이디어 개발, 계획, 의사소통, ② 질 좋은 제품을 만들기 위한 도구, 장비, 재료, 부품을 가진 제작, ③ 과정과 결과 평가, ④ 재료와 부품에 관한 지식과 이해는 모든 주요 단계(KS)에서 공통적으로 가르치고, ⑤ 체제와 제어에 관한 지식과 이해는 주요 단계(KS) 3, 4에서만 가르친다. 그리고 주요 단계 3에서는 모두 가르친다(DfEE & QCA, 1999, p. 6).

D&T 교육내용에서 6개의 D&T '지식, 기능, 이해' 영역에는 몇 개의 구성요소를 포함한다(DfEE & QCA, 1999, pp. 16-25).

D&T의 학습의 폭은 〈표 6-9〉와 같다. D&T의 학습의 폭은 '지식, 기능, 이해'를 가르치는 상황, 활동, 경험 등이다. 이것은 주로 제품 연구, 제작 활동, 설계 활동으로 되어 있다. 주요 단계(KS)가 높아질수록 다양하고 복잡한 상황으로 제시된다.

영국 국가 교육과정은 지금까지 두 번 개정하였는데, 이에 따라 D&T 교육내용도 바뀌었다. 최초 D&T 교육과정이 개발될 때, D&T의 교육내용은

**표 6-9**    D&T의 학습의 폭

| 단계 | 주요 단계 1 | 주요 단계 2 | 주요 단계 3 | 주요 단계 4 |
|---|---|---|---|---|
| 제품 연구 | 다양하고 친숙한 제품 조사, 평가(작동 원리) | 다양하고 친숙한 제품 조사, 평가(작동 원리, 사용법, 사용자의 관점) | 제품 분석 | 제품 분석 |
| 제작 활동 | 다양한 기법, 기능, 과정 및 지식을 개발하는 실제적 활동에 초점 | 다양한 기법, 기능, 과정과 지식을 개발하는 실제적 활동에 초점 | 다양한 기법, 기능, 과정과 지식을 개발하는 실제적 활동에 초점 | 다양한 기법, 기능, 과정과 지식을 개발하는 실제적 활동에 초점 |
| 설계 활동 | 식품, 섬유, 저항 재료를 이용한 제품 설계 및 과제 수행 | 전기, 기계적 부품, 식품, 주형 재료, 딱딱하고 유연한 판재, 섬유를 이용한 제품의 설계 및 과제 수행 | 다른 영역에서 설계 및 과제 수행(과제는 제어 체제를 포함, 일정한 범위의 재료) | 산업적 실습과 관련된 활동과 체제와 제어의 응용을 포함한 설계 및 과제 수행 |

출처: Department for Education and Employment, & Qualifications and Curriculum Authority[DfEE & QCA], 1999, pp. 16-25.

기계, 전기, 건축 등을 포함하는 16개 영역으로 제안되었다(McCormick, 1994, p. 48). 그것이 4개의 영역으로 간소화하여 최초 영국 국가 교육과정에서 D&T의 교육내용이 되었다. 1989년의 최초 영국 국가 교육과정에서 D&T 교육내용은 다음과 같다.

- 인공물, 체제와 환경을 개발하고 사용하기(에너지, 구조와 기계, 체제, 조직과 계획)
- 재료를 가지고 일하기(재료와 부품 선택하기, 질과 속성 이해하기, 재료와 장비를 안전하기 이용하기, 제작하기)
- 아이디어를 개발하고 의사소통하기(연구, 개발, 의사소통)
- 필요에 만족하고 기회에 착수하기[기업과 경제, 평가, D&T의 결과(NCC, 1990)]

이러한 내용은 원래 각 영역별로 10개 수준으로 제시되었던 것이 4개의 주요 단계(KS)에서 각각 다른 초점을 가지고 바뀌었다(Eggleston, 1992, pp. 33-34).

　수업은 가정, 학교, 여가, 공동체 그리고 일과 관련된 상황에 대해 인공물이나 체제, 환경을 만들어 내도록 하고, 건설 재료, 그래픽 매체, 식품, 직물을 대상으로 다양한 재료를 통해 이루어지는 것이었다(Eggleston, 1992, pp. 33-34; Wright, 1993, p. 60). 최초의 D&T 교육내용은 교육목표와 마찬가지로 양이 너무 많고 이해하기 어려웠다(Barlex, 1998, p. 141).

　1995년에 개정된 영국 국가 교육과정에서 D&T 교육내용은 교육목표인 설계와 제작을 고려하여(Barlex, 1998, p. 142) 다음과 같이 구조화되었다.


- 설계 기능
  - 아이디어를 창출하고 작업을 명료화하기
  - 설계 아이디어를 개발하고 의사소통하기
  - 계획하고 평가하기
- 제작 기능
  - 자르기, 모양 짓기, 성형하기
  - 연결하고 조합하기
  - 마무리
  - 계획과 평가하기
- 지식과 이해
  - 재료와 부품
  - 체제와 제어
  - 구조
  - 제품과 응용
  - 품질
  - 건강과 안전

## (5) 2014 Design & Technology 교육과정

현행 영국의 국가 교육과정 구조는 [그림 6-7]과 같다.

|  | Key stage 1 | Key stage 2 | Key stage 3 | Key stage 4 |
|---|---|---|---|---|
| Age | 5~7 | 7~11 | 11~14 | 14~16 |
| Year groups | 1~2 | 3~6 | 7~9 | 10~11 |
| Core subjects |  |  |  |  |
| English | ✓ | ✓ | ✓ | ✓ |
| Mathematics | ✓ | ✓ | ✓ | ✓ |
| Science | ✓ | ✓ | ✓ | ✓ |
| Foundation subjects |  |  |  |  |
| Art and design | ✓ | ✓ | ✓ |  |
| Citizenship |  |  | ✓ | ✓ |
| Computing | ✓ | ✓ | ✓ | ✓ |
| Design and technology | ✓ | ✓ | ✓ |  |
| Languages |  | ✓ | ✓ |  |
| Geography | ✓ | ✓ | ✓ |  |
| History | ✓ | ✓ | ✓ |  |
| Music | ✓ | ✓ | ✓ |  |
| Physical education | ✓ | ✓ | ✓ | ✓ |

그림 6-7 │ 영국 국가교육과정의 구조

출처: Department for Education, 2014, p. 7.

### ① Design & Technology Key Stages 1 and 2

영국의 잉글랜드와 웨일스의 두 지방정부에서 적용하고 있는 국가 교육과정(National Curriculum)의 'Design & Technology' 교육과정이 2013년에 개정되어 2014년부터 적용되고 있다. 여기에서는 주요 단계(Key Stage) 1과 2의

"Design and technology programmes of study"(Department for Education, 2013a, pp. 1-4)를 소개한다.

### 학습의 목적(purpose of study)

Design and technology는 영감을 주고 엄격하며 실용적인 과목이다. 학생들은 창의성과 상상력을 사용하여 그들 자신과 타인의 요구, 필요, 가치들을 고려하면서 다양한 상황 속에서 실제적이고 의미 있는 문제들을 해결하는 산출물을 설계하고 제작한다. 학생들은 다양하고 광범위한 지식을 습득하고 수학, 과학, 공학, 컴퓨팅, 예술과 같은 학문들에 의존한다. 학생들은 지략 있고, 혁신적이고, 진취적이고 능력 있는 시민이 되면서 위험을 감수하는 방법을 배운다. 학생들은 과거와 현재의 설계와 기술에 대한 평가를 통해, 그것이 일상과 더 넓은 세계에 미치는 영향에 대한 비판적인 사고를 계발한다. 높은 수준의 Design and technology 교육은 국가의 창의성, 문화, 부 그리고 행복에 필수적인 공헌을 한다.

### 목적(Aims)

국가 교육과정의 Design and technology는 모든 학생에게 다음 사항을 보장하는 것을 목표로 한다.

- 일상생활을 자신 있게 수행하고 발전하는 기술 세계에 성공적으로 참여하기 위해 필요한 창의적 · 기술적 · 실용적 전문 지식을 함양한다.
- 다양한 사용자를 위한 고품질의 시작품과 제품을 설계하고 제작하기 위해 지식과 이해와 다양한 기능을 적용한다.
- 학생 자신의 아이디어와 제품 그리고 다른 사람의 작품을 비평하고 평가하고 시험한다.
- 영양의 원리를 이해 및 적용하고 어떻게 조리하는지 배운다.

## 성취 목표(Attainment targets)

각각의 Key Stage를 마치면, 학생들은 학습 프로그램에 명시된 문제, 기능, 과정을 인지하고, 적용하며, 이해할 수 있을 것으로 기대된다.

학교는 반드시 [대괄호] 안의 예시대로 가르칠 필요는 없다.

## 과목 내용(Subject content)

Key Stage 1

실제적이고 창의적인 다양한 활동을 통해, 학생들은 설계와 제작의 반복적인 과정에 관여하기 위해 필요한 지식, 이해, 기능을 배운다. 그들은 관련된 맥락 속에서 작업해야 한다[**예를 들면, 집과 학교, 정원과 놀이터, 지역 사회, 산업과 더 넓은 환경**].

설계하고 제작할 때, 학생들은 다음 사항들을 배워야 한다.

〈설계하기(Design)〉

• 자기 자신과 다른 사람들을 위해서 설계 기준에 근거하여 목적에 맞고, 실용적이고, 매력적인 산출물들을 설계한다.

• 대화, 드로잉, 견본, 실제 크기의 모형, 필요한 경우 정보통신기술을 통해 그들의 아이디어를 만들고, 발전시키고, 모델링하고, 소통해야 한다.

〈제작하기(Make)〉

• 실천적인 과제를 수행하기 위한 도구와 장비의 선택 및 사용법을 익힌다[**예를 들면, 절삭, 소성, 접합, 마무리 가공**].

• 특징에 따라 건설 재료, 섬유, 식재료를 포함하는 다양한 재료와 요소를 선택하고 사용하는 법을 익힌다.

〈평가하기(Evaluate)〉

• 실제 제품을 탐색하고 평가한다.

• 그들의 아이디어와 산출물을 설계 기준을 참고하여 평가한다.


〈전문 지식(Technical Knowledge)〉

• 어떻게 더 강하고, 더 견고하고, 더 안정적인 구조체를 만들 수 있을지 탐구하며 구조체를 건설한다.

• 그들의 산출물에 기계장치를 탐색하고 사용한다[**예를 들면, 레버, 슬라이 더, 바퀴, 축**].


## Key Stage 2

실제적이고 창의적인 다양한 활동을 통해, 학생들은 설계와 제작을 반복하는 데 필요한 지식, 이해, 기능을 배운다. 그들은 다양한 관련된 맥락 속에서 작업해야 한다[**예를 들면, 집, 학교, 여가, 문화, 회사, 산업과 더 넓은 환경**].

설계하고 제작할 때, 학생들은 다음 사항들을 배워야 한다.


〈설계하기〉

• 연구를 이용하고 디자인 기준을 개발하여 목적에 맞고, 특정 개인이나 단체를 겨냥한 혁신적, 기능적, 매력적인 상품을 알아낸다.

• 토론, 주석이 달린 스케치, 단면도, 분해 조립도, 시제품, 패턴 일부, CAD를 통해 그들의 아이디어를 발생시키고, 개발하고, 만든다.


〈제작하기〉

• 실천적인 과제를 수행하기 위한 도구와 장비의 선택 및 사용법을 익힌다[**예를 들면, 절삭, 소성, 접합, 마무리 가공**].

• 그들의 기능적 특성과 심미적 질에 따라 건설 재료, 섬유, 식재료를 포함

하는 다양한 재료와 요소를 선택하고 사용하는 법을 익힌다.

〈평가하기〉

- 실제 생산품에 대해 조사하고 분석한다.
- 그들의 아이디어와 생산품들을 설계 기준과 비교하여 평가하고, 자신의 생산품들을 개선시키기 위해 다른 사람들의 의견을 고려하여 평가한다.
- 설계와 기술에서 핵심 사건과 개인이 세계의 구축에 얼마나 기여하고 있는지 이해한다.

〈전문 지식〉

- 어떻게 복잡한 구조물을 더욱 강화하고, 보강하고, 견고하게 만들 수 있을지 그들의 이해를 적용한다.
- 그들의 산출물 안의 기계장치들을 이해하고, 사용한다[**예를 들면, 기어, 풀리, 캠, 레버, 링크장치**].
- 그들의 산출물 안의 전기장치들을 이해하고 사용한다[**예를 들면, 직렬회로, 통합스위치, 전구, 버저, 모터**].
- 그들의 산출물을 프로그램하고 관찰하고 조종하기 위해 컴퓨팅에 대한 이해를 적용한다.

### 조리와 영양

음식을 다루는 작업의 일부분으로서, 학생들은 조리하는 법과 영양 및 건강한 식습관의 원칙을 적용하는 방법을 배워야 한다. 학생들에게 요리에 대한 사랑을 불어넣음으로써, 인간의 창의성에 대한 엄청난 표현의 문을 열어줄 것이다. 요리를 배운다는 것은 현재 그리고 미래에 있어서 학생들 자신이나 다른 사람들에게 알맞게 음식을 제공할 수 있는 중요한 삶의 기능이다.

학생들은 다음 사항들을 배워야 한다.

Key Stage 1

- 음식을 준비하는 데 있어 건강하고 다양한 식습관의 기본 원리를 이용한다.
- 음식의 출원에 대해 이해한다.

Key Stage 2

- 건강하고 다양한 식습관의 기본 원리를 이해하고 적용한다.
- 다양한 요리기법을 사용하여 맛있는 요리들을 준비하고 조리한다.
- 계절적 변동을 이해하고, 어디서 어떻게 여러 가지 재료가 자라고, 길러지고, 수확되고, 가공되는지를 안다.

② Design & Technology Key Stages 3

영국의 국가 교육과정(National Curriculum)의 'Design & Technology' 교육과정이 2013년에 개정되어 2014년부터 적용되고 있다. 여기에서는 주요 단계(Key Stage) 3의 'Design and technology programmes of study'(Department for Education. 2013b, pp. 1-3)를 소개한다.

학습의 목적

Design and Technology는 고무적이고 엄격하며 실용적인 과목이다. 학생들은 창의성과 상상력을 사용하면서 그들 자신과 다른 이들의 요구, 필요, 가치를 고려하는 다양한 상황 속에서 실제적이고 적절한 문제들을 해결하는 산출물을 설계하고 제작한다. 그들은 폭넓은 학과 지식을 습득하고 수학, 과학, 공학, 컴퓨팅, 예술과 같은 학문들에 의존한다. 학생들은 지략 있고, 혁신적이고, 진취적이고, 능력 있는 시민이 되면서 위험을 다루는 방법을 배운다. 학생들은 과거와 현재의 설계와 기술에 대한 평가를 통하여, 그것이 일상생활과 보다 더 넓은 세계에 미치는 영향에 대한 비판적인 사고를 개발한다. 높은 수준의 Design and technology교육은 국가의 창의성, 문화, 부 그리고 행복에 필수적인 기여를 한다.

### 목표

국가 교육과정의 Design and technology는 모든 학생이 다음 사항을 보장하는 것을 목표로 한다.

- 일상생활을 자신 있게 수행하고 발전하는 기술 세계에 성공적으로 참여하기 위해 필요한 창의적, 기술적, 실용적 전문 지식을 개발한다.
- 다양한 사용자를 위한 고품질의 시제품과 제품을 설계하고 제작하기 위해, 지식, 이해, 기능의 레퍼토리를 구축하고 적용한다.
- 학생 자신의 아이디어와 제품 그리고 다른 이들의 작업을 비평하고 평가하며 시험한다.
- 영양의 원칙을 이해 및 적용하고 조리하는 방법을 배운다.

### 성취 목표

Key Stage 3을 마치면, 학생들은 학습 프로그램에 명시된 문제, 기능, 과정을 인지하고 적용하며 이해할 수 있을 것으로 기대된다.

학교는 반드시 [대괄호] 안의 예시대로 가르칠 필요는 없다.

### 과목 내용

Key Stage 3

다양한 창의적이고 실제적인 활동들을 통해, 학생들은 설계와 제작의 반복적인 과정에 관여하기 위해 필요한 지식, 이해, 기능을 배워야 한다. 그들은 국가와 지역 상황[**예를 들어, 가정, 건강, 레저, 문화**], 산업적 상황[**예를 들어, 공학, 제조, 건설, 식품, 에너지, 농업(원예 포함), 패션**]의 범위 안에서 작업해야 한다.

설계하고 제작할 때, 학생들은 다음 사항들을 배워야 한다.


〈설계하기〉

• 사용자의 요구를 식별하고 이해하기 위해 다양한 문화의 학습과 같은 연구 및 탐색을 사용한다.

• 그들 자신의 설계 문제를 식별, 해결하고 그들에게 주어진 문제를 재구조화하는 방법을 이해한다.

• 다양한 상황의 요구에 대응하는 혁신적 · 기능적 · 매력적 제품의 설계를 알아내기 위한 사양을 개발한다.

• 혁신적인 아이디어를 생성하고 틀에 박힌 반응을 피하기 위해 다양한 접근[예를 들어, 생체 모방, 사용자 중심 디자인]을 사용한다.

• 주석을 단 스케치, 세부 계획, 3D 및 수학적 모델링, 구두 및 디지털 프레젠테이션, 컴퓨터 기반 도구를 사용하며 설계 아이디어를 개발하고 의사소통한다.


〈제작하기〉

• 컴퓨터 기반 설계를 포함하여 전문 도구, 기법, 과정, 장비 및 기계를 정확하게 선택하고 사용한다.

• 특성을 고려하여 더 넓고 복잡한 범위의 재료, 성분, 구성 요소를 선택하고 사용한다.


〈평가하기〉

• 그들의 이해를 개발하고 확대하기 위해 과거와 현재의 전문가와 타인의 작품을 분석한다.

• 새로운 첨단기술을 조사한다.

- 의도된 사용자와 다른 이해 집단의 견해를 고려하며 사양에 대한 그들의 아이디어와 제품을 검사, 평가하고 개선한다.
- 설계와 기술의 발달, 그것이 개인, 사회 및 환경에 미치는 영향과 설계자, 공학자와 기술자의 책무성을 이해한다.

〈전문 지식〉
- 기능적 해결을 달성하기 위해 재료의 특성과 구조적 요소의 수행을 이해하고 사용한다.
- 그들의 제품에 사용되는 더욱 진보된 기계적 시스템이 어떻게 운동과 힘의 변화를 가능케 하는지를 이해한다.
- 더욱 진보된 전기·전자적 시스템이 어떻게 그들의 제품에 작동되고 사용되는지를 이해한다[예를 들어, **입력과 출력으로서 열, 빛, 소리, 움직임을 가진 회로**]
- 프로그램 작동이 가능한 요소[예를 들어, **마이크로컨트롤러**]를 사용하여 입력[예를 들어, **센서**], 제어 출력[예를 들어, **액추에이터**]에 대응하는 제품에 지능을 내장하기 위해 컴퓨팅을 적용하고 전자장치를 사용한다.

### 조리와 영양

음식을 다루는 작업의 일환으로, 학생들은 조리하는 방법과 영양 및 건강한 식생활의 원칙을 적용하는 방법을 배워야 한다. 학생들에게 요리에 대한 사랑을 주입시키는 것은 인간 창의성의 위대한 표현의 문을 열어 줄 것이다. 요리하는 방법을 배우는 것은 현재와 미래 삶에서 학생들이 스스로와 타인에게 음식을 알맞게 그리고 잘 공급할 수 있도록 하는 중요한 삶의 기능이다.

학생들은 다음 사항들을 배워야 한다.

Key Stage 3

- 영양과 건강의 원칙을 이해하고 적용한다.
- 그들 자신과 타인에게 건강하고 다양한 음식을 공급할 수 있도록 주로 맛있는 음식의 레퍼토리를 요리한다.
- **다양한 요리 기법에 능숙해진다[예를 들어, 재료를 선택하고 준비하는 것, 기구 및 전기 장비를 사용하는 것, 다른 방법으로 열을 사용하는 것, 요리를 양념하고 재료를 혼합하는 법을 결정하기 위해 맛, 질감, 냄새의 인식을 사용하는 것, 그들 자신의 요리법을 적용하고(조정하고) 사용하는 것].**
- 다양한 재료의 소스, 계절성, 특성을 이해한다.

　영국의 교육과 교육과정의 새로운 동향에서 우리나라 기술교육에 주는 시사점은 내용 중심의 주입식 교육보다는 과정 중심의 설계 및 문제해결 과정을 강조하는 체험 활동 중심으로 교육과정을 구성해야 한다는 것이다. 이에 영향을 받아 현재 우리나라 기술교과 교육과정에서도 '과정 중심 교육과정'과 '설계' 및 '문제해결 과정'을 도입하여 교육현장에서 활발하게 이루어지고 있다.

## 참고문헌

박선희(2006). 영국 국가 교육과정 "Design & Technology'과의 주요 단계(KS) 3에서 기술 관련 내용 분석. 미간행 석사학위논문. 충북: 한국교원대학교.

Atkinson, S. (1990). Design and Technology in the UK. *Journal of Technology Education, 2*(1), 1-12.

Barlex, D. (1998). Design and Technology- the Nuffield Perspective in England and Wales. *International Journal of Technology and design Education, 8*(2), 140-142.

Bloom, B. S. (Ed.). (1956). Taxonomy of Educational Objectives, the Classification of Educational Goals. *Handbook I: The Cognitive Domain.* New York: David McKay Co., Inc.

Department for Education. (2013a). Design and Technology, programmes of study: key stages 1 and 2, National curriculum in England (Reference: DFE-00172-2013), 1-4.

Department for Education. (2013b). Design and Technology, programmes of study: key stage 3, National curriculum in England (Reference: DFE-00192-2013), 1-3.

Department for Education. (2014). The national curriculum in England: Framework document. Retrieved July 19, 2021, from https://www.gov.uk/government/publications/national-curriculum-in-england-framework-for-key-stages-1-to-4.

Department for Education and Emloyment, & Qualifications and Curriculum Authority[DfEE & QCA]. (1999). *Design and Technology.* London: HMSO.

Department for Education and Skill & Qualifications and Curriculum Authority[DfES & QCA]. (2004a). *National Curriculum online.* Retrieved October 6, 2004, from http://www.nc.uk.net/nc_resources/html/about_NC.shtml

Department for Education and Skill & Qualifications and Curriculum Authority[DfES & QCA]. (2004b). *The Standards Site.* Retrieved October 9, 2004, from http://www.standards.dfes.gov.uk/schemes3/?version=11

De Vries, Jan. (1994). The Industrial Revolution and the Industrious Revolution. *Journal of Economic History* (Cambridge University Press), 54(2), 249-270.

Eggleston, J. (1992). *Teaching Design and Technology.* Bristol: Open University Press.

Harrow, A. (1972). *A taxonomy of psychomotor domain-a guide for developing behavioral objectives.* New York: David McKay.

Hutchinson, P. A. (1987). *Problem solving in the British craft, design, and technology program.* Unpublished doctoral dissertation, New York University, New York.

Kimbell, R., & Perry, D. (2001). *Design and technology in a knowledge economy.* London: Engineering Council.

Krathwohl, D. R., Bloom, B. S., & Bertram, B. M. (1973). Taxonomy of Educational Objectives, the Classification of Educational Goals. *Handbook II: Affective Domain.* New York: David McKay Co., Inc.

McCormick, R. (1994). The coming of technology education in England and Wales. In Frank Banks (Ed.), *Teaching technology* (pp. 42-55). New York: Routledge.

National Curriculum Council[NCC]. (1990). *Technology in the National Curriculum.* York: National Curriculum Council.

Owen-Jackson, G. (2003). Design and technology in the school curriculum. In Owen-Jackson, G. (Ed.), *Learning to Teach Design and Technology in the Secondary School* (pp. 1-9). New York: Routledge Falmer.

Qualifications and Curriculum Authority[QCA]. (2000). schemes of work: Design and technology at Key stage 3. Retrieved October, 2004, from http://www. standards.dfes.gov.uk/schemes2/secondary_dt/?view=get.

Qualifications and Curriculum Authority[QCA]. (2004). Key Stage. Retrieved sempember 6, 2004, from http://www.qca.org.uk/2812_2587.html

Smithers, A., & Robinson, P. (1994). Technology in the national curriculum Getting it right. In Frank Banks (Ed.), *Teaching technology* (pp. 36-41). New York: Routledge.

Wilson, V. & Harris, M. (2004). Creating Change? A Review of the Impact of Design and technology in schools in England. *Journal of Technology Education, 15*(2), 46-65.

Wright, R. T. (1993). British design and technology: A critical analysis. *Journal of Technology Education, 4*(2), 60-70.

Yi, S. (1996). Problem solving in technology education at the secondary level as perceived by technology educators in the United Kingdom and the United States. Unpublished doctoral dissertation, The Ohio States University, Columbus, OH.

제**7**장

# 우리나라 기술교육의 변천

이 장에서는 중학교 기술교육의 변천과 고등학교 기술교육의 변천과정을
살펴보고 우리나라 기술교육 전체의 흐름에 대해 분석하기로 한다.

이 장에서는 해방 이후 우리나라 기술교육의 변천을 교육과정에 초점을 두어 살펴보기로 한다. 기술교육은 국어, 영어, 수학 등 다른 교과에 비해 과목명이니 교육과정 등에서 상대적으로 급격한 변화가 자주 이루어져 왔다. 시대의 변화에 따른 사회적 요구가 반영되어 교육과정이 개정되고, 다른 분야와는 달리 기술교육의 대상인 기술(Technology)이 빠르게 변화한다는 점을 감안하면 기술교과 교육과정의 크고 잦은 변화는 당연하다고 볼 수 있으며, 이는 기술교육의 큰 특징이라고 할 수 있다.

이러한 기술교육의 변천과정을 살펴보는 데는 시대 구분이 중요하다. 기술교육은 1969년 9월 2차 교육과정이 부분적으로 개정되어 기술 과목이 신설됨으로서 일반교육으로서의 기술교육이 처음 실시되었다. 이상봉은 기술교육의 변천과정을 우리나라 교육과정의 개정 시기에 맞추어 1969년 9월 신설로부터 2015년 개정 교육과정까지 제1기부터 제9기까지로 시기를 구분하고, 이를 크게 독립과목기와 통합과목기로 나누었다. 이러한 기술교육의 시기에 따라 기술교육의 성격과 특징을 살펴보기로 한다.

## 1. 시기별 기술교육의 변천

### 1) 전기: 독립과목기

독립과목기는 기술 과목이 독립과목으로 존재하는 시기로 제1기(1969. 9. 교육과정), 제2기(1973. 8. 교육과정), 제3기(1981. 12. 교육과정), 제4기(1987. 3. 교육과정)가 이에 속한다.

## 2) 후기: 통합과목기

후기(통합과목기)는 기술 과목이 독립과목으로 존재하지 않고 통합과목의 일부 영역으로 존재한 시기이다. 이 후기는 제5기(1992. 6. 교육과정), 제6기 (1997. 12. 교육과정), 제7기(2007. 2. 교육과정), 제8기(2011. 8. 교육과정), 제9기 (2015. 9. 교육과정)가 해당한다.

# 2. 중학교 기술교육의 변천[1]

여기에서는 시기별 중학교 기술교육의 변천과정을 살펴보기로 한다.

## 1) 중학교 기술교과 교육과정의 시기별 특징

### (1) 제1기(1969. 9. 교육과정)

해방 이후 1차 교육과정 시기를 지나 2차 교육과정이 적용되고 있던 1969년 9월 4일에 학교 교육과정을 부분적으로 개정 보완하여 문교부령 제251호를 고시하고 이듬해인 1970년부터 시행하였다. 이는 당시에 제1, 2차 경제개발 5개년 계획이 순조롭게 추진되고 산업구조가 전문화되어 감에 따라 산업사회의 합리적인 생활 역량을 기르고,

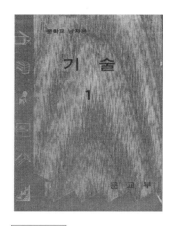

| 그림 7-1 | 1970년 중학교 기술 1

1) 이상봉, 곽유림(2017). 중학교 기술교과 교육과정의 변천. 실과교육연구, 23(1) pp. 283-296의 내용을 옮기고 재구성함.

과학기술의 급속한 발달과 지식의 팽창에 적응하기 위해서 실업교육의 개선
이 필요하게 되었기 때문에 이루어진 조치였다. 1969년 부분 개정된 교육과정
의 두드러진 특징은 종전에 중학교 1학년에서 가르쳤던 농·공·상·수산의
종합 과정을 없애고 '기술' 과목을 신설하여 남녀 모두에게 필수로 이수하게
한 점이다. 기술은 남녀별로 내용을 다르게 조직하여 1학년에서 주당 4~5시
간, 2학년과 3학년에서는 각각 3시간씩 이수하도록 하였다. 그리고 2학년과
3학년에서는 기술 이외에 농·공·상·수산·가정 중에서 한 과목을 선택
하여 2학년에서 2~3시간, 3학년에서 2~9시간을 이수하도록 하였다(문교부,
1969, p. 115). 이는 그동안 직업교육으로만 이루어지던 기술교육이 '기술' 과
목을 신설하여 중학교 남녀 모든 학생에게 배우게 함으로써 일반교육으로서
의 기술교육이 첫발을 내딛게 된 역사적 의미를 지닌다.

### (2) 제2기(1973. 8. 교육과정)

이 시기는 1973년 8월 31일 문교부령 제325호로 중학교 교육과정이 개정
된 때로부터 1981년 12월 31일 개정된 교육과정 이전까지를 말한다.

**그림 7-2** 중학교 기술 1(하), 기술 2(하), 기술 3

실업·가정과에서는 남자에게는 실업, 여자에게는 가정을 이수하도록 하였다. 이것은 남자는 사회에서, 여자는 가정에서 일을 한다는 전통이 자리 잡은 교육과정이었다고 볼 수 있다. 이와 함께 실업·가정 교과는 교양적 성격의 기술과와, 기초적인 전문교육으로서의 농업, 공업, 상업, 수산업 과목으로 분화되었다고도 볼 수 있다. 종전의 교육과정에서는 기술 과목을 남녀 모두에게 필수과목으로 이수하도록 하였던 것을 새 교육과정에서는 여학생이 배웠던 '기술'을 '가정'으로 개칭하여 남자는 '기술'을, 여자는 '가정'을 1·2·3학년에서 각각 3시간씩을 필수로 배우도록 하였다(문교부, 1973, p. 121).

### (3) 제3기(1981. 12. 교육과정)

이 시기는 1981년 12월 31일에 문교부 고시 제442호에 의해 각급학교 교육과정이 전면적으로 개정 공포된 때로부터 1987년 3월 31일에 문교부 고시 제87-7호로 교육과정이 개정되기 이전까지를 말한다.

1981년 12월에 이루어진 교육과정 개정작업은 종전까지 교육과정에 관한 사고의 흐름이 시대에 따라 단일적인 사조나 이론의 지배를 받아 왔다는 데 대한 반성으로 개인적, 사회적 그리고 학문적인 적합성을 균형 있게 충족하려는 방향으로 추진되었다. 개정된 교육과정은 학교교육의 목적을 달성하는 데 알맞은 교육내용을 정선하여 초기에는 통합적인 교육경험이 이루어지도록 하고 점차 이를 확대 심화할 수 있도록 조직하며, 특히 건전한 심신의 육성, 지력과 기술의 배양, 도덕적인 인격의 형성, 민족 공동체 의식의 고양에 역점을 두어 구성하였다(문교부, 1986, p. 103).

이 교육과정에서는 여학생의 '가정' 과목은 그대로 두었으나 남학생의 경우에는 중·고등학교 기술과 교육의 연계성을 고려하여 중학교 '기술'을

'생활 기술'로 개칭하였다. 이는 중학교에서는 일상생활과 가정생활에 관한 기초적인 지식과 기술을 습득하여 생활인으로서의 기본적인 자질을 기르는 데 역점을 둔 것으로 풀이된다(문교부, 1986, p. 76).

중학교에서는 남자는 '생활 기술'을 여자는 '가정'을 필수과목으로 1, 2학년에서만 각각 주당 3시간, 4~6시간씩을 배우도록 했으며, 3학년에서는 농 · 공 · 상 · 수산 · 가사 중에서 1~2 과목을 선택하여 주당 5~7시간을 배우도록 하였다(문교부, 1986, p. 4).

### (4) 제4기(1987. 3. 교육과정)

이 시기는 1987년 3월 31일 문교부 고시 제87-7호로 중학교 교육과정이 개정된 이후를 말한다. 새로 개정된 교육과정은 1989년 3월 1일 신입생부터 연차적으로 적용하도록 하였다.

이 교육과정은 건전한 정신과 튼튼한 몸을 지닌 건강한 사람, 자신과 공동체의 일을 스스로 결정하여 실천하는 자주적인 사람, 지식과 기술을 익혀 문제를 슬기롭고 합리적으로 해결하는 창조적인 사람, 인간을 존중하고 자연을 아끼며 올바르게 판단하고 행동하는 도덕적인 사람을 기르는 데 역점을 두어 구성하였다(문교부, 1987, pp. 1-2).

이 교육과정의 실업 · 가정 교과에서는 '기술 · 가정' 과목을 신설하였다. 이는 현대 산업사회에서 여성 취업 인구가 늘어나고 가정생활이 현대화됨에 따라 가정 내에서 전통적인 남녀의 역할이 변화하여 남자에게도 가정과의 내용을, 여자에게도 기술과의 내용을 가르쳐야 한다는 요청에 따른 것이다.

한편, 종전의 '생활 기술' 과목이 다시 '기술'로 이름을 바꾸어, 중학교 1 · 2학년에서는 남자 및 여자 학교, 남녀 공학에 관계없이 '기술' '가정' '기술 · 가

**그림 7-3** 중학교 기술 1, 기술 2

정'의 세 과목 중에서 한 과목을 선택하여 1학년에서 주당 3시간, 2학년에서 4~6시간을 가르치도록 하였다. 3학년에서는 농·공·상·수산·가사 중에서 하나를 선택하여 4~6시간을 배우도록 하였다(문교부, 1987, p. 5).

### (5) 제5기(1992. 6. 교육과정)

이 시기의 교육과정은 1992년 개정되어 1995년 3월 1일 신입생부터 시행하였다. 기존의 기술과 농업, 공업, 상업, 수산업 등을 '기술·산업'이라는 하나의 과목으로 통합하여 남녀 학생에게 공통으로 이수하도록 하였다.

기술·산업과는 종래의 기술과 농업, 공업, 상업, 수산업을 통합한 것으로, 중학교의 남녀 학생 모두에게 이수시키는 교과이다. 기술·산업과는 제조, 건설, 통신, 수송에 관한 기술과 농업, 공업, 상업, 수산업 및 진로로 구성되어 있다(교육부, 1992, p. 90).

그림 7-4    중학교 기술 · 산업 1, 기술 · 산업 2, 기술 · 산업 3

(6) 제6기(1997. 12. 교육과정)

이 시기의 중학교 기술교육은 종전의 '기술 · 산업' 과목과 '가정' 과목을 '기술 · 가정' 과목으로 통합하여 남녀 모두에게 이수하도록 하였다.

실과(기술 · 가정)는 5~6학년의 실과, 7~10학년의 기술 · 가정을 포함한 국민공통기본 교과로서, 6년간 연계를 가지고 남녀 모든 학생이 이수하

그림 7-5    중학교 기술 · 가정 1

도록 하고 있다. 7~10학년에서는 기술·산업과 가정생활에 관한 다양한 경험과 진로 탐색의 기회를 주고, 11~12학년에서는 심화 선택과목을 선택하는 데 도움을 주는 교과이다(교육부, 1997, p. 124).

이 시기의 97 개정 교육과정에서는 종래의 '기술·산업' 과목과 '가정' 과목을 '기술·가정' 과목으로 통합하여 학생들이 이수하는 기술교육의 시간이 반으로 줄게 되었고, 기술·가정과의 기술 영역의 교육과정 내용도 보통교육의 내용이 공업교육의 내용으로 후퇴하는 등 기술교육의 입장에서는 양과 질에서 최악의 교육과정으로 손꼽히고 있다.

### (7) 제7기(2007. 2. 교육과정)

7~10학년 기술 분야는 학습자가 실천적이고 생산적인 학습 경험을 통하여 인간 본래의 조작적 욕구를 충족시키며 기술적 소양인으로서 갖추어야 할 기술에 대한 지식, 창의적인 사고 능력과 문제해결 능력을 길러 준다. 이를 통하여 기술의 개념과 원리, 기술의 특성과 중요성, 산업기술의 발전과 변화 등을 이해하게 하고 실생활에서의 문제를 해결하도록 하며 산

그림 7-6   중학교 기술·가정 1, 2(교문사)

업기술에 대한 지식을 활용하는 능력을 함양시킨다. 또 산업기술에 대한 올바른 태도와 기술이 개인과 사회에 미치는 영향을 평가할 수 있는 능력을 길러 준다(교육인적자원부, 2007, p. 1).

## (8) 제8기(2011. 8. 교육과정)

'기술의 세계' 영역은 기술적 소양인을 기르는 데 의미 있는 학습 경험을 제공해 주는 것과 동시에 국가의 미래 인재로서 필요한 핵심 역량 중 창의력, 문제해결 능력, 정보처리 능력, 자기관리 능력 등을 기르는 데 크게 기여할 수 있을 것이다. '기술의 세계' 영역의 학습 주제는 과학, 기술, 공학, 예술, 수학 교과들과의 융합적 교육·학습 활동을 수월하게 적용할 수 있으며, 미래 에너지 문제를 해결하기 위한 구체적인 학습 활동을 통해 에너지 절약 실천을 통해 미래 지속 가능한 성장이 가능하도록 할 수 있다. 그리고 발명과 특허 교육을 통한 기술 혁신과 창의적 학습 활동은 지식재산권의 창출, 활용 및 보호에 대한 기초적인 개념을 이해하게 될 것이다.

'기술의 세계' 영역 학습의 기본적인 지향은 창의성, 문제해결, 협동심, 통합교육의 실천 등에 기초한다. 즉, 학습한 지식과 경험을 일상생활에 실천적으로 적용할 수 있는 기회를 제공하여, 기술의 가치를 인식하고 자신의 적성을 고려한 진로 탐색 등 기술적 소양을 기를 수 있도록 한다(교육과학기술부, 2011, p. 4).

## (9) 제9기(2015. 9. 교육과정)

'기술의 세계' 분야는 인간의 조작적 욕구에 부합하는 활동으로 자연으로부터 얻은 자원을 활용하여 생존과 적응에 필요한 산출물을 만드는 창의적 능력을 높이는 역할을 수행하고 있다. '기술의 세계' 분야의 교육은 다양한 실천적 경험을 통하여 기술적 지식, 태도, 기능을 함양하여, 문제해결 능력, 비판적 사고력, 의사결정 능력, 창의력 등을 길러 미래 사회를 살아갈 다양한 역량을 갖춘 인간을 기르는 데 목적이 있다. 따라서 '기술의 세계' 분야의 교육은 급변하는 과학기술의 발달에 따라 인류가 이룩한 기술 시스템을 이해하고 더 나은 기술 시스템을 설계하며, 능동적으로 대처할 수 있는 기술활용 능력을 길러 미래 사회에 대처할 수 있도록 해야 한다(교육부, 2015, p. 3).

## 2) 중학교 기술교과 교육과정의 변천 추이

### (1) 교과목 및 이수시간

1969년에는 '기술'이 필수과목으로 신설되었고 제2기부터는 '기술'과 '가정', 제3기에는 '생활 기술'과 '가정', 제4기에는 '기술' '가정' '기술·가정' 중에서 한 과목을 선택하여 이수하도록 하였다. 제6기에 이르러서 중학교 기술교육은 종전의 '기술·산업' 과목과 '가정' 과목을 '기술·가정' 과목으로 통합하여 남녀 모두에게 이수토록 하였다.

① '기술' 과목은 제1기에 문교부령 제251호에 의해 신설되어 남녀 모두에게 필수과목으로 가르치도록 하였다(문교부, 1969, p. 115).

② 제2기에는 남학생의 '기술'은 그대로 이수하도록 하였으나 여학생은 '기술' 중에서 여학생에게 필요한 내용을 골라 가정과의 내용에 통합하여 '가정' 과목을 만들어 이수하도록 하였다(문교부, 1973, pp. 121-126).

③ 제3기에는 '기술' 과목명을 '생활 기술'로 바꾸었다(문교부, 1981, p. 76).

④ 제4기에는 '생활 기술'을 다시 '기술'로 바꾸고 '기술·가정'이라는 과목을 신설하여 남녀에 관계없이 선택할 수 있도록 한 점이 특기할 만한 점이다(문교부, 1987, p. 102).

⑤ 제5기에는 종래의 기술과 농업, 공업, 상업, 수산업을 통합하여 '기술·산업'으로 과목명을 변경하고 중학교의 남녀 학생 모두에게 이수하도록

하였다(교육부, 1992, p. 90).

⑥ 제6기에는 '기술·가정'을 5~6학년의 실과, 7~10학년의 기술·가정을 포함한 국민공통기본교과로서, 6년간 연계를 가지고 남녀 모든 학생이 이수하도록 하고 있다(교육부, 1997, p. 26).

⑦ 제7기는 앞선 제6기와 별 다른 점이 발견되지 않았다.

⑧ 제8기~제9기는 종전 10학년까지 국민공통기본교과로 편성하였던 것을 1년 단축시켜, 중학교 3학년까지 공통교육과정에 편성시키고 고등학교 '기술·가정'은 고등학교 1~3학년 군의 일반 선택과목으로 편성하였다.

이상에서 살펴본 중학교 기술교과목과 이수시간의 각 시기별 변천 추이를 요약 정리하면 〈표 7-1〉, 〈표 7-2〉와 같다.

**표 7-1**  중학교 기술교육 교육과정의 시대별 변천(전기-독립과목기)

| 시기 | 근거 | 적용 시기 | 과목명 | 주당 이수시간 | | | 비고 |
|---|---|---|---|---|---|---|---|
| | | | | 1학년 | 2학년 | 3학년 | |
| 제1기<br>(1969. 9.<br>교육과정) | 1969. 9. 4.<br>(문교부령 제251호) | 1970. 3. 1. ~<br>1974. 2. 28. | 기술(남자)<br>기술(여자) | 4~5 | 3 | 3 | 필수과목 |
| 제2기<br>(1973. 8.<br>교육과정) | 1973. 8. 31.<br>(문교부령 제325호) | 1974. 3. 1. ~<br>1984. 2. 28. | 기술(남자)<br>가정(여자) | 3 | 3 | 3 | 필수과목 |
| 제3기<br>(1981. 12.<br>교육과정) | 1981. 12. 31.<br>(문교부 고시<br>제442호) | 1983. 3. 1. ~<br>1987. 6. | 생활 기술<br>(남자)<br>가정(여자) | 3 | 3 | | 필수과목 |
| 제4기<br>(1987. 3.<br>교육과정) | 1987. 3. 31.<br>(문교부 고시<br>제87-7호) | 1987. 7. ~<br>1995. 2. 28. | 기술, 가정,<br>기술·가정 | 3 | 4~6 | | 남녀 관계<br>없이 택1 |

| 표 7-2 | 중학교 기술교육 교육과정의 시대별 변천(후기-통합과목기) |

| 시기 | 근거 | 적용 시기 | 과목명 | 주당 이수시간 | | | 비고 |
|------|------|-----------|--------|--------|--------|--------|------|
| | | | | 1학년 | 2학년 | 3학년 | |
| 제5기<br>(1992. 6.<br>교육과정) | 1992. 6. 30.<br>(교육부 고시<br>제1992-11호) | 1995. 3. 1. ~<br>2003. 2. 28. | 기술 · 산업 | 1 | 2 | 2 | 국민공통<br>기본교과 |
| | | | 가정 | 2 | 1 | 1 | |
| 제6기<br>1997. 12.<br>교육과정) | 1997. 12. 30.<br>(교육부 고시<br>제1997-15호) | 2003. 3. 1. ~<br>2010. 2. 28. | 기술 · 가정 | 2 | 2 | 3 | 국민공통<br>기본교과 |
| 제7기<br>(2007. 2.<br>교육과정) | 2007. 2. 28.<br>(교육인적자원부 고시<br>제2007-79호) | 2009. 3. 1. ~<br>2013. 2. 28. | 기술 · 가정 | 2 | 3 | 3 | 국민공통<br>기본교과 |
| 제8기<br>(2011. 8.<br>교육과정) | 2011. 8. 9.<br>(교육과학기술부 고시<br>제2011-361호) | 2013. 3. 1. ~<br>2018. 2. 28. | 기술 · 가정 | 과학/기술 · 가정<br>교과군 19<br>(일반적으로 기술 ·<br>가정은 7~8시간 운영) | | | 국민공통<br>기본교과 |
| 제9기<br>(2015. 9.<br>교육과정) | 2015. 9. 23.<br>(교육부 고시<br>제2015-74호) | 2018. 3. 1. ~<br>? | 기술 · 가정 | 과학/기술 · 가정/<br>정보교과군 20<br>(일반적으로 기술 ·<br>가정은 7~8시간 운영) | | | 국민공통<br>기본교과 |

## (2) 교육목표

① 제1기는 산업사회와 가정생활에 필요한 기초적 지식과 기술을 습득시키고, 실생활에 적응하여 합리적인 생활을 영위할 수 있게 하며, 장차 적성에 알맞은 직업을 통하여 근면한 국민으로서 국가 발전에 기여하는 능력과 태도를 기른다(문교부, 1969, p. 120).

② 제2기와 제3기 교육과정에서의 교과목표는 제1기와 별 다른 점이 발견되지 않았다.

③ 제4기에 개정된 교육과정의 실업 · 가정 교과목표에서는 산업과 기술

및 가정생활에 관한 기초적인 지식을 습득시켜, 고도의 기술·정보사
회에 적응할 수 있는 능력과 태도를 갖게 하는 것(문교부, 중학교 교육과
정, 1987)을 강조하였다(문교부, 1987, p. 102).

④ 제5기에 개정된 교육과정부터는 기술과 산업에 관한 기초적인 지식과
기능을 습득하고, 기술과 산업에 관련된 일과 직업의 세계를 이해하게
하여, 고도 산업사회에 적응할 수 있는 능력과 태도를 기르게 하는 것
(교육부, 중학교 교육과정, 1992, p. 90)을 강조하였다.

⑤ 제6기에 개정된 기술·가정과의 목표로는 개인과 가정, 산업생활의 이
해와 적응에 필요한 지식과 기능을 습득하여 가정생활을 충실하게 하
고, 정보화, 세계화 등 미래 사회의 변화에 대처할 수 있는 능력과 태도
를 가지는 것(교육부, 중학교 교육과정, 1997, p. 27)에 중점을 두었다.

⑥ 제7기(2007 개정 시기)의 기술·가정과의 교육과정은 나의 삶, 가정생활,
산업기술의 세계에 대한 지식, 능력, 가치 판단력을 함양하여 건강한 개
인 및 가정생활을 영위하고 산업기술에 대한 기본 소양을 습득하여 현
재와 미래 가정생활과 사회를 주도할 수 있는 능력과 태도를 기르는 것
(교육인적자원부, 초·중등 학교 교육과정, 2007, p. 112)을 강조하였다.

⑦ 제8기(2009 개정 시기)의 기술·가정과의 교육과정은 '가정생활'과 '기술
의 세계'에 대한 지식, 능력, 가치 판단력을 함양하여 건강한 개인 및 가
정생활을 영위하고, 기술에 대한 기본 소양을 습득하여, 현재와 미래 생
활을 주도할 수 있는 역량과 태도를 기르는 것[교육과학기술부, 실과(기
술·가정) 교육과정, 2011, p. 6]을 강조하였다.

⑧ 제9기(2015 개정 시기)의 기술·가정과의 교육과정에서는 가정생활에 대
한 지식, 능력, 가치 판단력을 함양하여 실천적 문제해결을 통해 자립적
인 삶을 영위하고, 기술에 대한 실천적 학습 경험을 통해 기술적 지식,
기능, 태도를 함양하여 기술적 능력을 높여, 현재와 미래의 행복하고 건
강한 가정생활과 창조적인 기술의 세계를 주도적으로 영위할 수 있도록

강조[교육부, 실과(기술 · 가정)/정보과 교육과정, 2015, p. 5]하였다.

각 시기별로 교육과정에 제시된 중학교 기술교과의 교육목표를 정리하면
〈표 7-3〉, 〈표 7-4〉와 같다.

**표 7-3**  **중학교 기술교과의 일반 목표**(전기-독립과목기)

| 시기 | 근거 | 적용 시기 | 과목명 | 목표 |
|---|---|---|---|---|
| 제1기<br>(1969. 9.<br>교육과정) | 1969. 9. 4.<br>(문교부령<br>제251호) | 1970. 3. 1.<br>~<br>1974. 2. 28. | 기술<br>(남자) | ① 직업의 의의와 종류를 이해시키고 자기의 적성을 알아 사회 발전을 위하여 봉사하려는 태도를 기른다.<br>② 실생활에 필요한 기초적 기술을 습득시키고 현대 기술에 대한 흥미와 관심을 가지게 하며 발전하는 산업사회에 적응할 수 있는 소양을 기른다.<br>③ 제도, 제작, 조작 등의 학습 경험을 통하여 기계, 기구, 재료 등을 합리적으로 다루는 기능과 창조의 능력을 기른다.<br>④ 생활과 관련된 기술 학습을 통하여 스스로 만드는 즐거움을 알게 하고 협동, 근면, 안전, 책임을 소중히 여기며 기술 향상에 힘쓰는 태도를 기른다(문교부, 1969, p. 120). |
| | | | 기술<br>(여자) | ① 직업의 의의와 종류를 이해시키고 자기의 적성을 알아 사회 발전을 위하여 봉사하려는 태도를 기른다.<br>② 실생활에 필요한 기초적 기술을 습득시키고 현대 기술에 대한 흥미와 관심을 가지게 하며 산업사회에 적응할 수 있는 소양을 기른다.<br>③ 설계 제작, 조작 등의 학습 경험을 통하여 기계, 기구, 재료 등을 합리적으로 다루는 기능과 창조의 능력을 기른다.<br>④ 생활과 관련된 기술 학습을 통하여 스스로 만드는 즐거움을 알게 하고 협동, 근면, 안전, 책임을 소중히 여기며 기술 향상에 힘쓰는 태도를 기른다(문교부, 1969, p. 122). |

| | | | | |
|---|---|---|---|---|
| 제2기<br>(1973. 8.<br>교육과정) | 1973. 8. 31.<br>(분교부령<br>제325호) | 1974. 3. 1.<br>~<br>1984. 2. 28. | 기술<br>(남자) | ① 생활에 필요한 기초적 기술을 습득시켜 근대 기술에 관한 이해를 깊게 하고 사물을 합리적으로 처리하는 능력과 태도를 기른다.<br>② 설계 제도, 제작 등의 학습 경험을 통하여 스스로 만드는 즐거움을 알게 하고 창조하고 생산하는 능력과 태도를 기른다.<br>③ 생활에 필요한 기술과 생활과의 관계를 이해시키고 생활 향상과 기술 발전에 힘쓰는 태도를 기른다(교학도서주식회사, 1973, p. 121). |
| 제3기<br>(1981. 12.<br>교육과정) | 1981. 12. 31.<br>(문교부 고시<br>제442호) | 1984. 3. 1.<br>~<br>1989. 2. 28. | 생활<br>기술 | ① 생활과 기술과의 관계를 이해시키고 기술의 개발이 산업 발전에 크게 기여함을 알게 한다.<br>② 실생활에서 많이 쓰이는 에너지, 재료, 공구, 기계 등을 활용할 수 있는 기초 능력을 기른다.<br>③ 재배와 제작 등에 관한 여러 가지 학습 활동을 통하여 근로의 소중함을 인식하고 자기의 적성을 개발하여 나가는 태도와 능력을 기른다(문교부, 1981, p. 76). |
| 제4기<br>(1987. 3.<br>교육과정) | 1987. 3. 31.<br>(문교부 고시<br>제87-7호) | 1989. 3. 1.<br>~<br>1995. 2. 28. | 기술 | ① 산업과 기술에 관련된 기초 지식을 이해하게 하여 산업 사회에 적응할 수 있는 능력을 기르게 한다.<br>② 재료, 에너지, 공구, 기계 등에 관한 기술적 경험을 통하여 이들을 효율적으로 활용할 수 있는 능력과 태도를 가지게 한다.<br>③ 일을 창의적으로 재회하고 실천하는 학습 활동을 통하여 일의 세계를 이해시키고 자기의 진로를 탐색하는 능력과 태도를 가지게 한다(문교부, 1987, p. 102). |
| | | | 기술·<br>가정 | ① 재료, 에너지, 공구, 기계 등에 관한 기술적 경험을 통하여 이들을 일상생활에 효율적으로 활용할 수 있는 능력과 태도를 기르게 한다.<br>② 일을 스스로 계획하고 실천하는 학습 활동을 통하여 진로를 탐색하게 하고 근로와 직업을 존중하는 태도를 가지게 한다(문교부, 1987, p. 109). |

**표 7-4** 중학교 기술교과의 일반 목표(후기-통합과목기)

| 시기 | 근거 | 적용 시기 | 과목명 | 목표 |
|---|---|---|---|---|
| 제5기<br>(1992. 6.<br>교육과정) | 1992. 6. 30.<br>(교육부 고시<br>제1992-11호) | 1995. 3. 1.<br>~<br>2003. 2. 28. | 기술 ·<br>산업 | 기술과 산업에 관한 기초적인 지식과 기능을 습득하고 기술과 산업에 관련된 일과 직업의 세계를 이해하게 하여 고도 산업사회에 적응할 수 있는 능력과 태도를 기르게 한다.<br>① 기술과 산업에 관한 기초적인 지식과 기능을 습득하게 하여 가정생활과 사회생활에 적응할 수 있는 능력을 기르게 한다.<br>② 재료, 에너지, 공구, 기계 등에 관한 지식과 기술적 경험을 통하여 이들을 효율적으로 활용할 수 있는 실천적 태도를 가지게 한다.<br>③ 일을 창의적으로 계획하고 실천하는 학습 활동을 통하여 기술 · 산업의 세계를 이해하게 하고 자신에 대한 진로를 탐색하는 능력과 태도를 기르게 한다(교육부, 1992, p. 90). |
| 제6기<br>(1997. 12.<br>교육과정) | 1997. 12. 30.<br>(교육부 고시<br>제1997-15호) | 2003. 3. 1.<br>~<br>2010. 2. 28. | 기술 ·<br>가정 | 개인과 가정, 산업생활의 이해와 적응에 필요한 지식과 기능을 습득하여 가정생활을 충실하게 하고 정보화, 세계화 등 미래 사회의 변화에 대처할 수 있는 능력과 태도를 가진다.<br>① 일상생활과 관련되는 일을 경험하여 생활에 필요한 기초적 능력을 습득한다.<br>② 기술과 가정생활에 관련되는 다양한 실천적 경험을 통하여 자신의 적성을 계발하고 진로를 탐색하며 일과 직업에 대한 건전한 태도를 가진다.<br>③ 일을 창의적으로 계획하고 실천하여 자신의 미래 생활을 합리적으로 설계할 수 있으며 그에 필요한 준비를 할 수 있다(교육부, 1997, p. 124). |
| 제6기<br>(1997. 12.<br>교육과정) | 1997. 12. 30.<br>(교육부 고시<br>제1997-15호) | 2003. 3. 1.<br>~<br>2010. 2. 28. | 기술 ·<br>가정 | 개인과 가정, 산업생활의 이해와 적응에 필요한 지식과 기능을 습득하여 가정생활을 충실하게 하고 정보화, 세계화 등 미래 사회의 변화에 대처할 수 있는 능력과 태도를 가진다.<br>① 일상생활과 관련되는 일을 경험하여 생활에 필요한 기초적 능력을 습득한다. |

| | | | | |
|---|---|---|---|---|
| | | | | ② 기술과 가정생활에 관련되는 다양한 실천적 경험을 통하여 자신의 적성을 계발하고 진로를 탐색하며 일과 직업에 대한 건전한 태도를 가진다.<br>③ 일을 창의적으로 계획하고 실천하여 자신의 미래생활을 합리적으로 설계할 수 있으며 그에 필요한 준비를 할 수 있다(교육부, 1997, p. 124). |
| 제7기<br>(2007. 2.<br>교육과정) | 2007. 2. 28.<br>(교육인적<br>자원부 고시<br>제2007-79호) | 2010. 3. 1.<br>~<br>2013. 2. 28. | 기술·<br>가정 | 나의 삶, 가정생활, 산업기술의 세계에 대한 지식, 능력, 가치 판단력을 함양하여 건강한 개인 및 가정생활을 영위하고 산업기술에 대한 기본 소양을 습득하여 현재와 미래 가정생활과 사회를 주도할 수 있는 능력과 태도를 기른다.<br>① 나와 가족을 이해하고 실천을 통해 가정생활에 필요한 기본 자질을 함양하여 가정생활에서 직면하는 생활의 문제를 해결하고 바람직한 가정생활 문화를 창조할 수 있는 소양을 기른다.<br>② 산업기술에 대한 개념과 특성을 이해하고 일상생활과 관련되는 문제를 창의적으로 해결함으로써 산업기술에 대한 바람직한 자세와 미래 사회에 적응하는 능력과 태도를 기른다.<br>③ 일과 직업에 대한 건전한 가치관을 형성하여 진로를 탐색하고 가정생활과 일을 조화롭게 영위할 수 있는 능력을 기른다(교육인적자원부, 2007, p. 112). |
| 제8기<br>(2011. 8.<br>교육과정) | 2011. 8. 9.<br>(교육과학<br>기술부 고시<br>제2011-361호) | 2013. 3. 1.<br>~<br>2018. 2. 28. | 기술·<br>가정 | '가정생활'과 '기술의 세계'에 대한 지식, 능력, 가치 판단력을 함양하여 건강한 개인 및 가정생활을 영위하고, 기술에 대한 기본 소양을 습득하여 현재와 미래 생활을 주도할 수 있는 역량과 태도를 기른다.<br>① 나와 가족을 이해하고 가정생활에 필요한 기초 생활 능력을 함양하여 가정생활에서 직면하는 문제를 해결하고 건강한 개인 및 가족 구성원으로서 자신의 삶을 주도해 나갈 수 있는 역량과 태도를 기른다.<br>② 생활 속에서 기술과 관련되는 문제를 탐구하여 창의적으로 해결함으로써 일상생활에서 기술을 유용하게 활용할 수 있는 능력을 기르며 또한 미래의 직업과 일의 세계에 대한 건전한 가치관을 형성하고 진로를 탐색하여 미래 사회에 적응하는 역량과 태도를 기른다(교육과학기술부, 2007, p. 112). |

| 제9기<br>(2015. 9.<br>교육과정) | 2015. 9. 23.<br>(교육부 고시<br>제2015-74호) | 2018. 3. 1.<br>~? | 기술 ·<br>가정 | 기술 · 가정에서는 가정생활에 대한 지식, 능력, 가치 판단력을 함양하여 실천적 문제해결을 통해 자립적인 삶을 영위하고 기술에 대한 실천적 학습 경험을 통해 기술적 지식, 기능, 태도를 함양하여 기술적 능력을 높여 현재와 미래의 행복하고 건강한 가정생활과 창조적인 기술의 세계를 주도적으로 영위할 수 있도록 한다.<br>① 자신의 발달과 가족 관계에 대한 이해를 바탕으로 긍정적 자아정체감을 형성하고 배려와 돌봄을 실천함으로써 행복한 삶을 위한 관계형성 능력과 실천적 문제해결 능력을 기른다.<br>② 가정생활과 관련된 실천적 문제를 이해하고 노작 활동과 체험, 비판적 사고와 반성적 행동을 통해 개인과 가족의 안전하고 건강한 삶을 위한 실천적 문제해결 능력과 생활자립 능력을 기른다.<br>③ 공동체와 환경을 고려한 생활 자원의 관리와 미래를 준비하는 생애 설계를 통해 자신의 균형 있고 조화로운 삶을 위한 관계형성 능력과 생활자립 능력을 기른다. |
| | | | | ④ 기술에 대한 이해를 기초로 기술적 문제를 창의적으로 해결하고 일상생활에 적용할 수 있는 기술적 문제해결 능력과 기술활용 능력을 기른다.<br>⑤ 기술의 발달과 사회의 변화에 적극적으로 대처하고 적응할 수 있는 기술활용 능력과 기술 시스템 설계 능력을 기른다.<br>⑥ 다양한 자원을 활용하여 기술적 문제를 이해하고 해결 방안을 탐색하고 개발할 수 있는 기술 시스템 설계 능력과 기술적 문제해결 능력을 기른다(교육부, 2015, p. 220). |

### (3) 주요 내용

① 제1기 중학교 기술교육의 주요 내용은 다음과 같다.

모든 실생활 분야에 걸친 기초적인 지식과 능력을 기르고, 장래의 생활과 직업 선택에 대한 기초적 이해를 갖게 하는 것을 목적으로 삼았다. 주요 교육내용에는 재배, 사육, 설계 제도, 공작, 기계 다루기, 문서 관리, 경영 관리, 계산, 어로 증식, 생활 등이 있다. 재배 부분에서는 채소, 과수, 곡식 농사, 조림 등의 재배 계획과 재배할 수 있는 환경 등에 대한 내용을 교육한다. 사육 부분에서는 닭, 토끼, 돼지, 염소 등의 사육 계획과 환경 등의 내용을 다룬다. 설계 제도 부분에서는 제도 용구의 사용법, 선과 문자 및 치수 기입, 전개도와 투상도 및 공작도, 간단한 건물 설계, 광고 도안 등의 내용을 교육한다. 공작은 금속 재료와 금속 공구 그리고 접합에 대해 다루며 간단한 목공 작업 및 금속 작업의 실습을 실시한다. 기계 다루기 부분에서는 다루기와 부리기, 뜯기와 손질하기에 대해 살펴보고 간단한 실습을 겸한다. 문서 관리에서는 서류 작성, 문서 정리 등을 교육한다. 경영 관리에서는 기장, 경영, 금융과 예금의 내용을 주로 다룬다. 계산에서는 주산을 이용한 사칙연산과 속셈, 계산기를 사용하여 계산하는 방법에 대해 교육한다. 어로 증식에서는 간단한 어구의 사용법과 고기잡기, 바닷말 기르기 등에 대해 주로 다룬다(문교부, 1969, pp. 284-288).

② 제2기 중학교 기술교육의 주요 내용은 다음과 같다.

산업의 종류와 기술의 발달 등을 중심으로 한 산업과 직업을 교육내용 요소로 삼았다. 설계 제도 부분에서는 제도 방법, 제도 용구의 사용법, 투상법, 전개도 등에 대해 다룬다. 목공에서는 목재, 접합제, 칠감, 목공구의 사용법, 목공 기계의 사용법, 목공작 등에 대해 교육하고 간단한 목공 실습을 실시한다. 재배에서는 작물의 재배 기구와 시설, 관리, 특수 재배, 작물의 수확과 처리에 대한 내용을 주요 교육내용으로 삼는다. 금속 가공 부분에서는 금속 재료, 집합 재료, 금속 공구의 사용법과 공작법 등에 대해 교육하고 판금 실습을 간단하게 실시한다. 기계 부분에서는 기계 재료, 기계 요소 등을 교육하고 고장의 손질과 정비 실습을 겸한다. 기계 부분에서는 기계의 요소와 기구, 내연 기관, 기계 손질 및 시동과 운전에 대한 내용을 다루고 정비 실습을 실시한다. 전기에서는 전기 배선도와 배선 기구, 전기 공작 및 기계 다루기와 수리 등의 실습을 함께한다. 전자에서는 라디오에 대한 내용을 주로 다루는데, 라디오 방송과 수신 및 꾸미기 실습 등을 실시한다(문교부, 1973, pp. 122-125).

③ 제3기 중학교 기술교육의 주요 내용은 다음과 같다.

생활과 기술 부분에서는 기술의 발달과 에너지와 동력, 기술 개발과 산업 발전을 교육한다. 생산과 소비에서는 생산 공정, 구입과 소비, 장부 기록 등을 주요 교육내용으로 삼는다. 재배는 재배와 생활, 생육과 환경, 파종, 육묘, 이식, 재배 관리 등에 대한 내용을 다룬다. 해양과 수산기술에는 해양과 수산 자원, 수산업, 해운업 등을 교육한다. 제도와 기초에서는 도면과 생활, 선과 기호, 입체의 표현 방법, 도면 읽기와 그리기에 대해 다룬다. 목재의 이용에서는 목재와 생활, 목재의 종류와 이용, 목제품의 구상 등을 교육하고 목제품 만들기를 간단하게 실시한다. 플라스틱의 이용에서는 플라스틱과 생활, 플라스틱의 특징 그리고 제품의 구상과 제품 만들기 등의 실습을 한다. 금속 재료의 이용에서는 금속 재료의 종류와 이용 등에 대해 교육하고 금속 제품의 구상과 만들기 등을 간단하게 실시한다. 기계의 이용에서는 간단한 기계 요소와 내연 기관에 대한 내용을 주로 다룬다. 전기의 이용에서는 전기의 특징, 전기 배선용 재료, 신호 회로의 배선 등을 교육

하고 간단한 전자 장치 만들기 실습을 실시한다. 가정용 기기의 이용과 안
전에서는 가정에서 주로 쓰이는 전열기, 세탁기, 냉장고, 가스레인지, 가정
용 배관 등을 주요 교육내용으로 삼는다(문교부, 1981, pp. 76-79).

④ 제4기 중학교 기술교육의 주요 내용은 다음과 같다.

기술과 산업에서는 기술의 발달 과정과 작물과 재배, 해양·수산에 관한
기초 지식을 이해시켜, 기술 개발이 산업 발전에 기여함을 알게 한다. 재배
에서는 주요 작물의 재배 방법과 관리에 대해서 다룬다. 제도의 기초 부분
에서는 도면의 종류와 기능을 이해시키고, 선, 문자, 기호의 사용법 및 물체
를 나타내는 방법 등을 알게 하여 간단한 제품을 도면으로 나타낼 수 있게
한다. 목재의 이용 부분에서는 목재의 특징과 목재를 다루는 방법 등을 다
루고 간단한 실습을 실시한다. 컴퓨터의 이용 부분에서는 현대 생활과 컴
퓨터의 역할, 활용 분야 및 컴퓨터의 주요 구조와 원리를 알게 하여 간단한
프로그램을 이용할 수 있게 한다. 플라스틱의 이용 부분에서는 플라스틱의
특징에 대해 교육하고 플라스틱 제품의 구상과 만들기의 실습을 간단히 실
시한다. 금속 재료의 이용에서는 금속 재료의 종류와 이용에 대해 다루고
금속 제품의 구상과 만들기 실습을 겸한다. 기계의 이용에서는 간단한 기
계 요소와 내연 기관을 교육한다. 전기의 이용에서는 전기의 특징과 전기
배선용 재료, 신호 회로의 배선 등을 교육하고 간단한 전자 장치 만들기 실
습을 실시한다. 진로의 탐색 부분에서는 진로에 대한 학생들의 흥미를 높
여 주고 자신에게 맞는 진로를 선택하는 과정에 대한 교육을 실시한다(문
교부, 1987, pp. 109-112).

⑤ 제5기 중학교 기술교육의 주요 내용은 다음과 같다.

인간과 기술 부분에서는 기술이 발달에 따라 인간 생활이 변화함을 이해 시키고 생물기술과 자원의 이용 및 기술이 환경에 미치는 영향을 알 수 있 게 한다. 제도의 기초에서는 도면의 종류와 기능을 이해시키고 선, 문자, 기호의 사용법 및 물체를 나타내는 방법 등을 알게 하여 간단한 제품을 도 면으로 나타낼 수 있게 한다. 컴퓨터의 이용에서는 컴퓨터의 주요 구조 및 원리를 이해시키고 기초적인 사용 방법을 알게 하여 컴퓨터를 이용할 수 있게 한다. 기계의 이용에서는 자전거, 에너지, 내연 기관의 구조와 작동 원리, 간단한 기계 요소와 운동 전달 기구의 기능 등을 이해하고 간단한 운 동 물체를 만들어 보게 하여 기계를 바르게 이용하고 관리할 수 있는 기초 지식과 기능을 습득하게 한다. 전기의 이용에서는 회로 시험기, 배선용 재 료, 전기ㆍ전자 기기 등의 사용 방법을 알고 간단한 전자 제품을 만들어 보 게 하여 전기ㆍ전자 기기를 바르게 선택하고 안전하게 사용할 수 있게 한 다. 주택 건축의 기초에서는 주택의 구상과 도면 등에 대한 지식을 습득하 고 간단한 모형 주택을 만들어 보게 하여 주택을 건축하는 데 필요한 기초 능력을 기르게 한다. 산업과 생활에서는 현대 생활과 산업과의 관계, 산업 의 발달 및 미래 산업과 직업과의 관계 등을 알게 하여 이를 토대로 진로를 탐색할 수 있게 한다. 직업과 진로에서는 현대 산업사회에서의 인생과 직 업과의 관계를 이해하고 적성과 흥미 등 자신에 대한 올바른 이해와 일과 직업의 세계에 대한 폭넓은 이해를 통하여 자신의 진로를 합리적으로 계획 할 수 있게 한다. 농업기술에서는 농업이 식량을 생산하는 중요한 산업임 을 이해하게 하고 농업 생산에 관한 기초 지식과 기술을 습득하게 하여 농 업에 관련된 직업의 세계를 알게 한다. 공업기술에서는 제조 및 건설공업 의 기본적인 특징, 재료, 공정 등에 관한 지식과 기술을 습득하게 하여 공 업을 종합적으로 이해하고 이에 관련된 직업의 세계를 알게 한다(문교부, 1992, pp. 90-94).

⑥ 제6기 중학교 기술교육의 주요 내용은 다음과 같다.

미래의 기술 부분에서는 기술의 발달 과정과 앞으로의 전망을 이해하고 생명기술과 재배에 관한 기초 지식과 기술을 습득하여 생활에 활용할 수 있게 한다. 제도의 기초 부분에서는 제도 통칙에 따라 선, 문자, 기호 등을 사용하여 물체의 모양을 도면에 나타낼 수 있게 하고 간단한 도면을 읽고 그릴 수 있게 한다. 컴퓨터와 정보 처리는 컴퓨터의 구조와 원리를 이해하게 하고 컴퓨터로 자료를 처리하여 정보를 생산, 저장하여 필요한 곳에 분배하는 방법을 알고 이를 일상생활에서 활용할 수 있게 한다. 기계의 이해에서는 자전거를 구성하는 기계 요소의 종류와 동작원리를 이해할 수 있게 하고 간단한 기계 요소를 이용하여 운동 물체를 만드는 실습을 실시한다. 재료의 이용에서는 금속, 목재, 플라스틱 재료의 특성을 이해하여 제품을 구상하는 실습을 겸하고 금속, 목재, 플라스틱 재료에 쓰이는 공구와 기구를 사용하여 간단한 제품 만들기를 실시한다. 전기전자기술에서는 전기의 기본회로와 조명을 교육하고 회로 시험기를 사용하여 가전기기를 점검하는 실습을 하고 전자 부품을 이용하여 생활에 필요한 전자 제품을 만들어 보도록 한다(교육부, 1997, pp. 28-29).

이 시기의 기술교육 실습은 신체적 기능(skill) 익히기나 기계와 장비의 작동원리의 이해를 위한 실습이 전부였다. 예컨대, 제도의 기초 부분에서의 제도 실습, 기계의 이해에서의 움직이는 운동 물체 만들기 실습, 재료의 이용에서의 금속, 목재, 플라스틱을 사용하여 간단한 제품 만들기, 전기전자기술에서의 회로 시험기를 사용한 가전기기의 점검 실습 그리고 전자 부품을 이용한 전자 제품 만들기 등이 그것이다. 이러한 실습은 종래의 공업고등학교와 같은 중등 직업교육기관에서 이루어지던 공업 분야의 기능공 양성에 필요한 기능의 실습에서 벗어나지 못한 것이다. 즉, 종래의 직업교육으로서의 기술교육에서 여전히 벗어나지 못한 구태의연한 기술교육 실습인 것이다.

　1990년대 후반에 이르러 이상봉은 우리나라 기술교육현장이 21세기에 대처하기 위하여 기술교육의 새로운 목적으로 문제해결 능력의 함양을 포함해야 한다고 역설하였다. 아울러 이상봉은 기술교육에서 문제해결의 중요성을 강조하는 것에 그치지 않고 '로봇 팔 만들기' '태양광 모형 자동차 만들기' 그리고 '공선별 장치 만들기' 등 우리나라 중학교 및 고등학교 교육현장에 알맞은 기술적 문제해결 체험 활동 과제를 개발하고 널리 보급하는 데 온 힘을 쏟았다. 이와 같은 그의 노력은 종래의 기술교육에서 책꽂이 만들기, 선반 만들기 제도 실습 등 기능 실습 위주의 수업에서 문제해결 중심의 기술 실습으로 전환되는 결정적 계기를 만들었을 뿐만 아니라, 뒷날 기술·가정과 교육과정에 문제해결이 주요 조직 인자로 자리 잡는 밑받침이 되었다.

　이러한 이상봉의 노력은 기술교육 실습이 종래의 공업고등학교와 같은 중등 직업교육기관에서 이루어지던 공업 분야의 기능공 양성에 필요한 신체적 기능(skill) 위주에서 벗어나 문제해결 능력, 창의성, 비판적 사고 및 의사결정 능력과 같은 21세기에 필수불가결한 고등사고 기능 및 협동적인 태도를 기르는 기술교육 실습으로 전환하는 견인차의 역할을 하였다. 아울러 실습 내용의 전환은 추구하는 직업과 관계없이 모두에게 필요한 기술적 능력을 길러 주는 보통 교육으로서의 기술교육에 필요한 실습의 모습을 갖추게 하였다.

　[그림 7-7]은 이상봉과 그의 제자들이 주관한 대한민국 최초의 기술교사 교육자와 기술교사를 대상으로 실시된 문제해결 워크숍 자료이다.

기술교육분과 설립 기념 Workshop

문제풀기 능력을 기르는
기술교육

Workshop 일정

때: 1999. 1. 22~1. 23
곳: 대전광역시 유성구 계산동 청소년 자연수련원
주최: 대한공업교육학회 기술교육분과
주관: 한빛기술교육연구회

첫째 날 [1/22(금)]

16:00~16:50    주제 강연

21C 정보시대의 새로운 학력: 창의성과 문제해결력

류창열(충남대학교 기술교육과 교수)

17:00~18:00    저녁 시간

18:00~18:30    창의적 문제풀기 능력 및 체험 활동의 Orientation

18:30~21:30    중학생을 위한 창의적인 문제해결의 체험 활동(제조기술 분야)

이상봉, 이상갑, 장수웅, 장재성(한국교원대학교 기술교육과)

둘째 날 [1/23(토)]

08:00~09:00    아침 시간

09:00~12:30    고등학생을 위한 창의적인 문제해결의 체험 활동(통신기술 분야)

이상봉, 이상갑, 장수웅, 장재성(한국교원대학교 기술교육과)

12:30~13:30    점심 시간

13:30~15:00    창의적인 문제해결 능력을 기르는 기술교육을 위한 수업 전략과 방법

그림 7-7   국내 최초의 문제해결 워크숍 자료 표지와 차례

⑦ 제7기 중학교 기술교육의 주요 내용은 다음과 같다.

　기술의 발달과 생활, 전통기술의 이해, 미래의 기술을 다루고 기술과 발명 단원에서 아이디어 구상, 발명 기법과 실제 등을 배우게 된다. 정보통신기술과 생활, 활용과 정보 보호와 공유에 대한 내용은 8학년에 수록되어 있다. 제조기술의 이해, 제품의 구상과 설계, 제품 만들기의 제조기술, 기계운동의 원리, 운동장치 만들기, 건설구조물의 이해와 이용, 모형 만들기를 다룬다. 생명기술과 활용, 직업과 진로 설계, 에너지의 생산과 이용, 수송기술과 모형장치 만들기가 있다(교육인적자원부, 2007, p. 4).

⑧ 제8기 중학교 '기술 · 가정'과 기술의 세계 영역의 주요 내용은 다음과 같다.

　기술의 이해와 문제해결과 발명, 건설기술의 세계와 친환경 건설기술 체험과 문제해결 활동, 정보통신기술의 세계, 정보통신기술 체험과 문제해결 활동, 제조기술의 세계, 자동화와 로봇이 수록되어 있다. 에너지와 동력, 수송기술의 세계, 수송기술 체험과 문제해결 활동, 생명기술의 세계, 미래기술과 통합 체험 활동이 있다(교육과학기술부, 2011, p. 8).

⑨ 제9기 중학교 기술교육의 주요 내용은 다음과 같다.

　기술 시스템과 기술 활용에 대해서 다룬다. 표준화, 적정기술, 지속 가능 발전의 의미를 이해하고 체험 활동을 할 수 있도록 한다. 정보기술 시스템의 각 단계별 세부 요소를 이해하고 정보의 통신 과정을 구체적으로 설명한다. 기술을 창의적으로 해결하는 방법을 모색하고 발달 전망을 예측하는 내용도 추가되었다(교육부, 2015, pp. 5-7).

각 시기별 주요 내용을 요약 정리하면 표 〈표 7–5〉, 〈표 7–6〉과 같다.

**표 7–5**  중학교 기술교과의 주요 내용(전기-독립과목기)

| 시기 | 근거 | 적용 시기 | 과목명 | | 주요 내용 |
|---|---|---|---|---|---|
| 제1기<br>(1969. 9.<br>교육과정) | 1969. 9. 4.<br>(문교부령<br>제251호) | 1970. 3. 1.<br>~<br>1974. 2. 28. | 기술<br>(남자) | 1학년 | 1. 산업과 직업<br>　(1) 산업의 종류<br>　(2) 기술의 발달<br>　(3) 산업의 변화<br>　(4) 직업의 분화<br>　(5) 직업과 적성<br>2. 제도<br>　(1) 제도 용구 사용법<br>　(2) 선과 문자, 기호의 사용법<br>　(3) 전개도<br>　(4) 평면도법<br>　(5) 투상도<br>　(6) 치수 표기<br>　(7) 공작도<br>3. 목공<br>　(1) 목공 재료<br>　(2) 접합재<br>　(3) 칠감<br>　(4) 목공구의 사용법<br>　(5) 목공 기계의 사용법<br>　(6) 공작법<br>　(7) 실습 대상(문교부, 1969, p. 121) |
| | | | | 2학년 | 1. 제도<br>　(1) 제작도<br>　(2) 기계 요소의 약도법<br>2. 금속가공<br>　(1) 금속 재료<br>　(2) 접합재<br>　(3) 금속 공구의 사용법<br>　(4) 측정 및 마름질용 기구<br>　(5) 공작법 |

| | | | | 2학년 | (6) 공작 기계 사용법<br>(7) 실습 대상<br>3. 기계<br>　(1) 기계 재료<br>　(2) 기계 요소<br>　(3) 고장과 손질<br>　(4) 세정 주유<br>　(5) 실습 대상(문교부, 1969, p. 121) |
| | | | | 3학년 | 1. 기계<br>　(1) 원동기<br>　(2) 원동기의 구조<br>　(3) 윤활유<br>　(4) 고장과 손질<br>　(5) 기동 운전 장치<br>　(6) 세정 및 주유<br>　(7) 연료<br>　(8) 실습 대상<br>2. 전기<br>　(1) 전기 배선도<br>　(2) 전기 공작법<br>　(3) 배선의 기구의 점검과 수리<br>　(4) 전자 회로 요소<br>　(5) 전기 계기 다루기<br>　(6) 조명 기구의 제작 점검<br>　(7) 전열 기구의 제작 점검<br>　(8) 전동기의 보수와 관리<br>　(9) 실습 대상<br>3. 제작 실습<br>　(1) 중요 기계 요소를 갖춘 부품 제작<br>　　(문교부, 1969, p. 122) |
| | | | 기술<br>(여자) | 1학년 | 1. 산업과 직업<br>　(1) 산업의 종류<br>　(2) 기술의 발달<br>　(3) 산업의 변화<br>　(4) 직업의 분화<br>　(5) 직업의 적성 |

| | | | | 1학년 | 2. 의생활<br>(1) 옷감과 털실<br>(2) 재봉, 연모의 다루기와 손질<br>(3) 바느질의 기초, 옷 만들기<br>(4) 옷 정리<br>(5) 뜨기와 자수<br>3. 식생활<br>(1) 식품과 영양소<br>(2) 조리용 기구 및 열원<br>(3) 과일 다루기<br>4. 설계 제도<br>(1) 주택계획<br>(2) 제도 용구의 사용법<br>(3) 선과 문자, 기호의 사용법<br>(4) 전개도, 평면도, 공작도<br>(5) 치수 표시<br>(6) 도면과 생활과의 관계<br>5. 가정목공<br>(1) 목공 재료<br>(2) 목공 용구의 사용법<br>(3) 공작법<br>(4) 가구의 선택<br>6. 가정원예<br>(1) 가정생활과 원예<br>(2) 꽃 가꾸기(문교부, 1969, p. 123) |
|---|---|---|---|---|---|
| | | | 기술<br>(여자) | 2학년 | 1. 의생활<br>(1) 옷감과 수예 재료<br>(2) 재봉 연모의 적절한 사용과 수리<br>(3) 옷 만들기<br>(4) 빨래<br>(5) 뜨기와 자수<br>2. 식생활<br>(1) 영양과 식단 작성<br>(2) 각종 조미와 그 성질<br>(3) 조리용 기구와 식기<br>(4) 식품 다루기 |

| 제2기<br>(1973. 8.<br>교육과정) | 1973. 8. 31.<br>(문교부령<br>제325호) | 1974. 3. 1.<br>~<br>1984. 2.<br>28. | 기술<br>(남자) | 2학년 | 3. 가정원예<br>　(1) 채소 가꾸기<br>　(2) 채소의 저장<br>4. 가정 기계<br>　(1) 기계의 정비 용구 및 사용법<br>　(2) 기계 요소<br>　(3) 고장과 손질<br>　(4) 세정 급유(문교부, 1969, p. 123) |
|---|---|---|---|---|---|
| | | | | 3학년 | 1. 의생활<br>　(1) 각종 섬유 제품의 특성과 감별<br>　(2) 옷 만들기<br>　(3) 수공예<br>　(4) 옷과 생활, 옷의 선택<br>2. 식생활<br>　(1) 어린이, 노인, 환자의 영양<br>　(2) 가공, 저장, 식품 재료와 그 성질<br>　(3) 조리용 기구와 기계<br>　(4) 음식 만들기<br>3. 아동 보육<br>　(1) 어린이 돌보기<br>　(2) 어린이의 영양과 건강<br>4. 가정 전기<br>　(1) 옥내 배선<br>　(2) 전열, 기구, 조명기구, 전동기를<br>　　비치한 전기 기기<br>　(3) 가정생활에 필요한 전기 기기의<br>　　선택(문교부, 1969, p. 124) |
| | | | | 1학년 | 1. 산업과 직업<br>　(1) 산업의 종류<br>　(2) 기술의 발달<br>　(3) 직업의 분화<br>　(4) 직업과 적성<br>　(5) 수출 산업과 기술<br>2. 설계 제도<br>　(1) 고안 요소<br>　(2) 표시 방법<br>　(3) 스케치, 모형, 도면 |

| | | | | 1학년 | (4) 제도 용구의 사용법<br>(5) 선과 문자<br>(6) 투상법<br>(7) 평면 도형<br>(8) 전개도<br>(9) 치수 표기<br>(10) 공작도<br>(11) 주택 설계<br>3. 목공<br>　(1) 목재<br>　(2) 접합제<br>　(3) 칠감<br>　(4) 목공구의 사용법<br>　(5) 목공 기계의 사용법<br>　(6) 목공작<br>　(7) 목공 실습<br>4. 재배<br>　(1) 작물<br>　(2) 작물의 재배 기구와 시설<br>　(3) 작물의 재배 관리<br>　(4) 특수 재배<br>　(5) 작물의 수확과 처리<br>　　(문교부, 1973, pp. 122-123) |
| | | | | 2학년 | 1. 기계 제도<br>　(1) 공작도<br>　(2) 단면도<br>　(3) 다듬질면의 표시법<br>　(4) 기계 요소의 약도법<br>　(5) 스케치 복사도<br>2. 금속 가공<br>　(1) 금속 재료<br>　(2) 접합 재료<br>　(3) 금속 공구의 사용법<br>　(4) 측정 및 마름질<br>　(5) 공작법<br>　(6) 공작 기계 사용법 |

| | | | | 2학년 | (7) 판금 실습<br>3. 기계<br>  (1) 기계 재료<br>  (2) 기계 요소<br>  (3) 고장의 손질<br>  (4) 정비 실습<br>    (문교부, 1973, pp. 123-124) |
| | | | | 3학년 | 1. 기계<br>  (1) 기계의 요소와 기구<br>  (2) 내연 기관의 종류<br>  (3) 내연 기관의 구조와 작용<br>  (4) 기계의 손질<br>  (5) 시동, 운전, 장치<br>  (6) 세척 및 주유<br>  (7) 연료<br>  (8) 정비 실습<br>2. 전기<br>  (1) 전기 배선도<br>  (2) 배선 기구<br>  (3) 전기 공작법<br>  (4) 전기 기계 다루기<br>  (5) 전열 기구의 점검 및 수리<br>  (6) 조명 기구의 점검 및 보수<br>  (7) 전동기의 점검 및 보수<br>  (8) 전기 실습<br>3. 전자<br>  (1) 라디오 방송<br>  (2) 라디오 수신<br>  (3) 라디오용 부품<br>  (4) 라디오 꾸미기<br>  (5) 조정과 수리<br>  (6) 라디오 꾸미기 실습, 라디오 수신기<br>    (문교부, 1973, pp. 124-125) |

| 제3기<br>(1981. 12.<br>교육과정) | 1981. 12. 31.<br>(문교부 고시<br>제442호) | 1984. 3. 1.<br>~<br>1989. 2. 28. | 생활<br>기술 | 1학년 | 1. 생활과 기술<br>  (1) 기술의 발달<br>  (2) 에너지와 동력<br>  (3) 생활과 기술<br>  (4) 기술 개발과 산업 발전<br>2. 생산과 소비<br>  (1) 생산 공정<br>  (2) 구입과 소비<br>  (3) 장부 기록<br>3. 재배<br>  (1) 재배와 생활<br>  (2) 생육과 환경<br>  (3) 파종, 육묘, 이식<br>  (4) 재배 관리<br>4. 해양과 수산기술<br>  (1) 해양과 수산 자원<br>  (2) 수산업<br>  (3) 해운업<br>5. 제도와 기초<br>  (1) 도면과 생활<br>  (2) 선과 기호<br>  (3) 입체의 표현 방법<br>  (4) 도면 읽기와 그리기<br>6. 목재의 이용<br>  (1) 목재와 생활<br>  (2) 목재의 종류와 이용<br>  (3) 목제품의 구상<br>  (4) 목제품 만들기<br>    (문교부, 1981, pp. 76-77) |
| | | | | 2학년 | 1. 플라스틱의 이용<br>  (1) 플라스틱과 생활<br>  (2) 플라스틱의 특징<br>  (3) 플라스틱 제품의 구상<br>  (4) 플라스틱 제품 만들기 |

| | | | | 2학년 | 2. 금속 재료의 이용<br>　(1) 금속 재료와 생활<br>　(2) 금속 재료의 종류와 이용<br>　(3) 금속 제품의 구상<br>　(4) 금속 제품 만들기(마름질, 절단, 다<br>　　듬질, 구멍 뚫기, 측정, 도장)<br>3. 기계의 이용<br>　(1) 기계와 생활<br>　(2) 간단한 기계 요소<br>　(3) 내연 기관의 구조와 작동 원리<br>　(4) 내연 기관의 운전과 정비<br>4. 전기의 이용<br>　(1) 전기와 생활<br>　(2) 전기의 특징<br>　(3) 전기 배선용 재료(전선, 콘센트, 퓨<br>　　즈 등)<br>　(4) 신호 회로의 배선<br>　(5) 간단한 전자 장치 만들기<br>5. 가정용 기기의 이용과 안전<br>　(1) 전열기(다리미, 전기 밥솥)<br>　(2) 세탁기<br>　(3) 냉장고<br>　(4) 가스레인지<br>　(5) 가정용 배관<br>　　(문교부, 1981, pp. 77-78) |
|---|---|---|---|---|---|
| 제4기<br>(1987. 3.<br>교육과정) | 1987. 3. 31.<br>(문교부 고시<br>제87-7호) | 1989. 3. 1.<br>~<br>1995. 2.<br>28. | 기술,<br>가정,<br>기술·<br>가정 | 1학년 | 1. 기술과 산업<br>　(1) 기술과 산업 발전<br>　(2) 자원과 환경<br>　(3) 생산과 소비<br>　(4) 해양과 수산<br>2. 재배<br>　(1) 재배 환경<br>　(2) 재배 계획<br>　(3) 환경 조절과 재배 |

| | | | | 1학년 | 3. 제도의 기초<br>　(1) 도면의 종류와 기능<br>　(2) 선과 문자<br>　(3) 물체를 나타내는 방법<br>　(4) 제도의 실제<br>4. 목재의 이용<br>　(1) 목재와 생활<br>　(2) 목제품의 구상<br>　(3) 목제품 만들기<br>5. 컴퓨터의 이용<br>　(1) 컴퓨터와 생활<br>　(2) 컴퓨터의 구성과 원리<br>　(3) 컴퓨터의 사용 방법<br>　　　　(문교부, 1987, p. 103) |
|---|---|---|---|---|---|
| | | | | 2학년 | 1. 플라스틱의 이용<br>　(1) 플라스틱과 생활<br>　(2) 플라스틱 제품의 구상<br>　(3) 플라스틱 제품 만들기<br>2. 금속 재료의 이용<br>　(1) 금속 재료와 생활<br>　(2) 금속 제품의 구상<br>　(3) 금속 제품 만들기<br>3. 기계의 이용<br>　(1) 기계와 생활<br>　(2) 기계 요소<br>　(3) 운동 전달 기구<br>　(4) 내연 기관<br>4. 전기의 이용<br>　(1) 전기와 생활<br>　(2) 전기 배선과 조명<br>　(3) 가정용 전기 · 전자 기기<br>　(4) 전자 제품 만들기<br>5. 진로의 탐색<br>　(1) 기술의 발달과 일의 세계<br>　(2) 산업과 직업의 종류<br>　(3) 적성과 진로<br>　　　(문교부, 1987, pp. 104-105) |

**표 7-6**　중학교 기술교과의 주요 내용(후기-통합과목기)

| 시기 | 근거 | 적용 시기 | 과목명 | | 주요 내용 |
|---|---|---|---|---|---|
| 제5기<br>(1992. 6.<br>교육과정) | 1992. 6. 30.<br>(교육부 고시<br>제1992-11호) | 1995. 3. 1.<br>~<br>2003. 2. 28. | 기술·<br>산업 | 1학년 | 1. 인간과 기술<br>　(1) 기술의 발달<br>　(2) 생물기술의 이용<br>　(3) 자원과 환경<br>2. 제도의 기초<br>　(1) 도면의 종류와 기능<br>　(2) 물체를 나타내는 방법<br>　(3) 제도의 실제<br>3. 컴퓨터의 이용<br>　(1) 컴퓨터의 구성<br>　(2) 컴퓨터의 사용 방법<br>　　(문교부, 1992, p. 92) |
| | | | | 2학년 | 1. 재료의 이용<br>　(1) 제품의 구상<br>　(2) 제품 만들기<br>2. 기계의 이용<br>　(1) 간단한 기계와 기계 요소<br>　(2) 에너지와 내연 기관<br>　(3) 운동 물체 만들기<br>3. 전기의 이용<br>　(1) 전기 회로와 조명<br>　(2) 가정용 전기·전자 기기<br>　(3) 전자 제품 만들기<br>4. 주택 건축의 기초<br>　(1) 주택의 구상과 도면<br>　(2) 모형 주택 만들기<br>　　(문교부, 1992, pp. 92-93) |
| | | | | 3학년 | 1. 산업과 생활<br>　(1) 생활과 산업<br>　(2) 산업의 발달<br>　(3) 미래 산업과 직업 |

| | | | | | |
|---|---|---|---|---|---|
| | | | | 3학년 | 2. 농업 기술<br>　(1) 농업과 식량<br>　(2) 농업 생산 기술<br>　(3) 농업의 발전과 직업<br>3. 공업 기술<br>　(1) 제조 공업<br>　(2) 건설 공업<br>　(3) 공업의 발전과 직업<br>4. 상업 및 경영<br>　(1) 매매<br>　(2) 금융과 보험<br>　(3) 유통과 무역<br>　(4) 상업의 발전과 직업<br>5. 해양과 수산 기술<br>　(1) 해양 개발<br>　(2) 수산 기술<br>　(3) 수산업의 발전과 직업<br>6. 직업과 진로<br>　(1) 삶과 직업<br>　(2) 나의 발견<br>　(3) 일과 직업 세계<br>　(4) 진로 계획(문교부, 1992, pp. 93-94) |
| 제6기<br>(1997. 12.<br>교육과정) | 1997. 12. 30.<br>(교육부 고시<br>제1997-15호) | 2003. 3. 1.<br>~<br>2010. 2. 28. | 기술 ·<br>가정 | 1학년 | 미래의 기술<br>제도의 기초<br>컴퓨터와 정보 처리(교육부, 1997, p. 32) |
| | | | | 2학년 | 기계의 이해<br>재료의 이용<br>컴퓨터와 생활<br>자원의 관리와 환경(교육부, 1997, pp.<br>32-33) |
| | | | | 3학년 | 산업과 진로<br>전기전자기술(교육부, 1997, p. 33) |

| | | | | | |
|---|---|---|---|---|---|
| 제7기(2007. 2. 교육과정) | 2007. 2. 28. (교육인적 자원부 고시 제2007-79호) | 2010. 3. 1. ~ 2013. 2. 28. | 기술· 가정 | 1학년 | 기술의 발달과 미래 사회<br>기술과 발명(교육인적자원부, 2007, p. 5) |
| | | | | 2학년 | 정보통신기술<br>제조기술(교육인적자원부, 2007, pp. 6-7) |
| | | | | 3학년 | 전자기계기술<br>건설기술<br>생명기술(교육인적자원부, 2007, pp. 7-8) |
| 제8기 (2011. 8. 교육과정) | 2011. 8. 9. (교육과학 기술부 고시 제2011-361호) | 2013. 3. 1. ~ 2018. 2. 28. | 기술· 가정 | 1~3 학년 | 기술과 발명<br>건설기술과 환경<br>정보와 통신기술<br>제조기술과 자동화<br>에너지와 수송기술<br>생명기술과 미래의 기술(교육과학기술부, 2011, pp. 16-18) |
| 제9기 (2015. 9. 교육과정) | 2015. 9. 23. (교육부 고시 제2015-74호) | 2018. 3. 1. ~? | 기술· 가정 | 1~3 학년 | 제조기술 시스템<br>제조기술 문제해결<br>건설기술 시스템<br>건설기술 문제해결<br>미래의 기술과 생명 기술<br>수송기술 시스템<br>수송기술 문제해결<br>신·재생 에너지<br>통신기술 시스템<br>통신기술 문제해결<br>미디어와 이동 통신<br>기술의 발달<br>기술과 사회 변화<br>기술적 문제해결<br>발명 아이디어의 실현<br>기술의 이용과 표준<br>적정기술<br>지속 가능한 발전(교육부, 2015, pp. 5-7) |

### (4) 지도 및 평가상의 유의점

기술 과목에서는 실생활에 대해 이해하고 실생활의 충실한 발전을 꾀하도록 하고 있으며, 실천적이며 계발적인 경험을 부여하는 동시에 직업인으로서 필요한 일인 일기(   技)의 능력을 기르도록 하고 있다.

그리고 각 과목마다 지역 사회와 학교 또는 학생의 사정에 따라 필요한 분야에 비중을 두어 지도하도록 하고 있다. 다만 각 시기별로 강조하는 내용이 약간씩 차이가 있다.

① 제1기(1970. 3. 1.~1974. 2. 28.)의 기술 과목은 기술(남), 기술(여)로 나누어 모든 실생활 분야에 걸친 기초적인 지식과 능력을 기르고, 장래의 생활과 직업 선택에 대한 기초적 이해를 갖게 하는 데 초점을 두었다.

   기술(남)의 지도상의 유의점은 다음과 같다. 설계·제도의 지도는 먹물 넣기를 하지 않고 연필도에 그치도록 하고, 목공 및 금속 가공은 제도, 제작, 평가의 각 단계를 유기적으로 관련지어 지도하도록 한다. 수신기의 학습은 계획, 준비, 재료 가공, 부품검사, 조립, 배선, 시험, 조정 등이 일관성 있게 진행되도록 한다. 기술(여)의 지도상 유의점은 다음과 같다. 가정 목공의 지도에 있어서 실습 대상은 가정에서 쓰는 간단한 목공 제품에 중점을 두도록 하고, 가정 기계의 지도에 있어서는 학생의 능력과 실습 대상을 고려하여 그 범위를 적절하게 하도록 한다(문교부, 1969, pp. 122-124).

② 제2기(1974. 3. 1.~1984. 2. 28.)의 기술 과목은 기술(남자)과 가정(여자)으로 나뉜다. "기술(남자)의 유의점은 공구의 사용과 보관, 기구 및 재료의 분배 등을 계획성 있게 실시하고 파악하는 것이며, 가정(여자)의 유의점은 제도는 연필 제도로 끝내고 목공 영역과 연관 지을 수 있도록 지도"(문교부, 1973, p. 126)하는 것이다.

③ 제3기(1984. 3. 1.~1989. 2. 28.)의 '생활 기술' 과목은 "실생활과 관련지
  어 실험, 실습을 통하여 지도하되, 개념을 이해시키는 데 중점을 둔다.
  실습에서는 교사의 평가와 학생 스스로 실습 과정과 실습 결과를 평가
  하는 '자기 평가'를 병행하도록"(문교부, 1981, p. 79) 하였다.

④ 제4기(1989. 3. 1.~1995. 2. 28.)의 기술 과목은 "과목의 모든 내용을 통
  하여 현대 산업의 구조와 그 생산 활동, 제품의 유통 과정을 이해시키도
  록"(문교부, 1987, p. 105) 하였다.

⑤ 제5기(1995. 3. 1.~2003. 2. 28.)의 기술·산업 과목의 지도 및 평가상의
  유의점은 다음과 같다.

    농업기술, 공업기술, 상업 및 경영, 해양과 수산기술 영역에서는 현대 사
  회의 다양한 직업에 관한 정보를 통하여, 자신의 진로를 스스로 탐색하려
  는 태도를 기르는 데 중점을 두어 지도한다. 평가는 지필 검사와 실기 평가
  를 병행하고 단순하고 지엽적인 내용의 평가보다는 기본적인 개념이나 원
  리의 이해, 응용력, 사고와 창의성, 실천적 태도 등에 중점을 두어 평가하도
  록 한다(교육부, 1992, pp. 94-95).

⑥ 제6기(2003. 3. 1.~2010. 2. 28.)에서 기술·가정 과목의 유의점에는 "실
  습 평가는 양적 평가뿐만 아니라 질적 평가에 중점을 두고, 다양한 평가
  방법을 적용하도록 한다. 특히 기능에 대한 평가는 가급적 실기 평가 방
  법을 적용하도록 하고, 실기의 비율이 전체의 60% 이상 반영되도록 한
  다는 것이 추가되었다"(교육부, 1997, p. 131).

⑦ 제7기(2010. 3. 1.~2013. 2. 28.)의 기술·가정과목에서 수행 평가는 "교
  육목표와 교육내용에 따라 찬·반 토론법, 실기 시험, 실험·실습법, 관
  찰법, 자기 평가 및 동료 평가, 프로젝트, 포트폴리오 등 다양한 방법을
  적절히 활용하되 평가의 기준, 방법, 시기 등은 사전에 계획하여 실시하

도록" 한 것이 특이한 점이다(교육인적자원부, 2007, p. 11).

⑧ 제8기(2013. 3. 1.~2018. 2. 28.)의 기술·가정 과목의 유의점에는 "문제 해결 교수학습 방법과 체험 활동을 강조하되, 학습내용에 따라 실험, 실습, 견학, 토의식 수업, 조사 활동, ICT 활용 수업, 사례 중심 수업 등 다양한 교수 학습을 활용하도록" 하였다(교육과학기술부, 2011, p. 34).

⑨ 제9기(2018. 3. 1.~)의 기술·가정 과목의 유의점에는 "이전보다 비판적 사고 능력, 의사결정 능력, 창의력 등을 활용한 실천적 문제해결 능력을 강조"한 것이 특징이다(교육부, 2015, p. 28).

이상에서 서술한 시기별 중학교 기술교육을 요약 정리하면 다음과 같다.

전기는 기술교과가 독립과목으로 존재하던 시기로, 제1기부터 제4기까지를 일컫는다. 제1기(1969. 9. 4. 교육과정)에서의 두드러진 특징은 '기술' 과목을 신설하여 남녀 모두에게 필수로 이수토록 한 점이다. 제2기(1973. 8. 31. 교육과정)에서 눈여겨볼 점은 종전의 교육과정에서는 기술 과목을 남녀 모두가 이수해야 할 필수과목으로 지정했던 것을 다시 바꿔서 남학생에게만 기술을 배우도록 하였다는 것이다. 제3기(1981. 12. 31. 교육과정)에서는 여전히 기술은 남학생만 배우도록 하고, 중·고등학교 기술과 교육의 연계성을 고려해서 중학교의 '기술' 과목을 '생활 기술'로 개칭하였다. 제4기(1987. 3. 31. 교육과정)에서는 '기술·가정' 과목을 신설하여 중학교 1, 2학년에서는 '기술' '가정' '기술·가정'의 세 과목 중에서 한 과목을 선택하여 배우도록 하였다.

후기는 기술교과가 통합된 시기로, 제5기부터 제9기까지를 일컫는다. 제5기(1992. 6. 교육과정)에서는 '기술·산업'으로 과목을 통합하여 남녀 모두에게 필수적으로 이수토록 하였다는 것이 가장 큰 특징이다. 제6기(1997. 12. 교육과정)에서는 교육과정에서의 큰 틀은 많이 변화하지 않았으나 시대적 요청에 따라서 교과에서 다루는 주요 내용이 많이 바뀌게 되었다. 제7기(2007. 2. 교육과정)에서는 기술·가정의 기술 과목에서 산업기술의 발전과 변화에 따른 학생들의 실생활 문제해결 능력을 길러 주는 데에 중점을 두었다. 제8기(2011. 8. 교육과정)에서는 기술 과목과 타 교과들의 융합적 교육, 학습 활동을 통해 학생들의 창의성과 문제해결 능력, 협동심을 기르게 하는 것을 기초로 하였다. 제9기(2015. 9. 교육과정)에서는 급변하는 과학기술의 발달에 따라 축적되고 발달되어 온 기술 시스템을 이해하고 거기에 능동적으로 대처할 수 있는 활용 능력을 길러 미래 사회에 대처할 수 있도록 하는 것에 중점을 두었다.

## 3. 고등학교 기술교육의 변천[2]

### 1) 고등학교 기술교과 교육과정의 시기별 특징

고등학교 기술교과 교육과정의 교육목표와 교육내용을 본격적으로 살펴보기에 앞서, 각 시기별로 시대상을 반영한 기술교과 교육과정의 성격을 제시하였다. 또한 일반교육으로서 고등학교 기술교과 교육과정의 변천과정을 독립과목기와 통합과목기로 구분하였다.

#### (1) 제1기(1969. 9. 교육과정)

제1기는 문교부령 제251호에 의해 고등학교 교육과정을 부분 개정하여 기술을 신설하였는데, 1970년 3월 신입생부터 1977년 2월까지의 적용 시기를 말한다. 이 시기의 과목명은 '기술(남자용)' '기술(여자용)'이었고, 인문계고 실업과의 목표로 제시된 기술과목의 성격은 다음과 같다.

---

2) 이상봉, 곽유림(2017). 고등학교 기술교과 교육과정의 변천. 한국기술교육학회지, 17(1) pp. 19-34의 내용을 옮기고 재구성함.

산업에 관한 기초 기술을 습득시켜 산업사회에 적응할 수 있는 능력을
기른다(문교부, 1969, p. 136).

### (2) 제2기(1974. 12. 교육과정)

제2기는 문교부령 제350호로 제정 공포된 교육과정으로, 1977년 3월 신입
생부터 1984년 2월까지의 적용 시기를 말한다. 이 시기의 과목명은 '기술(남)'
이었고, 인문계고 실업과의 목표로 제시된 기술과목의 성격은 다음과 같다.

산업에 관한 기초적 기술과 관리 능력을 습득시켜, 산업사회에 적응할
수 있는 기본 소양을 기른다(문교부, 1974, p. 71).

### (3) 제3기(1981. 12. 교육과정)

제3기는 문교부 고시 제442호로 개정 공포된 교육과정으로, 1984년 3월
신입생부터 1989년 2월까지의 적용 시기를 말한다. 이 시기의 과목명은 '산
업기술'이었고, 일반계고 실업·가정과의 목표로 제시된 기술과목의 성격은
다음과 같다.

실업과 가정생활에 필요한 지식과 기술을 습득하게 하여, 산업사회에 능
동적으로 대처하고 맡은 일을 원만히 수행하여, 개인과 국가 사회 발전에
기여할 수 있게 한다(문교부, 1981, p. 118).

### (4) 제4기(1988. 3. 교육과정)

제4기는 문교부 고시 제88-7호로 고시된 교육과정으로, 1989년 3월 신입생
부터 1996년 2월까지의 적용 시기를 말한다. 이 시기의 과목명은 '기술'이었
고, 일반계고 실업·가정과의 목표로 제시된 기술과목의 성격은 다음과 같다.

산업과 기술에 관한 지식과 기능을 습득하게 하여, 진로를 바르게 선택하고 변화하는 고도 산업사회에 적응할 수 있는 능력과 태도를 기르게 한다(문교부, 1988, p. 176).

### (5) 제5기(1992. 10. 교육과정)

제5기는 교육부 고시 제1992-19호로 고시된 교육과정으로, 1996년 3월 신입생부터 2002년 2월까지의 적용 시기를 말한다. 이 시기의 과목명은 '기술'이었으나 기술과목의 목표는 별도로 제시되지 않았다. 일반계고의 실업·가정과의 목표로 제시된 기술과목의 성격은 다음과 같다.

산업 및 가정생활에 관한 지식과 기술을 습득하게 하여, 일상생활에 실천적으로 활용할 수 있게 하며, 진로를 바르게 설정하고 산업 발전에 기여할 수 있게 한다(교육부, 1992, p. 157).

### (6) 제6기(1997. 12. 교육과정)

제6기는 교육부 고시 제1997-15호로 고시된 교육과정으로, 2002년 3월 신입생부터 2011년 2월까지의 적용 시기를 말한다. 이 시기의 과목명은 '기술·가정'을 사용하였고, 일반계고 실과(기술·가정)의 성격은 다음과 같다.

기술·가정은 기술과 산업에 관한 기초 지식과 기능을 습득하게 하여 고도 산업사회에 적응할 수 있게 한다. 기술·가정은 실생활에 적용을 중시하는 실천 교과로서 체험 학습을 통하여 개념과 원리를 구체적으로 이해시키고, 의사결정 능력, 문제해결 능력, 창의력 등을 기르는 데 도움을 주며, 일의 경험을 통하여 자신의 적성을 계발하고 진로를 탐색하며 일에 대한 건전한 태도를 가지게 한다. 따라서, 기술·가정 교과는 21세기를 살아갈 능력을 가진 인간을 기르는 데 필요한 직접적이고 실천적인 경험을 제공해

그림 7-8   고등학교 기술 · 가정

주는 중요한 교과이다. 이와 같이 실과(기술 · 가정)는 미래 사회를 살아가
는 데 필요한 지식, 기능, 태도를 종합적으로 길러 줄 수 있는 중요한 교과
로서, 궁극적으로는 개인과 가정생활의 질을 향상시키고 사회의 복지와 국
가 발전에 기여할 수 있도록 한다(교육부, 1997b, pp. 26-27).

### (7) 제7기(2008. 9. 교육과정)

제7기는 교육과학기술부 고시 제2008-148호로 고시된 교육과정으로,
2011년 3월 신입생부터 2014년 2월까지의 적용 시기를 말한다. 이 시기의 과
목명은 '기술 · 가정'을 사용하였고, 일반계고 실과(기술 · 가정)의 성격은 다
음과 같다.

실과(기술 · 가정)는 학습자의 경험과 실생활에의 유용성을 중시하며,
급변하는 가정생활과 산업기술 환경에서 학습자가 주도적인 삶을 영위하
는 데 필요한 가치관과 다양한 능력을 기르는 데 도움을 주는 실천 교과이

그림 7-9　고등학교 공학기술

다. 과거와 현재의 삶을 통하여 우리 삶 속에서 지대한 영향력을 끼친 산업
기술은 개인적 · 사회적 · 국가적으로 매우 중요한 의미와 가치를 지녀 왔
다. 더욱이 빠르게 변화하는 산업기술의 발달로 인한 새로운 생활 환경 속
에서 학습자는 삶의 질을 개선하기 위한 창조적 문제해결자로서의 역할 수
행과 자신의 적성을 고려한 진로 탐색을 위한 능력이 요구되고 있다. 오늘
날 이러한 상황에서 학습자가 자신의 삶의 문제를 생각하고 해결하기 위해
서는 실생활에 필요한 능력을 길러 주어야 할 필요성이 증가하고 있어 이
에 대한 교육적 지원이 절실하다. 실과(기술 · 가정)는 이러한 국가와 사회
의 기대에 부응할 수 있도록 교과의 학문적 지식과 학습자의 발달 특성을
고려하여 자신과 가정생활의 질을 향상시키고 사회와 산업기술의 변화에
따른 미래 생활을 주도하기 위한 문제해결력, 창의력, 자주적 생활 능력 등
을 길러 줄 수 있는 교과이다(교육인적자원부, 2008, pp. 1-2).

### (8) 제8기(2011. 8. 교육과정)

제8기는 교육과학기술부 고시 제2011-361호로 고시된 교육과정으로, 2014년 3월 신입생부터 2018년 2월까지의 적용 시기를 말한다. 이 시기의 과목명은 '기술 · 가정'을 사용하였고, 일반계고 실과(기술 · 가정)의 성격은 다음과 같다.

'기술의 세계' 영역은 문제와 관련된 기술의 기초적인 이해를 토대로 기술적 문제해결 과정과 관련된 내용을 이해하고 경험하도록 해 줌으로써 기술적 소양인을 기르는 동시에 국가의 미래 인재로서 필요한 창의력, 문제해결 능력, 정보 처리 및 활용 능력, 자기 관리 능력, 진로 개발 능력 등의 핵심 역량을 기르는 데 기여한다. '기술의 세계' 영역은 국가 사회 수준의 시대적 요구인 과학, 기술, 공학, 예술, 수학과의 융합적인 교수 · 학습 활동, 에너지 절약, 녹색 기술, 지식 재산권의 창출, 활용 및 보호 등을 반영함으로써 국가와 사회의 발전에 기여한다. 학습자에게는 실생활과 관련된 기술적 지식, 기술적 사고, 기술적 조작 능력, 기술적 문제해결 능력, 기술적 평가 능력을 길러 줌으로써 일상생활이나 사회 문제해결에도 적용할 수 있는 실천적인 응용 능력을 제공한다. 이 과정에서 학습자는 스스로 다양한 문제해결 기법을 이해하고 찾고 개선하고 창조하는 자기주도적 학습 능력을 함양한다(교육과학기술부, 2011, pp. 4-6).

### (9) 제9기(2015. 9. 교육과정)

제9기는 교육부 고시 제2015-74호로 고시된 교육과정으로, 2018년 3월 신입생부터 다음 교육과정의 시행 전까지의 적용 시기를 말한다. 이 시기의 과목명은 '기술 · 가정'을 사용하였고, 일반계고 실과(기술 · 가정)의 성격은 다음과 같다.

고등학교 기술·가정과는 고등학교 1~3학년군에 해당하는 실천적 성격을 가진 일반 선택과목으로서 학습자들이 현재와 미래의 삶에서 경험하게 될 '가정생활'과 '기술의 세계'에 대한 다양한 정보를 통해 필요한 지식을 융합하고, 이를 실생활의 문제해결에 활용할 수 있는 생활의 역량과 태도를 기르게 하는 데 중점을 둔다. '기술의 세계' 분야에서는 인간의 조작적 욕구에 부합하는 활동으로 자연으로부터 얻은 자원을 활용하여 생존과 적응에 필요한 산출물을 만드는 창의적 능력을 높이는 역할을 수행하고 있다. '기술의 세계' 분야의 교육은 다양한 실천적 경험을 통하여 기술적 지식, 태도, 기능을 함양하여, 문제해결 능력, 비판적 사고력, 의사결정 능력, 창의력 등을 길러 미래 사회를 살아갈 다양한 역량을 갖춘 인간을 기르는데 목적이 있다. 따라서 '기술의 세계' 분야의 교육은 급변하는 과학기술의 발달에 따라 인류가 이룩한 기술 시스템을 이해하고 더 나은 기술 시스템을 설계하며, 능동적으로 대처할 수 있는 기술활용 능력을 길러 미래 사회에 대처할 수 있도록 해야 한다(교육부, 2015, pp. 3-4).

## 2) 고등학교 기술교과 교육과정의 변천 추이

### (1) 교과목 및 이수시간

고등학교 '기술교과' 과목명과 이수시간의 각 시기별 변천 추이를 살펴보면 〈표 7-7〉과 같다. 〈표 7-7〉의 총 이수단위 시간은 고등학교 3년간에 이수하여야 할 총 단위 수를 의미한다.

**표 7-7**　고등학교 '기술교과' 과목명과 이수단위 변천

| 시기 | | | | 과목명 | 총 이수단위 수 | | | 비고 |
|---|---|---|---|---|---|---|---|---|
| | | 근거 | 적용 시기 | | 1학년 | 2학년 | 3학년 | |
| 독립 과목기 | 제1기 | 1969. 9. 4. (문교부령 제251호) | 1970. 3. ~ 1977. 2. | 기술 (남자) | 4 | | | 필수 |
| | | | | 기술 (여자) | 4 | | | 필수 |
| | 제2기 | 1974. 12. 31. (문교부령 제350호) | 1977. 3. ~ 1984. 2. | 기술 (남자) | 8~10 | | | 필수 |
| | 제3기 | 1981. 12. 31. (문교부 고시 제442호) | 1984. 3. ~ 1989. 2. | 산업기술 | 8~10 | | | '가정과' 택 1 필수 |
| | 제4기 | 1988. 3. 31. (문교부 고시 제88-7호) | 1989. 3. ~ 1996. 2. | 기술 | 8 | | | 기술 또는 가정 필수 |
| | 제5기 | 1992. 10. 30. (교육부 고시 제1992-19호) | 1996. 3. ~ 2002. 2. | 기술 | 8 | | | 8개 과목 중 선택 |
| 통합 과목기 | 제6기 | 1997. 12. 30. (교육부 고시 제1997-15호) | 2002. 3. ~ 2011. 2. | 기술 · 가정 | 6 (102) | | | 국민공통 기본교과 |
| | 제7기 | 2008. 9. 11. (교육과학기술부 고시 제2008-148호) | 2011. 3. ~ 2014. 2. | 기술 · 가정 | 6 (102) | | | 국민공통 기본교과 |
| | 제8기 | 2011. 8. 9. (교육과학기술부 고시 제2011-361호) | 2014. 3. ~ 2018 .2. | 기술 · 가정 | 기술 · 가정/제2외국어/ 한문/교양 교과(군) 16 | | | 일반 과목 |
| | 제9기 | 2015. 9. 23. (교육부 고시 제2015-74호) | 2018. 3. ~ ? | 기술 · 가정 | 기술 · 가정/제2외국어/ 한문/교양 교과(군) 16 | | | 일반 선택 |

① 제1기에는 초기의 '기술(남자용)'의 단위 수는 4단위이다. 1단위는 50분을 단위 시간으로 하여 한 학기(18주 기준) 동안 18단위 시간을 이수함을 말한다(문교부, 1969, p. 134).

제1기의 '기술(여자용)'의 단위 수는 4단위이다. 1단위는 50분을 단위 시간으로 하여 한 학기(18주 기준) 동안 18단위 시간을 이수함을 말한다(문교부, 1969, p. 134).

② 그 후 제2기에서는 '기술(여)'과를 없애고 '기술(남)'과를 만들어 남학생에게만 필수로 이수하도록 하였다. 이수단위도 8~10단위로 늘었다(문교부, 1974, pp. 5-7).

③ 제3기에는 '기술(남)'과에서 '산업기술'과로 과목명을 변경하여 성별에 관계없이 배울 수 있도록 하였다. 이수단위도 종전의 제2기와 같이 8~10단위로 하였다. 1단위는 매주 50분 수업을 기준으로 하여 1학기(17주 기준) 동안 이수하는 수업량을 말한다(문교부, 1981, pp. 3-5).

④ 제4기에는 종전의 '산업기술'과의 명칭을 다시 '기술'과로 바꾸었다. 이수 방법은 인문ㆍ사회 과정과 자연 과정 학생은 남녀 구분 없이 '기술'과와 '가정'과 중 한 과목을 선택하여 8단위를 이수하도록 하였다. 1단위는 매주 50분 수업을 기준으로 하여 1학기(17주 기준) 동안 이수하는 수업량을 말한다(문교부, 1988, pp. 7-11).

⑤ 제5기에는 '실업ㆍ가정' 교과는 과정별 필수과목에 해당하는 '기술'과, '가정'과, '농업'과, '상업'과, '수산업'과, '가사'과, '정보산업'과, '직업ㆍ진로'과의 8과목으로 구성되고, 그중 하나를 택하여 수업하였다. '기술'과는 8단위로 편성되었고, 1단위는 매주 50분 기준으로 하여 1학기(17주) 동안 이수하는 수업량을 말한다(교육부, 1992, pp. 3-4).

⑥ 제6기에는 '실업ㆍ가정' 교과 명칭을 '실과(기술ㆍ가정)'로 수정하였다, '기술'과와 '가정'과로 각각 구분하여 이수하던 것을 통합해 '기술ㆍ가정'과로 하여 현재 사용하는 명칭이 최초로 등장하였다. '기술ㆍ가정'과

는 고등학교 선택 중심 교육과정의 국민공통기본교과로 모든 학생이 필수적으로 이수하도록 하였다. '기술·가정'과는 1학년에 6단위로 편성하였다. 1단위는 매주 50분 수업을 기준으로 하여 1학기(17주) 동안 이수하는 수업량이다. 〈표 7-7〉의 총 이수단위의 괄호( )에 제시된 숫자는 34주를 기준으로 한 연간 최소 수업 시간 수이다(교육부, 1997a, pp. 9-10).

⑦ 제7기에는 '기술·가정'과는 이전 시기인 제6기 교육과정의 과목명과 이수단위가 동일하다. 〈표 7-7〉의 총 이수단위의 괄호( )에 제시된 시간 수는 34주를 기준으로 한 연간 최소 수업 시간 수이다(교육과학기술부, 2008, p. 6).

⑧ 제8기에는 생활·교양 교과 영역을 신설해 기술·가정/제2외국어/한문/교양을 하나의 교과(군)로 재분류하였다. 기술·가정/제2외국어/한문/교양 교과(군) 내에 '기술·가정'과가 일반 과목으로 포함되어 있다. 생활·교양 교과 영역의 필수 이수단위는 3년간 '최소 이수단위'로 16단위로 편성하였다. 1단위는 50분을 기준으로 하여 17회를 이수하는 수업량이다. 일반 과목에 포함하는 '기술·가정'과의 기본 단위 수는 5단위이며, 3단위 범위 내에서 증감 운영할 수 있다(교육부, 2013, p. 9).

⑨ 제9기는 이전 시기와 마찬가지로 생활·교양 교과 영역 내에 기술·가정/제2외국어/한문/교양의 교과(군)이 편성되어 있고, '기술·가정'과는 선택과목에 해당된다. 이수단위를 살펴보면 이전 시기와 동일하게 생활·교양 교과 영역의 필수 이수단위를 16단위로 배정하였다. 1단위는 50분을 기준으로 하여 17회를 이수하는 수업량이다. 교양 교과목을 제외한 일반 선택과목은 기본 단위 수가 5단위이고, 2단위 범위 내에서 증감하여 편성·운영할 수 있다(교육부, 2015, pp. 15-17).

**(2) 교육목표**

각 시기별 교육과정에 나타난 고등학교 '기술과'의 교육목표는 〈표 7-8〉, 〈표 7-9〉와 같다.

① 제1기 교육과정의 인문계 고등학교 기술(남자용)의 목표는 다음과 같다.

- 설계 제도에 대한 지식과 기술을 습득시켜 산업과 현대 생활에 활용하는 능력을 기른다.
- 자동차의 구조와 정비에 관한 지식과 기술을 습득시키고 자동차 산업과 생활에 미치는 관계를 이해시켜 현대 기계기술을 활용하는 능력을 기른다.
- 제작에 관한 기술을 습득시켜 생산능력을 기르고 굳건한 의지와 기술 발전에 전력하는 태도를 기른다(문교부, 1969, p. 136).

이를 요약하면 전체적으로 설계 제도와 자동차, 제작에 관한 기술을 활용하는 능력을 강조하였다.

제1기 교육과정의 인문계 고등학교 기술(여자용)의 목표는 다음과 같다.

- 설계 제도에 대한 초보적 지식과 기술을 습득시켜 간단한 기계, 기구, 주택 등의 설계에 활용할 수 있는 능력을 기른다.
- 전열 기구, 전동기 등의 점검 및 관리에 대한 지식과 기술을 습득시켜 현대 생활에 적응할 수 있는 능력을 기른다.
- 가구의 손질과 생활환경의 미화 등에 대한 지식과 기술을 습득시켜, 생활을 한층 즐겁게 하고 항상 발전시킬 수 있는 능력을 기른다(문교부, 1969, p. 140).

표 7–8    고등학교 '기술과'의 기술과목별 교육목표 변천(독립과목기)

| 시기 | 근거 / 적용 시기 | 과목명 | 교육목표 |
|---|---|---|---|
| 제1기 | 1969. 9. 4. (문교부령 제251호)<br><br>1970. 3. ~ 1977. 2. | 기술 (남자) | ① 설계 제도에 대한 지식과 기술을 습득시켜 산업과 현대 생활에 활용하는 능력을 기른다.<br>② 자동차의 구조와 정비에 관한 지식과 기술을 습득시키고 자동차 산업과 생활에 미치는 관계를 이해시켜 현대 기계기술을 활용하는 능력을 기른다.<br>③ 제작에 관한 기술을 습득시켜 생산능력을 기르고 군건한 의지와 기술 발전에 전력하는 태도를 기른다(문교부, 1969, p. 136). |
| | | 기술 (여자) | ① 설계 제도에 대한 초보적 지식과 기술을 습득시켜 간단한 기계, 기구, 주택 등의 설계에 활용할 수 있는 능력을 기른다.<br>② 전열 기구, 전동기 등의 점검 및 관리에 대한 지식과 기술을 습득시켜 현대 생활에 적응할 수 있는 능력을 기른다.<br>③ 가구의 손질과 생활환경의 미화 등에 대한 지식과 기술을 습득시켜 생활을 한층 즐겁게 하고 항상 발전시킬 수 있는 능력을 기른다(문교부, 1969, p. 140). |
| 제2기 | 1974. 12. 31. (문교부령 제350호)<br><br>1977. 3. ~ 1984. 2. | 기술 (남자) | ① 산업구조와 기업의 경영 및 관리에 관한 기초 지식을 습득시켜 산업사회에 적응할 수 있는 소양을 기른다.<br>② 설계 제도에 관한 지식과 기술을 습득시켜 실생활에 활용할 수 있는 능력을 기른다.<br>③ 기계 구성에 관한 지식과 기술을 습득시켜 생활에 이용되는 기계를 효과적으로 활용할 수 있는 능력을 기른다.<br>④ 자동제어 및 정보처리에 관한 기초 지식과 기술을 습득시켜 생활의 과학화를 기할 수 있는 능력과 태도를 기른다(문교부, 1974, p. 71). |
| 제3기 | 1981. 12. 31. (문교부 고시 제442호)<br><br>1984. 3. ~ 1989. 2. | 산업기술 | ① 산업기술의 중요성을 인식시키고 경영 관리, 전자계산기, 에너지 및 동력에 대한 기초 지식과 기술을 습득하게 하여 생활에 활용할 수 있는 능력을 기른다.<br>② 제조공업과 건설, 농업과 수산업 및 해양에 관한 기초 지식과 기술을 습득하게 하여 국가 산업 발전에 기여할 수 있는 능력을 기른다.<br>③ 여러 직업의 특성을 이해시켜 스스로 진로를 선택할 수 있는 능력을 이해시킨다(문교부, 1981, p. 118). |

| | 1988. 3. 31. (문교부 고시 제88-7호)<br><br>1989. 3. ~ 1996. 2. | | |
|---|---|---|---|
| 제4기 | | 기술 | ① 기술의 본질과 특성을 이해시키고 산업기술에 관한 지식을 습득하게 하여 고도 산업사회에 적응할 수 있는 기술적 소양을 기르게 한다.<br>② 에너지와 동력, 컴퓨터, 제조, 건설에 관한 지식과 기술을 습득하게 하여 생활에 활용하고 국가 산업 발전에 기여할 수 있는 능력과 태도를 기르게 한다.<br>③ 기술의 발달과 관련된 여러 직업의 특성을 이해하게 하여 직업의 세계와 자신에 대한 이해의 폭을 넓히고 스스로의 진로를 선택할 수 있는 능력을 기르게 한다(문교부, 1988, pp. 160-161). |

**표 7-9** 고등학교 '기술과'의 기술과목별 교육목표 변천(통합과목기)

| 시기 | 근거<br>적용 시기 | 과목명 | 교육목표 |
|---|---|---|---|
| 제5기 | 1992. 10. 30. (교육부 고시 제1992-19호)<br><br>1996. 3. ~ 2002. 2. | 기술 | ① 기술의 특성을 이해하고 경험하게 함으로써 기술적 사고 능력과 태도를 기르게 한다.<br>② 에너지와 수송, 정보통신, 제조, 건설에 관한 지식과 기술을 습득하게 함으로써 고도 산업사회에 적응할 수 있는 능력을 기르게 한다.<br>③ 기술의 발달과 관련된 여러 가지 직업의 특성을 이해하게 하여 직업의 세계와 자신에 대한 이해의 폭을 넓히고 스스로 진로를 선택할 수 있는 능력과 태도를 기르게 한다(교육부, 1992, p. 158). |
| 제6기 | 1997. 12. 30. (교육부 고시 제1997-15호)<br><br>2002. 3. ~ 2011. 2. | 기술·가정 | ① 일상생활과 관련되는 일을 경험하며 생활에 필요한 기초적 능력을 습득한다.<br>② 기술과 가정생활에 관련되는 다양한 실천적 경험을 통하여 자신의 적성을 계발하고 진로를 탐색하며 일과 직업에 대한 건전한 태도를 가진다.<br>③ 일을 창의적으로 계획하고 실천하여 자신의 미래 생활을 합리적으로 설계할 수 있으며 그에 필요한 준비를 할 수 있다(교육부, 1997b, p. 27). |

| | | | |
|---|---|---|---|
| 제7기 | 2008. 9. 11.<br>(교육과학<br>기술부 고시<br>제2008-148호)<br><br>2011. 3. ~<br>2014. 2. | 기술·<br>가정 | ① 산업기술에 대한 개념과 특성을 이해하고 일상생활과 관련되는 문제를 창의적으로 해결함으로써 산업기술에 대한 바람직한 자세와 미래 사회에 적응하는 능력과 태도를 기른다(교육인적자원부, 2007, p. 3). |
| 제8기 | 2011. 8. 9.<br>(교육과학<br>기술부 고시<br>제2011-361호)<br><br>2014. 3. ~<br>2018. 2. | 기술·<br>가정 | ① 기술 혁신과 발명이 세상에 미친 영향을 이해하고 기술적 아이디어를 설계할 수 있으며 미래 기술을 탐구하여 미래 사회에서 기술의 영향을 평가할 수 있다. 또한 미래 기술 사회와 관련된 직업 세계를 탐색하며 융합적 기술 문제를 이해하고 해결할 수 있다(교육과학기술부, 2011, p. 28). |
| 제9기 | 2015. 9. 23.<br>(교육부 고시<br>제2015-74호)<br><br>2018. 3. ~? | 기술·<br>가정 | ① 첨단기술에 대한 이해를 기초로 기술적 문제를 창의적으로 해결하고 일상생활에 적용할 수 있는 기술적 문제해결 능력과 기술활용 능력을 기른다.<br>② 첨단기술의 발달과 사회의 변화에 적극적으로 대처하고 적응할 수 있는 기술활용 능력과 기술 시스템 설계 능력을 기른다.<br>③ 다양한 자원을 활용하여 기술적 문제를 이해하고 해결 방안을 탐색하고 개발할 수 있는 기술 시스템 설계 능력과 기술적 문제해결 능력을 기른다(교육부, 2015, p. 33). |

이를 요약하면 전체적으로 설계 제도, 전열 기구, 생활환경의 미화 등에 대한 지식과 기술의 습득을 강조하였다.

② 제2기 교육과정의 인문계 고등학교 기술(남)과의 목표는 다음과 같다.

- 산업구조와 기업의 경영 및 관리에 관한 기초 지식을 습득시켜 산업사회에 적응할 수 있는 소양을 기른다.
- 설계 제도에 관한 지식과 기술을 습득시켜 실생활에 활용할 수 있는 능력을 기른다.

- 기계 구성에 관한 지식과 기술을 습득시켜 생활에 이용되는 기계를 효과
  적으로 활용할 수 있는 능력을 기른다.
- 자동제어 및 정보처리에 관한 기초 지식과 기술을 습득시켜 생활의 과학
  회를 기할 수 있는 능력과 태도를 기른다(문교부, 1974, p. 71).

이를 요약하면 전체적으로 산업에 관한 일반적인 지식을 습득시키고 우리
나라 산업의 특질을 이해시켜, 국가 발전에 이바지할 수 있게 함에 있다. 따
라서 농업, 공업, 상업, 수산업에 관한 지식과 기능의 습득을 강조하였다.

③ 제3기 교육과정의 일반계 고등학교 산업기술과의 목표는 다음과 같다.

- 산업기술의 중요성을 인식시키고, 경영 관리, 전자계산기, 에너지 및 동
  력에 대한 기초 지식과 기술을 습득하게 하여 생활에 활용할 수 있는 능
  력을 기른다.
- 제조공업과 건설, 농업과 수산업 및 해양에 관한 기초 지식과 기술을 습
  득하게 하여 국가 산업 발전에 기여할 수 있는 능력을 기른다.
- 여러 직업의 특성을 이해시켜 스스로 진로를 선택할 수 있는 능력을 이
  해시킨다(문교부, 1981, p. 118).

이를 요약하면 전체적으로 기초적인 지식 및 기술의 습득과 합리적인 생활
의 영위, 산업 발전에 기여하는 능력과 태도를 강조하였다.

④ 제4기 교육과정의 일반계 고등학교 기술과의 목표는 다음과 같다.

- 기술의 본질과 특성을 이해시키고 산업기술에 관한 지식을 습득하게 하
  여, 고도 산업사회에 적응할 수 있는 기술적 소양을 기르게 한다.

- 에너지와 동력, 컴퓨터, 제조, 건설에 관한 지식과 기술을 습득하게 하여, 생활에 활용하고 국가 산업 발전에 기여할 수 있는 능력과 태도를 기르게 한다.
- 기술의 발달과 관련된 여러 직업의 특성을 이해하게 히여, 직업의 세계와 자신에 대한 이해의 폭을 넓히고 스스로의 진로를 선택할 수 있는 능력을 기르게 한다(문교부, 1988, pp. 160-161).

이를 요약하면 전체적으로 기술의 발달과 관련된 여러 직업의 특성을 이해하는 폭을 넓혀 스스로 진로를 선택할 수 있는 능력을 기르게 하는 것을 강조하였다.

⑤ 제5기 교육과정의 일반계 고등학교 기술과의 목표는 다음과 같다.

- 기술의 특성을 이해하고 경험하게 함으로써 기술적 사고 능력과 태도를 기르게 한다.
- 에너지와 수송, 정보통신, 제조, 건설에 관한 지식과 기술을 습득하게 함으로써 고도 산업사회에 적응할 수 있는 능력을 기르게 한다.
- 기술의 발달과 관련된 여러 가지 직업의 특성을 이해하게 하여 직업의 세계와 자신에 대한 이해의 폭을 넓히고 스스로 진로를 선택할 수 있는 능력과 태도를 기르게 한다(교육부, 1992, p. 158).

이를 요약하면 전체적으로 고도 산업사회에 적응할 수 있는 능력을 갖게 하는 것을 강조하였다.

⑥ 제6기 교육과정의 일반계 고등학교 기술 · 가정과의 목표는 다음과 같다.

- 일상생활과 관련되는 일을 경험하며 생활에 필요한 기초적 능력을 습득한다.
- 기술과 가정생활에 관련되는 다양한 실천적 경험을 통하여 자신의 적성을 계발하고 진로를 탐색하며 일과 직업에 대한 건전한 태도를 가진다.
- 일을 창의적으로 계획하고 실천하여 자신의 미래 생활을 합리적으로 설계할 수 있으며 그에 필요한 준비를 할 수 있다(교육부, 1997b, p. 27).

이를 요약하면 전체적으로 일상생활과 관련된 기술적 능력을 키우고 일을 창의적으로 계획할 수 있는 능력을 강조하였다.

⑦ 제7기 교육과정의 일반계 고등학교 기술 · 가정과의 목표는 다음과 같다.

- 산업기술에 대한 개념과 특성을 이해하고 일상생활과 관련되는 문제를 창의적으로 해결함으로써 산업기술에 대한 바람직한 자세와 미래 사회에 적응하는 능력과 태도를 기른다(교육인적자원부, 2007, pp. 2-3).

이를 요약하면 전체적으로 일상생활의 문제점의 창의적 해결 능력과 일과 직업에 대한 건전한 가치관 형성을 강조하였다.

⑧ 제8기 교육과정의 일반계 고등학교 기술 · 가정과의 목표는 다음과 같다.

- 기술 혁신과 발명이 세상에 미친 영향을 이해하고 기술적 아이디어를 설계할 수 있으며, 미래 기술을 탐구하여 미래 사회에서 기술의 영향을 평가할 수 있다. 또한 미래 기술 사회와 관련된 직업 세계를 탐색하며, 융합적 기술 문제를 이해하고 해결할 수 있다(교육과학기술부, 2011, p. 28).

이를 요약하면 전체적으로 미래에 대한 진로 탐색 능력을 강조하였다.

⑨ 제9기 교육과정의 일반계 고등학교 기술 · 가정과의 목표는 다음과 같다.

- 첨단기술에 대한 이해를 기초로 기술적 문제를 창의적으로 해결하고 일상
  생활에 적용할 수 있는 기술적 문제해결 능력과 기술활용 능력을 기른다.
- 첨단기술의 발달과 사회의 변화에 적극적으로 대처하고 적응할 수 있는
  기술활용 능력과 기술 시스템 설계 능력을 기른다.
- 다양한 자원을 활용하여 기술적 문제를 이해하고 해결 방안을 탐색하고
  개발할 수 있는 기술 시스템 설계 능력과 기술적 문제해결 능력을 기른
  다(교육부, 2015, p. 33).

이를 요약하면 전체적으로 창의적 기술적 문제해결 능력과 기술활용 능력
을 강조하였다.

### (3) 주요 내용
① 제1기 기술(남자용)의 교육내용은 다음과 같다.

1. 설계 제도 (1) 제작도 (2) 기계 요소 제도 (3) 전기 제도, 2. 자동차 (1) 자
동차의 구조 (2) 고장과 손질 (3) 기동과 조종 (4) 급유 (5) 연료, 3. 제작 실습
(1) 판금 작업 (2) 기계 작업이 있다(문교부, 1969, pp. 136-137).

제1기 기술(여자용)의 교육내용은 다음과 같다.

1. 설계 제도 (1) 제작도 (2) 간잡이 제도, 2. 전열 기구와 전동기 기구
의 점검 및 수리 (1) 전열 기구 (2) 전동기 기구 (3) 고장과 수리, 3. 제작 실

습 (1) 칠하기 (2) 가구의 손질 (3) 기계 편물과 기계 자수가 있다(문교부, 1969, p. 140).

② 제2기 교육과정의 교육내용은 다음과 같다.

1. 산업의 발달과 구조 (1) 자원과 산업기술 (2) 산업구조의 변화 (3) 산업의 합리화 (4) 산업 공해, 2. 설계 제도 (1) 설계 제도의 개요 (2) 기계 제도 (3) 전기 제도 (4) 건축 제도, 3. 자동차 (1) 구조와 기능 (2) 기동과 조정 (3) 기관의 활용, 4. 자동 제어 (1) 자동 제어의 기초 (2) 자동 제어 기기 (3) 자동 제어의 응용, 5. 전자계산기 (1) 전자계산기의 구성 (2) 전자계산기의 활용, 6. 경영 관리 (1) 기업과 경영 (2) 기획 관리 기능과 경영 조직 (3) 관리 분석과 평가 (4) 직업과 적성이 있다(문교부, 1974, pp. 71-72).

③ 제3기 교육과정의 교육내용은 다음과 같다.

1. 산업과 기술 (1) 자원과 산업 (2) 산업구조의 변화 (3) 산업 발전과 환경 보호, 2. 경영 관리 (1) 기업 경영의 원리 (2) 기획과 조직 (3) 통제 및 분석 평가 (4) 생산과 판매, 3. 전자계산기 (1) 전자계산기의 개요, (2) 전자계산기의 응용, 4. 에너지와 동력 (1) 에너지 (2) 동력의 응용, 5. 제조 공업과 건설 (1) 설계 제도 (2) 제조 공업 (3) 건설, 6. 농업기술 (1) 농업과 식량 (2) 농업 생산기술 (3) 농산물 가공과 이용, 7. 해양 개발과 수산기술 (1) 해양 개발 (2) 어업과 수산 양식 (3) 수산물 가공과 이용, 8. 직업과 진로 (1) 산업과 직업 (2) 직업의 종류와 특성 (3) 진로 선택이 있다(문교부, 1981, pp. 118-119).

④ 제4기 교육과정의 교육내용은 다음과 같다.

1. 기술과 산업 (1) 기술의 발달 (2) 수산 · 해양기술 (3) 농업기술 (4) 산업 발전과 환경 보호 (5) 경영 관리, 2. 에너지와 동력 (1) 에너지의 종류 (2) 에너지 자원의 개발 (3) 동력의 이용, 3. 컴퓨터 (1) 컴퓨터와 산업사회 (2) 컴퓨터의 구성과 원리 (3) 컴퓨터의 이용, 4. 제조기술 (1) 제품의 개발과 생산 계획 (2) 설계 제도 (3) 제조 과정 (4) 제조기술의 자동화, 5. 건설기술 (1) 건설기술의 개요 (2) 건설 계획 및 설계 (3) 건설 시공 및 관리 (4) 미래의 건설기술, 6. 직업과 진로 (1) 기술의 발달과 직업 (2) 직업의 종류와 특성 (3) 진로 선택이 있다(문교부, 1988, pp. 161-162).

⑤ 제5기 교육과정의 교육내용은 다음과 같다.

1. 기술과 산업 (1) 기술의 발달 (2) 생물기술 (3) 산업 발전과 환경 보전, 2. 에너지와 수송기술 (1) 에너지의 종류 (2) 에너지 자원의 개발 (3) 수송기술 (4) 자동차의 운전 및 정비, 3. 정보통신기술 (1) 정보통신의 개요 (2) 컴퓨터와 정보통신 (3) 컴퓨터의 이용, 4. 제조기술 (1) 제품의 개발과 생산 계획 (2) 설계 제도 (3) 제조 과정 (4) 제조기술의 자동화 (5) 제품의 제작, 5. 건설기술 (1) 건설기술의 발달 (2) 건설 계획 및 설계 (3) 건설 시공 및 관리 (4) 건설 설계 제도, 6. 직업과 진로 (1) 기술의 발달과 직업 (2) 직업의 종류와 특성 (3) 진로 선택이 있다(교육부, 1992, pp. 158-159).

⑥ 제6기 교육과정의 내용은 다음과 같다.

1. 에너지와 수송기술 (1) 에너지원의 이용 (2) 동력의 발생과 이용 (3) 자동차의 관리, 2. 건설기술의 기초 (1) 건설 구조물의 시공원리 (2) 건설 구조물 모형 만들기가 있다(교육부, 1997b, p. 28).

⑦ 제7기 교육과정의 내용은 다음과 같다.

1. 직업과 진로 설계 (1) 일과 직업의 세계 (2) 진로 계획과 직업 윤리, 2. 수송기술 (1) 에너지의 생산과 이용 (2) 수송기술의 특성과 이용 (3) 수송 모형 장치 만들기가 있다(교육인적자원부, 2007, p. 4).

⑧ 제8기 교육과정의 교육내용은 다음과 같다.

　1. 기술 혁신과 설계 (1) 기술 혁신과 발명 (2) 창의 공학 설계, 2. 미래 기술과 사회 (1) 미래 기술의 세계 (2) 미래 기술과 사회 (3) 융합적 문제해결 체험 활동이 있다(교육과학기술부, 2013, p. 28).

⑨ 제9기 교육과정의 교육내용은 다음과 같다.

　1. 생산기술 (1) 첨단 제조기술 (2) 첨단 건설기술 (3) 첨단 생명기술, 2. 수송기술 (1) 첨단 수송기술, 3. 통신기술 (1) 첨단 통신기술, 4. 자신의 미래를 설계하고 기술의 발달과 사회 변화에 대처 (1) 기술과 직업 (2) 산업 재해 (3) 자동차 안전과 생활, 5. 문제해결 과정에서의 발명과 기술 개발에서의 표준 (1) 창의공학 설계 (2) 발명과 창업 (3) 기술 개발과 표준, 6. 기술 개발과 사회의 지속 가능성 (1) 지속 가능한 발전이 있다(교육부, 2015, p. 34).

**표 7-10**  고등학교 '기술과'의 기술과목별 교육내용 변천(독립과목기)

| 시기 | 근거<br>적용 시기 | 과목명 | 교육내용 |
|---|---|---|---|
| 제1기 | 1969. 9. 4.<br>(문교부령<br>제251호)<br><br>1970. 3. ~<br>1977. 2. | 기술<br>(남자) | 1. 설계 제도<br>　(1) 제작도<br>　(2) 기계 요소 제도<br>　(3) 전기 제도<br>2. 자동차<br>　(1) 자동차의 구조<br>　(2) 고장과 손질<br>　(3) 기동과 조종<br>　(4) 급유<br>　(5) 연료<br>3. 제작 실습<br>　(1) 판금 작업<br>　(2) 기계 작업(문교부, 1969, pp. 136-137) |
| | | 기술<br>(여자) | 1. 설계 제도<br>　(1) 제작도<br>　(2) 간잡이 제도<br>2. 전열 기구와 전동기 기구의 점검 및 수리<br>　(1) 전열 기구<br>　(2) 전동기 기구<br>　(3) 고장과 수리<br>3. 제작 실습<br>　(1) 칠하기<br>　(2) 가구의 손질<br>　(3) 기계 편물과 기계 자수(문교부, 1969, p. 140) |
| 제2기 | 1974. 12. 31.<br>(문교부령<br>제350호)<br><br>1977. 3. ~<br>1984. 2. | 기술<br>(남자) | 1. 산업의 발달과 구조<br>　(1) 자원과 산업기술<br>　(2) 산업구조의 변화<br>　(3) 산업의 합리화<br>　(4) 산업 공해<br>2. 설계 제도<br>　(1) 설계제도의 개요<br>　(2) 기계 제도 |

| | | | (3) 전기 제도 |
|---|---|---|---|
| | | | (4) 건축 제도 |
| | | | 3. 자동차 |
| | | | (1) 구조와 기능 |
| | | | (2) 기동과 조정 |
| | | | (3) 기관의 활용 |
| | | | 4. 자동 제어 |
| | | | (1) 자동 제어의 기초 |
| | | | (2) 자동 제어 기기 |
| | | | (3) 자동 제어의 응용 |
| | | | 5. 전자계산기 |
| | | | (1) 전자계산기의 구성 |
| | | | (2) 전자계산기의 활용 |
| | | | 6. 경영 관리 |
| | | | (1) 기업과 경영 |
| | | | (2) 기획 관리 기능과 경영 조직 |
| | | | (3) 관리 분석과 평가 |
| | | | (4) 직업과 적성(문교부, 1974, pp. 71-72) |
| 제3기 | 1981. 12. 31.<br>(문교부 고시<br>제442호)<br><br>1984. 3. ~<br>1989. 2. | 산업기술 | 1. 산업과 기술<br>(1) 자원과 산업<br>(2) 산업구조의 변화<br>(3) 산업 발전과 환경 보호<br>2. 경영 관리<br>(1) 기업 경영의 원리<br>(2) 기획과 조직<br>(3) 통제 및 분석 평가<br>(4) 생산과 판매<br>3. 전자계산기<br>(1) 전자계산기의 개요<br>(2) 전자계산기의 응용<br>4. 에너지와 동력<br>(1) 에너지<br>(2) 동력의 응용 |

| | | | |
|---|---|---|---|
| | | | 5. 제조 공업과 건설 |
| | | |   (1) 설계 제도 |
| | | |   (2) 제조 공업 |
| | | |   (3) 건설 |
| | | | 6. 농업기술 |
| | | |   (1) 농업과 식량 |
| | | |   (2) 농업 생산기술 |
| | | |   (3) 농산물 가공과 이용 |
| | | | 7. 해양 개발과 수산기술 |
| | | |   (1) 해양 개발 |
| | | |   (2) 어업과 수산 양식 |
| | | |   (3) 수산물 가공과 이용 |
| | | | 8. 직업과 진로 |
| | | |   (1) 산업과 직업 |
| | | |   (2) 직업의 종류와 특성 |
| | | |   (3) 진로 선택(문교부, 1981, pp. 118-119) |
| 제4기 | 1988. 3. 31.<br>(문교부 고시<br>제88-7호)<br><br>1989. 3. ~<br>1996. 2. | 기술 | 1. 기술과 산업 |
| | | |   (1) 기술의 발달 |
| | | |   (2) 수산 · 해양기술 |
| | | |   (3) 농업기술 |
| | | |   (4) 산업 발전과 환경 보호 |
| | | |   (5) 경영 관리 |
| | | | 2. 에너지와 동력 |
| | | |   (1) 에너지의 종류 |
| | | |   (2) 에너지 자원의 개발 |
| | | |   (3) 동력의 이용 |
| | | | 3. 컴퓨터 |
| | | |   (1) 컴퓨터와 산업사회 |
| | | |   (2) 컴퓨터의 구성과 원리 |
| | | |   (3) 컴퓨터의 이용 |
| | | | 4. 제조기술 |
| | | |   (1) 제품의 개발과 생산 계획 |
| | | |   (2) 설계 제도 |
| | | |   (3) 제조 과정 |
| | | |   (4) 제조기술의 자동화 |

| | | | 5. 건설기술 |
| | | |   (1) 건설기술의 개요 |
| | | |   (2) 건설 계획 및 설계 |
| | | |   (3) 건설 시공 및 관리 |
| | | |   (4) 미래의 건설기술 |
| | | | 6. 직업과 진로 |
| | | |   (1) 기술의 발달과 직업 |
| | | |   (2) 직업의 종류와 특성 |
| | | |   (3) 진로 선택(문교부, 1988, pp. 161-162) |

**표 7-11**   고등학교 '기술과'의 기술과목별 교육내용 변천(통합과목기)

| 시기 | 근거<br>적용 시기 | 과목명 | 교육내용 |
|---|---|---|---|
| 제5기 | 1992. 10. 30.<br>(교육부 고시<br>제1992-19호)<br><br>1996. 3. ~<br>2002. 2. | 기술 | 1. 기술과 산업<br>  (1) 기술의 발달<br>  (2) 생물기술<br>  (3) 산업 발전과 환경 보전<br>2. 에너지와 수송기술<br>  (1) 에너지의 종류<br>  (2) 에너지 자원의 개발<br>  (3) 수송기술<br>  (4) 자동차의 운전 및 정비<br>3. 정보통신기술<br>  (1) 정보통신의 개요<br>  (2) 컴퓨터와 정보통신<br>  (3) 컴퓨터의 이용<br>4. 제조기술<br>  (1) 제품의 개발과 생산 계획<br>  (2) 설계 제도<br>  (3) 제조 과정<br>  (4) 제조기술의 자동화<br>  (5) 제품의 제작 |

| | | | |
|---|---|---|---|
| | | | 5. 건설기술<br>(1) 건설기술의 발달<br>(2) 건설 계획 및 설계<br>(3) 건설 시공 및 관리<br>(4) 건설 설계 제도<br>6. 직업과 진로<br>(1) 기술의 발달과 직업<br>(2) 직업의 종류와 특성<br>(3) 진로 선택(교육부, 1992, pp. 158-159) |
| 제6기 | 1997. 12. 30.<br>(교육부 고시<br>제1997-15호)<br><br>2002. 3. ~<br>2011. 2. | 기술 ·<br>가정 | 1. 에너지와 수송기술<br>(1) 에너지원의 이용<br>(2) 동력의 발생과 이용<br>(3) 자동차의 관리<br>2. 건설기술의 기초<br>(1) 건설 구조물의 시공원리<br>(2) 건설 구조물 모형 만들기<br>(교육부, 1997b, p. 28) |
| 제7기 | 2008. 9. 11.<br>(교육과학<br>기술부 고시<br>제2008-148호)<br><br>2011. 3. ~<br>2014. 2. | 기술 ·<br>가정 | 1. 직업과 진로 설계<br>(1) 일과 직업의 세계<br>(2) 진로 계획과 직업 윤리<br>2. 수송기술<br>(1) 에너지의 생산과 이용<br>(2) 수송기술의 특성과 이용<br>(3) 수송 모형 장치 만들기<br>(교육인적자원부, 2007, p. 4) |
| 제8기 | 2011. 8. 9.<br>(교육과학<br>기술부 고시<br>제2011-361호)<br><br>2014. 3. ~<br>2018. 2. | 기술 ·<br>가정 | 1. 기술 혁신과 설계<br>(1) 기술 혁신과 발명<br>(2) 창의 공학 설계<br>2. 미래 기술과 사회<br>(1) 미래 기술의 세계<br>(2) 미래 기술과 사회<br>(3) 융합적 문제해결 체험 활동<br>(교육과학기술부, 2013, p. 28) |

| 제9기 | 2015. 9. 23.<br>(교육부 고시<br>제2015-74호)<br><br>2018. 3. ~? | 기술·<br>가정 | 1. 생산기술<br>　(1) 첨단 제조기술<br>　(2) 첨단 건설기술<br>　(3) 첨단 생명기술<br>2. 수송기술<br>　(1) 첨단 수송기술<br>3. 통신기술<br>　(1) 첨단 통신기술<br>4. 자신의 미래를 설계하고 기술의 발달과 사회 변화에 대처<br>　(1) 기술과 직업<br>　(2) 산업 재해<br>　(3) 자동차 안전과 생활<br>5. 문제해결 과정에서의 발명과 기술 개발에서의 표준<br>　(1) 창의공학 설계<br>　(2) 발명과 창업<br>　(3) 기술 개발과 표준<br>6. 기술 개발과 사회의 지속 가능성<br>　(1) 지속 가능한 발전(교육부, 2015, p. 34) |

## (4) 지도 및 평가상의 유의점

### ① 제1기(1969. 9. 교육과정)

'기술(남자용)'에 제시된 지도 및 평가상의 유의점은 다음과 같다.

- 기술은 개별의 구분 없이 모든 학생이 이수하여야 하며, 이는 기초공학을 이수하기 전에 과하고 4단위를 지도하도록 한다.
- 각 영역의 지도는 중학교에서 이수한 기술 사항과 관련지어 학습효과를 올리도록 유의한다.
- 설계 제도는 연필도와 병행하여 먹물 넣기 지도를 하도록 한다.
- 실습장에서는 언제나 안정된 분위기를 유지하고 안전 규칙에 유의하여

사고의 예방과 재해 방지에 힘쓰도록 한다.
- 제도기 및 공구의 간수, 재료의 사용에 있어서는 물자를 아끼고 소중히 다루는 습관을 기르도록 한다(문교부, 1969, p. 137).

'기술(여자용)'에 제시된 지도 및 평가상의 유의점은 다음과 같다.
- 기술은 개별의 구분 없이 모든 학생이 이수하여야 하며, 이는 개별 과정을 들어가기 전에 과하고, 4단위를 지도하도록 한다.
- 설계 제도는 연필로 지도하는 것을 원칙으로 한다.
- 각 영역의 지도는 중학교에서 이수한 기술과 관련지어 학습효과를 올리도록 한다.
- 실습장에서는 언제나 안정된 분위기를 유지하고, 안전 규칙에 유의하여 사고의 예방과 재해 방지에 힘쓰도록 한다(문교부, 1969, p. 140).

② 제2기(1974. 12. 교육과정)

'기술(남)'에 제시된 지도 및 평가상의 유의점은 다음과 같다.
- 기술은 농업, 공업, 상업, 수산업의 선택과목을 이수하기 전에 과하도록 한다.
- 실험 실습의 내용은 기본적인 것을 정선하되 농업, 공업, 상업, 수산업 등의 내용을 고려하여 전이값이 높은 것에 중점을 두어 지도하도록 한다.
- 실습 지도에 있어서는 사전에 안전 교육을 실시하여 사고 발생을 미연에 방지하도록 한다(문교부, 1974, p. 72).

③ 제3기(1981. 12. 교육과정)

'산업기술'에 제시된 지도상의 유의점은 다음과 같다.

- 산업기술은 가급적 실업 · 가정의 선택과목을 이수하기 전에 지도한다.
- 이론과 실습의 내용은 실생활과 관련된 것을 정선하여 지도한다.
- 중학교에서 학습한 내용과 관련시켜 체계를 세워 지도한다.
- 실습 지도에 있어서는 충분한 안전 교육을 실시한다(문교부, 1981, p. 119).

'산업기술'에 제시된 평가상의 유의점은 다음과 같다.
- 목표 및 학습내용상의 특성을 감안하여 평가를 실시하되 산업기술 전반에 걸친 기초 지식의 이해와 실제 적용을 고루 평가한다.
- 평가는 시기와 방법 등에 대한 사전 계획을 세우고 진단, 형성, 총괄 평가를 실시하며, 이에 따른 적절한 지도가 이루어지도록 한다.
- 실습을 필요로 하는 단원에서는 실습의 준비, 과정, 결과 등을 고루 평가한다(문교부, 1981, p. 119).

④ 제4기(1988. 3. 교육과정)

'기술'에 제시된 지도상의 유의점은 다음과 같다.
- 기술은 가급적 실업 · 가정과의 선택과목을 이수하기 전에 지도한다.
- 과목 내용은 고르게 이수시키되 학생의 학업 성취 수준 및 요구, 학교의 실정, 지역 사회의 여건 등을 고려하여 지도의 비중을 달리할 수 있다.
- 과목 내용은 실생활과 관련시켜 지도하며, 실습은 사전에 충분한 계획을 세워 흥미 있는 실습이 이루어지도록 지도한다.
- 지역 사회의 산업체 조사와 견학, 자원 인사의 활용, 교육자료의 개발 및 활용 등을 통하여 흥미 있는 학습이 이루어지도록 지도한다(문교부, 1988, p. 162).

'기술'에 제시된 평가상의 유의점은 다음과 같다.

- 평가는 시기와 방법 등을 사전에 계획하여 실시하되 지도한 내용이 균형 있게 반영되도록 한다.
- 목표 및 내용상의 특성을 감안하여 평가하되 단순하고 지엽적인 내용의 평가보다는 기본적인 개념이나 원리의 이해 및 응용력에 중점을 두어 평가하도록 한다.
- 실습에서는 준비, 과정, 결과 등을 고루 평가하며, 교사의 평가와 학생의 자기 평가를 병행하도록 한다(문교부, 1988, p. 162).

⑤ 제5기(1992. 10. 교육과정)

'기술'에 제시된 지도상의 유의점은 다음과 같다.
- '기술' 과목은 실업 · 가정과의 기본이 되며 중학교 기술 · 산업과 연계되는 과목이므로, 이를 고려하여 지도 계획을 수립한다.
- 지도 내용은 모든 영역에 걸쳐 이수시키되 학생의 학업 성취 수준 및 요구, 학교의 실정, 지역 사회의 여건 등을 고려하여 지도의 비중을 달리할 수 있다.
- 지도 내용은 실생활과 관련시켜 지도하며, 실습은 사전에 충분한 계획을 세워 흥미 있는 실습이 이루어지도록 지도한다.
- 내용의 지도는 다음 사항에 유의하여 지도한다.
  - '기술과 산업' 영역의 생물기술에서는 재배 양식에 관한 새로운 기술 및 유전자공학과 관련된 기술 등의 중요성을 알도록 지도한다.
  - '에너지와 수송기술' 영역에서는 에너지를 절약하는 태도를 가지게 하며, 실습을 통하여 자동차의 운전 및 정비를 할 수 있는 기초 능력을 기르도록 지도한다.
  - '정보통신기술' 영역에서는 컴퓨터 활용 기능의 신장을 위한 관찰, 방문 조사 등의 현장 견학과 실습 위주의 지도에 중점을 둔다.

-'제조기술' 영역에서는 제품의 개발과 생산 계획 및 과정 등을 연계시켜 지도하고, 학생 스스로가 실습과제를 선택하여 간단한 제품을 제작해 볼 수 있게 하여, 창의력과 실천적인 태도를 가지도록 한다.

• 분단별 실험 · 실습에 있어서는 토론에 의한 의사결정, 협동과 책임의 중요성을 이해하도록 지도한다.

• 실험 · 실습에 있어서는 재료를 경제적으로 선택, 구입, 활용하도록 하고, 사전에 충분한 안전 교육을 실시하여 공구, 기계 등을 안전하게 다루는 습관을 기르도록 한다.

• 실험 · 실습 시에는 학교 시설 · 설비를 적극 활용하도록 하여 교수 · 학습이 효율적으로 이루어지도록 한다.

• 지역 사회의 산업체 조사와 견학, 자원 인사의 활용, 교육자료의 개발 및 활용 등을 통하여 흥미 있는 학습이 이루어지도록 지도한다(교육부, 1992, pp. 160-161).

'기술'에 제시된 평가상의 유의점은 다음과 같다.

• 각 영역별 특성을 고려하여 과정과 결과를 수시로 평가하고, 지필 평가 외에 다양한 평가 방법을 활용하도록 한다. 이때, 사전에 평가 방법, 시기 등을 계획해 실시하도록 하여 지도한 내용이 균형 있게 반영되도록 한다.

• 목표 및 내용상의 특성을 감안하여 평가하되 단순하고 지엽적인 내용의 평가보다는 기본적인 이론이나 원리의 이해 및 응용력에 중점을 두어 평가하도록 한다.

• 조사 활동 및 견학을 통한 학습의 평가에서는 이에 대한 준비, 학습 태도 등을 고루 평가하며, 교사의 평가와 학생의 자기 평가를 병행하도록 한다.

• 각 영역에서는, 특히 다음 사항을 강조하여 평가한다.

　－'에너지와 수송기술'에서는 정비 공구 사용 방법

　－'정보통신기술'에서는 통신 소프트웨어 활용 방법

　－'제조기술'에서는 제품 제작 능력

　－'건설기술'에서는 설계 도면 작성 방법(교육부, 1992, p. 161)

⑥ 제6기(1997. 12. 교육과정)

'기술·가정'에 제시된 지도상의 유의점은 다음과 같다.

- 이 교과는 5~10학년까지 남녀 구분 없이 이수시키며, 11~12학년 선택교 과와의 연계성을 고려하여 지도 계획을 수립하여 체계성 있게 지도한다.
- 지도 내용은 모든 영역에 걸쳐 고르게 이수시키되 학생과 학교의 실정, 지역 사회의 여건을 고려하여 내용 요소의 조합이나 지도 순서와 비중 을 달리할 수 있다.
- 국가 수준의 배당 시간은 최소 이수시간이므로 반드시 확보되어야 하 며, 학교 행사, 학급 활동 등으로 전용되는 일이 없도록 하고, 지도 시간 이 부족할 경우에는 재량시간을 활용하도록 한다.
- 시간 계획은 필요한 경우 학습의 실효를 거둘 수 있도록 연속하여 편 성·운영할 수 있다.
- 실험·실습, 조사, 토의 등 활동 중심, 사례 중심으로 지도하고, 학생 스 스로 문제를 발견하고 활동 계획을 세워 실행할 수 있는 과제를 포함시 키도록 한다.
- 전 영역의 실습 소재나 재료를 생활 주변에서 찾음으로써 습득한 지식 과 기능을 일상생활에 적극적으로 활용할 수 있고 일의 즐거움과 성취 감을 느낄 수 있도록 지도한다.
- 교수·학습 활동은 전반에 걸쳐 노작을 중시하고 가정 실습, 학교 행사, 지 역 사회 등과 밀접한 관계를 가지도록 하고 산업체 견학, 자원 인사의 활

용, 전시회 관람 등을 통하여 흥미 있는 학습이 이루어질 수 있도록 한다.

- 교수·학습 과정에서는 다양한 시청각 매체와 학습 자료 등을 적극적으로 활용하도록 하고, 이의 활용 방안이 지도 계획에 반영되도록 한다.
- 모든 영역에서 컴퓨터를 활용한 수업이나 과제 등을 통하여 컴퓨터에 흥미를 가질 수 있도록 하되, 컴퓨터 내용의 지도에 있어서는 학교 시설 여건을 고려하여 실효성 있게 계획을 수립하고, 지도 시간을 늘리고자 할 때에는 학교 재량시간을 활용하되 실과의 다른 내용에 배당된 시간을 활용하지 않도록 한다.
- 실습은 가급적 적은 인원의 조별 또는 분단 학습으로 하여 상호 협력의 중요성을 인식하게 한다.
- 실습의 지도에서는 자료를 합리적으로 선택, 구입하여 활용하며 자원을 아껴 쓰는 태도를 가지게 하고, 실습이나 일의 수행에 있어서는 중간에 포기하지 않고 끝까지 참여하여 완수하도록 한다. 특히 기계 기구의 조작과 손질, 보관, 열원과 연료의 취급에 유의하고 안전 교육에 힘쓰도록 한다. 식품의 조리 실습에서는 식품의 위생에 유의하도록 하고, 실습 후에는 뒷정리를 잘 할 수 있도록 지도한다.
- 인성 교육, 환경 교육, 세계 이해 교육, 통일 교육, 진로 교육, 보건 교육, 근검 절약 교육, 성교육, 경제 교육, 근로 정신 함양 교육, 안전 교육, 생활 예절 교육 등 국가·사회적 요구 사항이 관련 영역과 내용에서 충실히 반영될 수 있도록 지도한다.
- 각 영역 내용의 지도에서는 다음 사항을 특히 유의한다.
  - '생활 기술' 영역에서는 실생활과 관련된 실험·실습 위주의 노작 활동을 통하여 일을 효율적으로 계획·실행할 수 있도록 하고 다양한 가정 학습 과제를 제시하여 학생들의 수준에 따라 선택할 수 있도록 한다.
  - 10학년의 '에너지원의 이용'에서는 원자력에 대한 내용을 포함하고

안전성에 대하여도 다룬다. '자동차의 관리'에서는 교통 문화와 자동
차 안전 등도 포함하여 지도한다. '건설기술의 기초'에서는 과학이나
수학에서 다룬 원리와 개념을 적용할 수 있는 실습 소재를 선택하도
록 한다. '가정생활의 실제'에서는 의·식·주에 관한 실습을 할 수 있
도록 하되 팀별 과제 또는 협동 학습을 통해 공동으로 계획하고 수행
하는 실습의 형태로 지도할 수 있다.

- '생활 자원과 환경의 관리' 영역에서는 현장 견학, 자원 인사 활용, 사
례 조사, 문제해결 학습, 또는 집단 탐구 학습 등의 방법을 적용하여
사례를 중심으로 자신의 문제를 해결하고, 문제해결 과정을 통해 자
기 학습력을 키울 수 있게 한다(교육부, 1997b, pp. 34-36).

'기술·가정'에 제시된 평가상의 유의점은 다음과 같다.

• 교과 또는 영역의 목표와 내용을 염두에 두고 평가를 실시하되 어느 특
정 영역이나 내용에 치우치지 않도록 해야 한다.

• 단순하고 지엽적인 내용의 평가를 지양하고, 교육과정에 제시되어 있는
목표에 대한 성취 수준을 전반적으로 평가하되 다음 사항에 중점을 두
어 평가한다.

  - 기본적인 개념이나 원리, 사실 등 관련 지식의 이해
  - 의사결정 능력과 응용력, 창의력을 발휘한 문제해결 능력
  - 실습 방법과 절차에 따른 실습 능력, 도구나 용구를 바르게 사용하는
    능력과 태도
  - 성실하게 실습에 임하고 합리적으로 문제를 해결하려는 태도

• 각 영역별 특성을 고려하여 과정이나 성과를 수시로 평가하고 지필 평가
외에 학생 활동의 관찰, 면담 등 여러 가지 방법이 적절히 활용되도록 하
되 사전에 평가의 기준, 방법, 시기 등을 계획하여 실시하도록 한다.

• 실험·실습, 실기 등의 평가에서는 평가 항목을 세분화, 단계화하여 평

가 기준을 작성, 활용함으로써 객관적인 평가가 될 수 있도록 한다. 그리고 평가의 기준이 되는 요소들을 학생에게 미리 알려 줌으로써 평가의 목표와 유의해야 할 점 등을 정확히 이해할 수 있도록 한다.

- 정의적 영역을 강조하여 다루는 내용을 지필 평가할 경우에는 선다형보다는 서술형 문항을 활용하여 가치, 태도 등을 간접적으로 평가하도록 한다.
- 실기 평가에서는 결과뿐만 아니라 준비 및 과정도 중요시하고, 특히 과정의 평가는 가급적 지도 시간 단위별로 실시하여 평가의 타당성을 높이고 과제 학습이나 가정에서의 실습 결과도 평가에 반영할 수 있다.
- 실습 평가는 양적 평가뿐만 아니라 질적 평가에 중점을 두고 다양한 평가 방법을 적용하도록 한다. 특히 기능에 대한 평가는 가급적 실기 평가 방법을 적용하도록 하고, 실기의 비율이 전체의 60% 이상 반영되도록 한다.
- 문제해결에 대한 태도, 가치관의 평가는 자율적인 학습 경험을 발전시켜 나갈 수 있는 자기 평가와 함께 실천에 주안점을 둔 평가가 이루어지도록 한다. 자기 평가에 있어서는 학생들이 스스로 평가할 수 있게 명료한 기준을 제시하여 주도록 한다.
- 평가 결과는 학습 목표, 학습 지도 방법, 지도 계획 등을 반영하여 전반적인 학습 과정의 보완 및 진로 지도에 활용하도록 한다(교육부, 1997b, pp. 36-37).

⑦ 제7기(2008. 09. 교육과정)

'기술 · 가정'에 제시된 지도상의 유의점은 다음과 같다.
- 교과의 특성을 고려하여 학생의 체험적인 활동을 중시하고 가정 실습, 학교 행사, 지역 사회 등과 밀접한 관계를 가지도록 한다. 그리고 견학,

지역 인적 자원의 활용, 전시회 관람 등과 연계하여 지도한다.

• 학습 소재나 실습 재료는 생활 속에서 찾아 습득한 지식과 기능을 일상 생활에 적극적으로 활용할 수 있도록 지도한다.

• 실험 · 실습, 조사, 토의 등 활동 중심, 사례 중심으로 지도하여 개인과 가정의 문제해결 과정에 적용 · 실천할 수 있도록 한다. 그리고 실험 · 실습 활동이나 협동 학습은 상호 협력의 중요성을 인식하게 한다.

• 실험 · 실습 활동에서는 재료를 합리적으로 선택, 구입, 활용하며 자원을 아껴 쓰는 태도를 갖게 하고, 체험 활동이나 일의 수행에 있어서는 중간에 포기하지 않고 끝까지 참여하여 일의 즐거움과 성취감을 느낄 수 있도록 지도한다.

• 저출산 · 고령 사회 대비 교육, 양성 평등 교육, 진로 교육, 한국 문화 정체성 교육, 다문화 교육, 효도 · 경로 · 전통 윤리 교육, 정보화 및 정보 윤리 교육 등 범교과 영역에 대해 관련 영역과 내용에서 충실히 반영될 수 있도록 지도한다.

　－실생활에 관련되는 다양한 실천적 경험을 통하여 자신의 적성을 계발하고 진로 계획을 합리적으로 수립하여, 지식 정보화 사회에서 요구되는 바람직한 직업관과 건전한 직업윤리를 갖도록 지도한다.

• 각 영역의 지도에서는 다음 사항을 특히 주의한다.

　－'기술의 세계' 영역에서는 기술의 세계에 대한 체험 활동을 통하여 창의적 사고 능력과 기술적 문제해결 능력을 기르고, 스스로 실생활에 유용한 물건을 창안하여 설계하고 만드는 과정에서 문제해결 중심의 수업이 되도록 한다.

　－8~10학년은 내용 전개 방식이 '이해와 활용'과 '체험과 만들기'로 구분되므로 중영역별로 문제해결적 접근, 통합적 접근 등을 활용한 수업 전략과 프로젝트법, 협동 학습, 토의 등 다양한 수업 방법을 적용한다. 그리고 해당 중영역의 기술적 체험 활동이 이루어질 수 있도록 한

다(교육인적자원부, 2007, pp. 12-14).

'기술 · 가정'에 제시된 평가상의 유의점은 다음과 같다.

- 평가는 교육과정에 제시되어 있는 목표에 따른 성취 수준을 전반적으로 평가하되 다음 사항에 중점을 두어 종합적으로 평가한다.
- 실험 · 실습, 실기 등의 평가는 평가 항목을 세목화, 단계화하여 평가 기준을 작성, 활용하여 객관적인 평가가 될 수 있도록 한다. 특히 과정 평가는 가급적 수업 시간 내에 실시하고 평가하여 가정 학습 과제로 연장되지 않도록 유의한다.
- 수업 중 활동 내용을 평가할 경우, 교사 평가 이외에 학생들의 동료 평가, 자기 평가 등 다양한 평가 방법을 활용하여 학생들의 참여 의식을 높인다(교육인적자원부, 2007, pp. 14-15).

⑧ 제8기(2011. 08. 교육과정)

'기술 · 가정'에 제시된 지도상의 유의점은 다음과 같다.

- 초등학교 5~6학년군과 중학교 1~3학년군의 실과(기술 · 가정)의 '가정 생활' 및 '기술의 세계' 영역과의 연계성을 고려하여 교수 · 학습 계획을 수립한다.
- '가정생활' 영역과 '기술의 세계' 영역을 모든 내용을 균형 있게 편성 · 운영하되 학생의 성취 수준 및 요구, 국가와 사회의 요구, 학교 현장의 실정 및 지역 사회의 여건을 고려하여 지도 순서와 비중을 달리할 수 있다.
- 문제해결 교수 · 학습 방법과 체험 활동을 강조하되 학습내용에 따라 실험 · 실습, 견학, 토의식 수업, 조사 활동, ICT 활용 수업, 사례 중심 수업 등 다양한 교수 · 학습을 활용한다. 또한 인터넷 자료, 그래픽, 동영상, 실물 등의 다양한 교수 · 학습 자료를 활용한다.

• 지역 사회와의 밀접한 관계를 형성하고 지역 내의 인적 자원의 활용, 박물관 및 과학관 관람, 기업 견학 등을 수업에 활용하도록 한다.

• 각 영역별로 다음 사항을 특히 주의한다.

– '기술의 세계' 영역을 학습할 때에는 기술의 기초 원리를 실생활의 문제에 어떻게 적용하여 창의적으로 문제를 해결하였는지를 살펴봄으로써 기술 자체의 속성인 문제해결 과정을 탐색하고 체험하도록 한다. 이를 통해 창의 설계 능력과 문제해결 능력을 기르도록 한다.

– 실험 · 실습 수업은 기술적 사고와 문제해결 절차를 따라 지도하되 학생들이 안전 수칙을 잘 지킬 수 있도록 유의하여 지도한다.

– '기술 혁신과 설계'에서는 기술의 기초 개념, 원리와 함께 기술적 소양, 창의적 문제해결 등의 내용을 지도한다. 기술 혁신 과정에서는 과거 기술적인 문제점들이 어떤 과정을 통해 해결되었는가를 조사해 보고, 기술의 진보에 기여한 발명가와 기술자를 소개하여 진로 교육을 병행한다. 한편, 현대 기술의 문제점을 조사하고 탐구하는 과정을 통해 창의 공학 설계의 개념을 이해하고 그 과정을 체험하도록 한다.

– '미래 기술과 사회'에서는 우리의 생활에 크게 영향을 미치고 있는 정보통신기술, 우주항공기술, 바이오기술, 로봇과 자동화기술 그리고 환경과 건설기술의 현재 수준 및 미래의 발전 방향 등을 조사하고 평가하도록 지도한다. 아울러 이러한 미래 기술이 우리 사회에 미치는 긍정적인 영향과 부정적인 영향을 조사하고, 바람직한 미래 기술의 방향에 대해 모색하도록 지도한다. 최근의 기술 용합에 대한 이해를 토대로 융합적 기술 문제를 체험적으로 해결하도록 지도한다(교육과학기술부, 2013, pp. 31-32).

'기술 · 가정'에 제시된 평가상의 유의점은 다음과 같다.

• 학생의 평가에 있어서는 교육목표와 교육내용, 성취 기준 등을 감안하

여 평가하되 기초 개념과 원리, 문제해결 능력, 응용력, 실천적 태도 등
에 중점을 두어 평가한다.
- 자료 수집 능력, 의사결정 능력, 창의적 설계 능력 등을 평가하는 경우,
학생들의 수준을 감안하여 다양한 형태의 평가 도구를 사용한다.
- 실험 · 실습의 평가는 세부적인 평가 기준을 사전에 제시하고 평가하되
산출물 평가뿐만 아니라 포트폴리오, 관찰용 점검표, 학생용 자기 평가,
동료 평가 등을 활용하여 과정 중심으로 실제 수행 능력을 평가한다.
- 견학이나 조사 등의 평가에서는 학생들의 보고서를 통해 평가하되 지역
및 학교의 여건, 학생의 흥미 등을 종합적으로 고려하여 평가한다.
- 문제해결과 체험 활동 과정의 평가에서는 양적 평가와 질적 평가를 적
절하게 병용한다(교육과학기술부, 2013, pp. 32-33).

⑨ 제9기(2015. 09. 교육과정)

'기술 · 가정'에 제시된 지도상의 유의점은 다음과 같다.
- '가정생활'과 '기술의 세계' 분야의 내용을 고르게 지도할 수 있도록 하
되, 각 분야의 영역별로 균형 있게 편성 · 운영한다. 단, 학생, 학교, 지역
사회의 여건 등을 고려하여 학습내용의 순서나 비중, 학습 과제의 종류
등을 달리하여 지도할 수 있다.
- 국가 수준의 배당 시간은 반드시 확보하여야 하며, 교과내용의 특성상
실험 · 실습, 현장 견학 등의 체험 활동으로 인하여 수업 시간이 부족할
경우에는 창의적 체험 시간 등을 활용하도록 하고, 다양한 체험 활동을
중심으로 수업을 계획할 경우, 교수 · 학습의 효율성을 위해 수업 시간
을 연속적으로 편성 · 운영할 수 있다.
- 학생들의 발달 단계, 학습 수준, 관심, 흥미 등을 고려하여 학생 중심 활
동으로 전개하면서도 교과 역량을 충분히 기를 수 있도록 수업을 계획

한다.

- 학교마다 학생 특성, 학교 환경, 실험 · 실습실 여건, 예산, 지역 사회의 특성 등이 다양하므로 사전에 학생 및 학교의 요구와 상황을 파악하여 지도 계획에 충분히 반영한다.
- 학습 소재와 재료는 실생활 속에서 쉽게 접할 수 있는 것으로 선택하여 수업에서 습득한 지식과 기능을 일상생활에서 적극적으로 활용할 수 있도록 한다.
- 실생활과 관련한 체험 활동을 중시하고 가정 실습, 학교 및 지역 사회 행사 등을 적극 활용한다. 특히 지역의 인적 자원을 활용하고 지역 내의 박물관, 과학관, 기업을 견학 및 탐방하는 등 다양한 교육커뮤니티와 연계하여 학습에 도움이 되도록 지도한다.
- 기술 · 가정 교수 · 학습 방법은 관련 내용에 따라 실천적 문제해결 학습, 프로젝트법, 문제 중심 수업, 실험 · 실습, 토의 · 토론법, 역할 놀이, 협동 학습 등 다양한 방법을 활용하되, 특히 활동이나 실제 사례에 초점을 두도록 한다.
- 실물이나 모형, 인터넷 자료, 사진 및 동영상 자료, 멀티미디어 자료 등 다양한 학습 자료를 활용하여 교수 · 학습의 효율성을 높이고 생동감 있는 교수 · 학습 활동이 이루어지도록 한다.
- 실험 · 실습 활동이 효과적으로 이루어지도록 최소한 가정실, 기술실 등을 반드시 확보하고, 교과의 단원 분석을 통하여 연간 실험 · 실습 계획을 세워 각 학기별로 실험 · 실습 활동에 필요한 재료, 설비, 기구 및 자재 등을 사전에 준비하고 점검한다.
- 실험 · 실습 활동 시 다음 사항을 유의하도록 한다(교육부, 2015, pp. 42-44).

'기술 · 가정'에 제시된 평가상의 유의점은 다음과 같다.
- 평가는 교육목표의 성취를 중심으로 학습자의 학업 능력을 타당하고 신

뢰성 있게 평가해야 한다. 이를 위해서 교육과정에 제시된 성취기준에 근거하여 평가 계획을 설정하도록 한다.

- 평가에서는 지적·정의적·기능적 영역에서 모든 영역이 균형 있게 평가될 수 있도록 계획하되 다음과 같은 사항에 중점을 두어 평가한다.
    - 기본적인 개념이나 원리, 사실 등의 기초 지식과 배경 지식의 이해 능력
    - 비판적 사고 능력, 의사결정 능력, 창의력 등을 활용한 실천적 문제해결 능력
    - 실험·실습 방법과 과정에 따른 실천적 수행 능력
    - 학습 내용을 실생활에 적극적으로 적용해 보려는 실천적 태도
- 평가의 내용은 교육과정에 제시된 성취기준의 범위와 수준에 근거하되, 다양한 교수·학습 과정과 결과에서 산출된 자료를 활용하여 교수·학습과의 연계를 강화한다.
- 실험·실습의 평가는 세부적인 평가 기준을 사전에 제시하고 평가하되 산출물 평가뿐만 아니라 포트폴리오, 관찰용 점검표, 학생용 자기 평가, 동료 평가 등을 활용하여 과정 중심 평가 및 수행 능력을 평가한다.
- 견학이나 조사 등의 평가에서는 학생들의 보고서를 통해 평가하되 지역 및 학교의 여건, 학생의 흥미 등을 종합적으로 고려하여 평가한다.
- 가 목적, 평가 내용이나 영역, 평가 결과 활용 등을 종합적으로 고려하여 검사 도구를 제작·적용하고, 점수를 산출하는 양적 평가와 수량화되지 않은 다양한 형태의 자료를 수집하여 평가하는 질적 평가를 적절하게 활용하도록 한다.
- 학습자의 학업 성취를 위한 평가 결과는 학생의 평정 점수 외에 학생의 자기 진단을 위한 자료 및 학업 개선의 자료로 활용하며, 궁극적으로 학생의 적성 파악 및 진로 지도의 기초 자료로 활용하도록 한다(교육부, 2015, pp. 44-45).

이상의 고등학교 기술교육을 요약·정리하면 다음과 같다.

고등학교에서의 기술교과 과목명의 변천을 보면, 제1기 교육과정 시기부터 '기술'과 명칭을 쓰다가 제6기에 처음으로 '기술·가정'과의 과목명이 등장하였다. 제7기까지는 과목당 이수단위를 배정하다가 제8기 교육과정부터는 교과(군) 단위에서 편성하였다.

기술교육의 주요 교육목표 변천을 거시적으로 살펴보면, 초창기의 기술과 교육목표는 직업에 관련된 기술 소양을 중시하고 국가 발전에 기여할 수 있는 기능과 신념을 습득하는 것을 중점으로 두었다. 교육과정이 개정됨에 따라 교육목표도 변화하였다. 직업에 관련된 지식, 기능, 태도보다는 일반교육, 즉 소양으로서의 기술을 강조한다. 일상생활에 필요한 가치, 기능, 기술적 문제해결 능력 등을 습득하는 것을 중요시한다. 그에 따라 기술교육의 주요 내용 또한 직업으로서의 내용에서 교양교육으로서의 내용으로 변화하였다. 교수·학습 시 지도상 유의점이나 평가방법도 변화했다. 기본 지식을 전달해 주는 강의식, 결과를 평가하는 평가 방식에서 직접 실습을 해 보고 창의적 문제해결 능력을 키우기 위한 협동학습이 강조되고, 그에 따라 결과보다 과정을 평가하는 것이 중요시된다.

## 참고문헌

교육과학기술부(2008). 초·중등 학교 교육과정(교육과학기술부 고시 제2012-31호 〈2012. 12. 13〉 [별책 1]).

교육과학기술부(2011). 실과(기술·가정) 교육과정(교육과학기술부 고시 제2011-361호 [별책 10]).

교육과학기술부(2012). 초·중등 학교 교육과정(교육과학기술부 고시 제2012-31호 [별책 1]).

교육부(1992). 고등학교 교육과정: 제6차 교육과정(교육부고시 제1992-19호). 서울: 대한교과서주식회사.

교육부(1992). 중학교 교육과정: 제6차 교육과정(교육부 고시 제1992-11호). 서울: 대한
    교과서주식회사.

교육부(1997a). 고등학교 교육과정1(교육부 고시 제1997-15호 [별책 4]).

교육부(1997b). 실과(기술·가정) 교육과정(교육부 고시 제1997-15호).

교육부(2015). 실과(기술·가정)/정보과 교육과정(교육부 고시 제2015-74호 [별책 10]).

교육인적자원부(2007). 초·중등 학교 교육과정(교육인적자원부 고시 제2007-79호).
    서울: 미래엔 컬처그룹.

국가기록원(1969). 관보 제 5341호 (그2) 1969. 9. 5. (146-115).

대한민국정부(1969). 문교부령 제251호(교육과정 중 개정령)[관보 제5341호(그2)]. 서
    울: 대한민국정부.

류창열, 이상봉(1988). 중학교 실업·가정과 교육과정의 연혁. 대한공업교육학회지 13권,
    1호, pp. 42-45.

문교부(1954). 초등학교·중학교·고등학교·사범학교 교육과정시간배당기준령(문
    교부령 제 35호). 서울: 문교부.

문교부(1955). 고등학교 및 사범학교 교과과정(문교부령 제46호). 서울: 문교부.

문교부(1963). 고등학교 교육과정(문교부령 제121호). 서울: 문교부.

문교부(1963). 중학교 교육과정(문교부령 제120호). 서울: 문교부.

문교부(1971). 실업계 고등학교 교육과정(문교부령 제286호 〈1971. 8. 14〉 [별책 4]). 서
    울: 문교부.

문교부(1973). 중학교 교육과정(문교부령 제 325호). 서울: 문교부.

문교부(1974). 인문계 고등학교 교육과정(문교부령 제350호 〈1974. 12. 31〉 [별책 3]).
    서울: 문교부.

문교부(1981). 고등학교 교육과정(문교부 고시 제442호 〈1981. 12. 31〉 [별책 4]).

문교부(1981). 중학교 교육과정(문교부 고시 제442호). 서울: 대한교과서주식회사.

문교부(1987). 중학교 교육과정: 제5차 교육과정(문교부 고시 제87-7호). 서울: 대한교과
    서주식회사.

문교부(1988). 고등학교 교육과정(문교부 고시 제88-7호 〈1988. 3. 31〉 [별책 1]).

이상혁, 김진순(1996). 중등 학교 기술·산업교과 교육학 교재 개발 연구(연구보고
    서). 한국교원대학교 자연과학연구소.

함종규(1974). 교육과정 연혁 조사. 서울: 천풍인쇄주식회사.

# 찾아보기

## 내용

# 지은이 소개

## 이상봉(Sangbong Yi)

이 책의 지은이 **이상봉**은 충남대학교 기계공학교육과를 졸업하고, 같은 학교 기술교육과 대학원에서 교육학 석사학위를 받았다. 이후 옥천공업고등학교 교사로 2년간 근무하였다. 그 당시는 대한민국에 기술교육이나 공업교육전공의 박사과정이 생기기 전이었기 때문에 지은이는 고등학교 교사를 휴직하고 미국 오하이오 주립대학교로 유학을 떠났다. 같은 학교 대학원에서 1996년 12월에 박사학위(기술교육전공)를 받았다. 이는 대학원 기술교육 프로그램에서 기술교육전공으로 받은 우리나라 최초의 박사학위이다.

미국 유학을 마치고 한국으로 돌아온 지은이는 1997년 한국교원대학교 기술교육학과 전임강사로 임용된 후, 한국기술교육학회 창립을 제안하고 창립준비위원회 총무를 맡아 한국기술교육학회 창립(1999)을 주도하였다. 이후 한국기술교육학회의 초대 총무이사(2000~2002), 국제협력이사와 편집위원(2002~2004), 편집위원장과 국제협력이사(2004~2006)와, 한국실과교육연구학회 이사, 대한공업교육학회 국제이사 등을 지냈다. 특히 한국기술교육학회 주관으로 우리나라에서 개최한 최대 규모의 국제학술대회인 2001 아시아-태평양지역 국제기술교육학술대회(The International Conference on Technology Education in the Asia-Pacific Region)의 집행위원회 사무총장(Executive Director)을 맡아 성공리에 치렀다. 지난 2003에는 영국의 런던대학교(University of London) 골드스미스 대학(Goldsmiths College)의 기술교육연구소(Technology Education Research Unit)의 객원연구원(Visiting Research Fellow)으로 초청받아 1년간 영국 Qualifications and Curriculum Authority의 '혁신적 설계와 기술(Innovative Design & Technology)' 프로젝트에 공동연구원으로 참여하기도 하였다.

그 이후에 지은이는 교육인적자원부 고교선택교과목(기술·가정) 교육과정심의회 위원(2005~2007), 교육과학기술부 교육과정심의회 실과(기술·가정) 소위원회 부위원장과 중학교위원회 위원(2009~2011)을 지내고, 한국교원대학교 기술교육과 학과장 겸 대학원 전공주임교수(2001~2002, 2010~2011) 그리고 인재개발 본부장(2012)을 지냈다.

아울러 학술 활동에 힘을 기울여 (사)표준인증안전학회장(2019. 01.~2020. 12.) 그리고 제 10대와 11대 한국기술교육학회장(2017. 03.~2021. 02.)을 역임하였다. 특히 제13회 아시아−태평양지역 국제기술교육학술대회 집행위원회(The Executive committee of the 13h International Conference on Technology Education in the Asia-Pacific Region)의 위원장'(2017. 01.~2019. 01.)으로서 이 대회를 한국에서 개최함으로써 국제무대에서 한국 기술교육의 위치를 공고히 하였다. 또한 지은이는 2005년에 국제 표준 올림피아드 대회를 창설하고 15년간 이 대회의 과제 개발과 심사위원 및 운영위원장으로 활동하였다. 현재 글쓴이는 한국교원대학교 기술교육학과에 교수로 재직하고 있으며, (사)한국기술교육단체 총연합회 회장을 맡고 있다.

지은이는 1980년대 후반 이후 기술교육과 공업교육교수학의 교육과정과 수업 방법, 총평, 시설 분야에서 '기술적인 문제해결 능력의 함양'을 중심으로 많은 연구와 교육활동을 하였다. 특히 지은이는 1999년에는 교수와 교사를 대상으로 우리나라 최초로 '창의적 문제해결력을 위한 기술교육'이란 주제의 Workshop을 개최함으로써 종래의 이론 수업과 기능 실습 중심의 우리나라 기술교육을 창의적 문제해결 능력을 기르는 체험 활동 중심의 기술교육으로 전환하는 계기를 마련하였다. 최근에는 '기술적인 문제해결 능력의 함양'과 더불어 '발명', '표준화' 따위와 같은 기술 관련 활동과 '문제기반학습'의 이론의 정립과 구축에 깊은 관심을 가지고 연구를 진행 중이다.

지은이는 지식경제부장관 표창(민간표준화 유공, 2008), 중소기업청장 표창(기술인재 육성 유공, 2009), 강의평가 최우수상(한국교원대학교, 2010) 및 근정 포장(기술 표준 교육 유공, 2013) 등을 받기도 하였다.

낙술재 총서1

# 기술교육의 기초
## Foundation of Technology Education

2021년  8월  20일  1판  1쇄  발행
2022년  8월  10일  1판  2쇄  발행

지은이 • 이 상 봉
펴낸이 • 김 진 환
펴낸곳 • (주) **학지사**

　　　　04031 서울특별시 마포구 양화로 15길 20 마인드월드빌딩 5층

대표전화 • 02) 330-5114　　　팩스 • 02) 324-2345

등록번호 • 제313-2006-000265호

홈페이지 • http://www.hakjisa.co.kr
페이스북 • https://www.facebook.com/hakjisabook

ISBN 978-89-997-1270-8 93370

정가 **23,000원**

출판미디어기업 **학지사**

간호보건의학출판 **학지사메디컬** www.hakjisamd.co.kr
심리검사연구소 **인싸이트** www.inpsyt.co.kr
학술논문서비스 **뉴논문** www.newnonmun.com
원격교육연수원 **카운피아** www.counpia.com